괜찮아지는 심리학

WHEN LIKES AREN'T ENOUGH

Copyright ⓒ 2018 by Tim Bono
This edition published by arrangement with Grand Central Publishing, New York, New York, USA.
All rights reserved.
Korean translation copyright ⓒ 2019 by RHKorea. Co., Ltd.
This translation is published by arragement with Hachette Book Group, Inc., through Imprima
Korea Agency.

이 책의 한국어판 저작권은 Imprima Korea Agency를 통해 Hachette Book Group, Inc.,
와의 독점 계약으로 ㈜알에이치코리아에 있습니다.
저작권법의 의해 한국 내에서 보호를 받는 저작물이므로 무단전재와 복제를 금합니다.

괜찮아지는 심리학

'좋아요'로는 좋아지지 않습니다

팀 보노 지음 | 정미나 옮김

RHK
알에이치코리아

차례

들어가는 글

이 책을 막 쓰기 시작할 무렵, 함께 저녁을 먹던 친구 제임스가 책을 쓰기로 마음먹은 동기를 물었다. 나는 나 자신에게 쓰는 책이라고 대답했다. 성년기로 접어들던 때의 나 자신을 떠올리며, 스무 살 전후에 알았더라면 좋았을 것들을 공유하고 싶어서라고 말이다. 그 시절 나의 하루하루는 불안, 외로움, 갈망의 연속이었다고도 털어놓았다. 제임스는 듣자마자 공감을 표했다. 자신 역시 그 시절에 정서적 불안정에 시달렸다며 맞장구쳤다. 알고 보니 우리는 둘 다 그런 시달림과는 거리가 멀어 보이는 친구들 사이에서 자신을 무겁게 짓누르는 불만족스러운 감정과 씨름하며 보냈다. 이런 경험과 감정의 본질을 헤아려볼 만한 통찰력이 생겨난 것은 20대 중반이 되어서였다. 심리학의 세계에 첫발을 디디면서 비로소 알게 되었다. 새내기 성인이라면 누구나 흔히 겪는 일이라는 것을. 나만 그랬던 것이 아니었다. 우리들은 희망, 낙관주의, 삶의 의미를 열어줄 유용한 전략을 제대로 활용하지 못했다. 나도 제임스도.

나는 유년기에는 대체로 행복하게 보냈지만 일부 가족의 명랑한 성향과 또 다른 가족의 우울한 성향 사이에서 왔다 갔다 했다. 그러다 10대 후반과 20대 초반에 점점 우울함 쪽으로 치우치게 되었다. 시험이 코앞에 닥치면 내내 초조함에 안절부절못했다. 누군가 내 화를 돋우면 분한 마음을 잘 털어내지 못했다. 금요일 밤에 약속이 없으면 자기연민에 빠지기 일쑤였다. 그러다 '슬픔을 달고 다니는' 성향의 몇몇 가족이 그런 성향 때문에 어떻게 되었던가를 떠올리며 마음을 고쳐먹었다. 생각과 의사 결정을 침범하는 비관적 성향에 더 이상 휘둘리지 말자고 결심했다. 평생을 그런 식으로 살고 싶진 않았다. 당장 내가 뭘 어떻게 할 수 있을지 확신은 없었지만 적어도 전환점이 되어줄 만한 뭔가를 찾아내야만 했다.

대학에서 심리학을 전공하며 감정과 행동이 어느 정도 유전의 영향을 받는다는 사실을 알게 되었다. 몇몇 친척의 침울한 모습을 감안하면 내 비애는 어느 정도 나의 DNA에 내장되어 있었던 것일지 모른다는 얘기였다. 하지만 심리학을 전공한 덕분에 알게 된 것이 또 있다. 유전자가 운명을 결정짓지는 않는다는 사실이다. (우리가 선택하고 통제하는 삶의 일부분인) 의도적 행동과 일상 습관을 통해 유전자의 자연스러운 표출을 억누르거나 증폭시킬 수도 있다. 나는 이런 깨우침 덕분에 희망이 생겨났다. 유전적으로 물려받은 한계에도 불구하고 내 우울한 생각을 잠재우고 행복을 늘릴 방법을 찾아낼 수 있는 가능성을 엿보았다. 그리고 나의 20대를 온전히 그 가능성을 찾는 데 썼다.

나의 개인적 탐구는 직업적 꿈과 절묘하게 맞아떨어졌다. 당시 나는 운 좋게도 심리학 박사과정을 밟았고, 덕분에 학문과 더불어 나의 개인적 탐구를 이끌어줄 만한 분야의 학자들까지 두루 접할 수 있었다. 내가 박사과정을 시작하던 때만 해도 긍정적인 감정의 이해와 증진에 주력하는 분야인 긍정심리학(positive psychology)은 아직 새로운 분야였다. 나는 대학원을 학위 취득의 목적만이 아니라 제대로 놀 만한 모래 놀이터로도 삼았다. 두 손을 그 모래 속으로 푹 찔러 넣고는, 인간 감정의 본질에 대해서나 성년기의 긍정성과 정신 건강을 극대화시킬 방법과 관련된 과학자들의 발견에 대해 찾을 수 있는 한 열심히 파헤쳤다. 마음속의 더 어린 자아를 불러내 끊임없이 질문을 던지고, 의지로 우리의 유전자나 환경을 제압할 수 있는 특정 지점을 찾아내도록 끊임없이 자극하며 정보를 끌어모으기도 했다.

이렇게 이어진 연구는 나 자신의 개인적 탐구를 위해서만이 아니라, 이후 워싱턴대학에서 시작한 강의에도 든든한 뼈대가 되어주었다. 다시 친구 제임스의 물음에 답하자면, 사실 그 연구가 바로 이 책을 쓰게 된 궁극적 동기이기도 했다.

*

나는 2008년부터 '성년기의 심리'라는 강의를 가르쳤는데 매 가을 학기마다 100~200명의 갓 입학한 신입생들이 수강신청을 하고 있다. 내 강의에 들어오는 수강생들은 대학 신입생 생활을 짚어보는 설문지를 매주 작성한다. 이 주간 설문지의 질문은 전반적 행복과 스트레스 정도, 그 주에 있었던 최고와 최악의 사건, 도서관에서 보낸 시간, 운동 횟수, 아팠던 횟수, 사회적 유대를 느끼는지의 여부 등 약 80개의 항목으로 구성되어 있어서, 청소년에서 성인으로의 전환기에 갓 들어선 수강생들이 매주 어떻게 생각하고 느끼고 행동하는지를 종합 평가하기에 좋은 자료다.

나는 지난 수년 동안 모은 방대한 자료를 통해 행복과 가장 밀접히 연관된 변수들을 살펴볼 수 있었다. 예상 가능한 결과이지만, 공부를 많이 할수록 성적이 좋아지고 잠을 더 잘 잘수록 더 행복해진다. 하지만 직관적으로 이해가 안 되는 의외의 조사 결과도 있다. 이 강의를 가르치기 시작한 첫 해에 나는 학생들이 소셜미디어에 접속해서 보내는 시간에 각별한 관심을 가졌다. 당시는 페이스북이 등장한 지 불과 몇 년밖에 되지 않은 때여서 페이스북이 학생들의 삶에 어떤 영향을 미치는지 궁금했다. 2008년 무렵엔 학생들 거의 전부가 페이스북 계정이 있었고 페이스북을 이용해 사교모임을 주최하고, 재미있는 동영상을 공유하고, 실제로 만난 적도 없는 사람들까지 포함해 그동안 모은 모든 '친구들'의 생활을 엿보고 있었다. 한 수강생은 대학에 입학하면서 뿔뿔이 흩어진 고등학교 친구들과 여전히 연락하고 지내게 해준다며, 페이스북을 '기적의 웹사이트'라고 부르기도 했다. 내가 생각하기에도 소셜미디어상의 존재감을 관리하는 데 보내는 시간은 틀림없이 그만 한 보람이 있을 것 같았다. 손가락 끝으로 그렇게 풍부한 사회적 관계를 맺는다는 점으로 보나, 또 수많은 학생들이 그렇게 많은 시간을 푹 빠져 지내는 점으로 보나, 마크 저커버그가 세계 곳곳의 새내기 성인들에게 행복이라는 선물을 베풀어준 것 같았다. 적어도 자료를 보기 전까지는 그렇게 생각했다.

막상 설문지 자료를 검토해보니, 학생들은 페이스북에서 보내는 시간이 길수록 페이스북 외의 거의 모든 생활들이 악화되고 있었다. 세상 사람들의 눈에 완벽해 보이는 삶을 꾸며내는 데 들이는 노력은 비생산적일 뿐만 아니라 사실상 행복에 역효과를 끼치고 있었다. 소셜미디어에서 보내는 시간이 늘수록 자존감이 낮아지고, 미래에 대한 기대가 점차 사라지고, 수면의 질이 떨어지고, 향수병이 심해지고, 동기가 저하되는 등의 현상이 나타났다. 그중에서 특히 더 인상적인 연관 현상은 타인과의 유대감 저하였다. 모순적이기 그지없지만 정말이었다. 전 세계에 흩어져 있는 친구들로부터 매일매일 새로운 소식을 접하며 간접적 삶을 누리게 해주는 그 '기적의 웹사이트'에서 보내는 시간이 많을수록 현실 속 사람들에게 느끼는 사회적 유대감이 떨어졌다.

인스타그램의 등장은 문제를 더욱 악화시켰다. 최근 「워싱턴 포스트(Washington Post)」에 인스타그램을 이용하는 한 십 대 소녀의 이야기가 실렸다.[1] 이 소녀는 수많은 팔로워가 보게 될 사진을 아주 공들여 찍어 게시할 뿐만 아니라 사진마다 '좋아요'를 얼마나 받았는지 꼼꼼히 확인한다. '좋아요'가 최소 100개가 안 되면 그 사진은 아예 삭제한다. 다른 사람들의 사진에 댓글을 다는 식으로 상대에게 '좋아요'를 얻는 제 나름의 체계까지 있었다. 환심을 얻어내려는 계산이 깔린 방법이었다. 어느새 소셜미디어는 사회적 가식(social charade)의 장이 되어버렸다.

좋아요 수 늘리기가 지속 가능한 행복의 답이 아니라면 이제 새내기 성인은 다른 무엇으로 관심을 돌려야 할까? 나는 수년에 걸쳐 '성년기의 심리' 강의의 주간 설문지를 읽으며 새내기 성인들이 대인관계를 잘 꾸려나가고, 독립심과 자존감을 세우고, 의미와 목적이 있는 삶을 살고자 애쓰는 과정에서 맞닥뜨리는 여러 가지 기복들에 대해 많은 점을 알게 되었다. 이렇게 주간 설문지를 통해 알아낸 내용을 활용해 이후 '긍정심리학' 강의에서 주제로 다루었다. 소셜미디어는 해결책이 아니었고, 나는 학생들에게 다른 방향의 가능성을 열어주고 싶었다. 과학적 연구 결과를 기반으로 삼은, 행복 추구의 실질적 전략과 행동에 눈뜨게 해주고 싶었다.

긍정심리학 강의는 처음에 15명 정원의 토론식 수업으로 구성했다. 그런데 학기마다 학생들의 반응이 뜨거워지면서 심리학부에서 최대 규모의 강의가 되었다. 현재 행복 관련 대학 강의들은 이와 유사한 경향을 보이고 있다. 캘리포니아 대학 버클리 캠퍼스(UC 버클리)에서는 강의의 수강 대기자가 수용 가능한 자리의 두 배에 이르는 경우가 비일비재하다. 하버드 대학은 행복의 심리학을 이해하고 싶어 하는 800명의 수강생을 수용하기 위해 일반 강의실에서 대학극장으로 장소를 재배정해야 했던 일도 있었다. 또 수강 등록생 중에는 (적어도 내가 강의하는 대학에서는) 단지 학점을 채우기 위해서만 강의를 듣는 학생은 드물다. 심리학을 공부하는 학생들 못지않게 공학, 예술사학, 건축학, 재정학, 영문학 전공자들이 많다. 행복 관련 강의에 몰리는 수요는, 전 세계 대학생들에 대한 연구 결과를 그대로 반영해주는 현상이다. 한 예로, 전미정신질환협회(National Alliance on Mental Illness)의 연구 결과에 따르면 새내기 성인들은 삶의 질(well-being)을 열망하는데 실생활에서 접목 가능하면서도 효과가 입증된 해법은 찾기 어려워 아쉬워하고 있다. 지난 10여 년간 내 강의실을 거쳐 간 학생 수천 명도 내가 20대에 붙잡고 고민하던 바로 그 문제인, 행복의 추구에 관심 있어 했다.

이 책에서 앞으로 들려주려는 얘기는 내가 성인기 초반에 알았더라면 좋았을 것, 알고 난 이후로는 선뜻 내 삶에 접목시킬 수 있었던 것들이다. 새내기 성인들을 가르치고 조언해주며 긍정심리학을 전해온 지난 수년은 나에겐 영광스러운 순간이었다. 이 책은 바로 그 새내기 성인들이 긍정심리학의 지식을 자신들의 삶에 맞추어 실질적 전략으로 변형시켜온 실례도 담겨 있다. 부디 여러분에게도 긍정심리학이 유익한 길잡이가 되어주길 바란다.

제1장

행복을
더하는 방법

학생센터 안이 꽉꽉 들어찼다. 때는 학기 중반의 어느 화요일 밤이었다. 대체 무슨 일이기에 이렇게들 벌떼처럼 모여들었을까? 정치운동의 점유 농성이라도 벌어진 걸까? 아니었다. '즐거운 인생 누리기'를 주제로 열리는 강연을 들으러 온 인파였다. 한창 중간고사 기간에 있는 학생들의 건강과 행복을 북돋는 차원에서 마련된 행사 가운데 하나였고 아무리 둘러봐도 무료 피자 한 조각 안 보이는데도 학생들이 북적북적 몰려들었다.

　이날 강연에는 나도 참석했다. 행사 주최자들에게 초대받아, 행복과 관련된 나의 연구 내용을 짤막하게 들려달라는 부탁을 받은 터였다. 나는 발언을 마친 후에 앞줄에 앉아 그날의 강연자가 하는 말을 열심히 경청했다. 그런데 불과 몇 분 지나지 않아 멍해지고 말았다. 그렇다고 해서 애초에 강연자가 의도했던 이유 때문에 멍해진 것은 아니었다. 그녀는 강연 시작부터 거창한 약속들을 늘어놓앓다. 개인의 행복을 이끌어내는 힘은 오로지 자신에게만 있다느니, 끝없는 즐거움은 도달 가능한 목표라느니, 하루도 불행한 날이 없이 사는 것이 가능하다느니, 이제는 남은 평생토록 영영 불행할 날이 없을 거라느니, 하는 발언의 한마디 한마디마다 나는 내 귀를 의심하며 눈을 휘둥그레 떴다.

그녀의 강연에 그렇게 많은 학생이 몰려든 이유는 뻔하다. 그만큼 대학생들이 행복해지고 싶어 하기 때문이다. 중세엔 부와 영생을 추구했다면 시대가 바뀌면서, 현재는 행복의 추구에 매달리고 있다. 요즘엔 10대 후반과 20대 초반의 대다수가 단지 더 기분이 좋아지길 바란다. 그래서 영원한 행복에 이르는 비책을 약속해주는 연설자들에게 혹한다. 하지만 아무리 신통한 마법사라도 그런 식의 주문은 걸어주지 못한다.

일생 최고의 4년

21세기의 첫 10년 사이에 미국의 단과대학과 종합대학의 입학생 수는 무려 24퍼센트가 뛰어, 2002년의 1,660만 명이던 수준이 2012년에는 2,060만 명으로 늘어났다.[1] 너도나도 대학에 들어가려는 이유는 뭘까? 물론 대학은 대학에 진학하지 않으면 누리지 못할 만한 기회의 문을 열어준다. 학생들은 대학생활을 통해 지성을 일깨우고, 직업의식을 탄탄히 세우고, 사회에 진출할 준비를 갖춰나간다. 하지만 이 시기의 새내기 성인들이 추구하는 것은 단지 이것만이 아니다. 사실, 새내기 성인들이 이 몇 년의 발달기 동안 훨씬 더 간절히 원하는 것은 따로 있다. 바로 행복해지는 것이다. 실제로 몇 년 전에 일단의 과학자들이 전 세계 47개국 1,000명에 이르는 학생들을 대상으로 삶에서 가장 소중한 것을 묻는 조사를 벌였는데, 행복이 사랑, 돈, 건강, 천국 가기를 누르고 최고 순위를 차지했다.[2]

그런데 사람들은 흔히 대학을 행복이 기다리고 있는 곳처럼 얘기한다. 그 상아탑의 어딘가에 행복의 열쇠가 있다고. 언젠가 희극배우 데이비드 우드(David Wood)는 이렇게 말하기도 했다. "대학생활은 인생 최고의 4년이다. 자식이 낯선 도시로 떠나 밤마다 술에 취해 지내도록 부모님들이 일 년에 수천 달러씩 쓰는 시기가 그때 말고 또 있겠는가?"

그동안 TV, 대학의 생존 안내서, 할리우드를 비롯해 미국의 문화에서는 대학이 '최고의 4년'이라는 식의 메시지를 지겹도록 선전해왔다. 지난 20세기에 영화업계에서 대학생활을 소재로 삼아 제작한 영화들은 그 수가 700개에 육박하는 것으로 추산된다.[3] 물론, 이런 영화들은 세계에 진실을 알려주는 것이 그 목표가 아니다. 사회학자이자 터프츠 대학(Tufts University)의 교수인 존 콘클린(John Conklin)이 『영화 속의 캠퍼스 생활 : 무성영화 시대부터 현재까지의 비판적 고찰(Campus Life in the Movies: A Critical Survey from the Silent Era to the Present)』에서 지적했듯, "꿈의 공장 할리우드는 돈을 벌기 위해 존재하고 수익 창출은 대중을 즐겁게 해주느냐의 여부에 달려 있다는 업계 생리를 감안하면 대학생활을 다룬 영화들이 학생들의 학업활동보다는 학생들이 즐기는 놀이에 치중하는 것도 놀랄 일은 아니다."[4] (일일이 대자면 지루할 만큼 줄줄이 이어질 테지만 대표적인 몇 예로) 「동물농장(Animal House)」, 「엽기 캠퍼스(Van Wilder)」, 「올드 스쿨(Old School)」, 「나쁜 이웃들(Neighbors)」만 보더라도 주연 캐릭터들은 공부하거나 논문을 쓰는 등 학위 취득을 위해 애쓰는 모습보다는 대학 교정에서 프리스비를 던지거나, 남학생 사교클럽 행사를 준비하느라 케그(생맥주통)를 여러 개 가져다 놓거나, 연애 감정을 즐기는 모습이 훨씬 많다. 정신 건강의 문제로 씨름하는 모습은 보기 힘들다. 콘클린에 따르면 이런 영화들이 문화 속에 스며들면서 대학 생활과 성인 초년기 진입에 대한 젊은이들의 기대감에 막대한 영향을 끼쳐왔다.

하지만 막상 현실은 적응하기가 힘들기 십상이며 새내기 성인들이 행복의 성배를 찾아 대학에 들어온 경우일수록 특히 더하다. 이처럼 '최고의 4년'이 실제로는 영화 속에서 보여지는 것보다 더 힘들면 어떤 현상이 빚어질까?

지난 몇 십 년 사이에 대학 입학생 수가 급격히 증가한 것과 마찬가지로, 정신 질환을 겪는 학생들의 비율 증가도 그 추세가 가파르다. 일각에서는 대학생의 정신 건강이 위기 상태에 놓여 있다는 의견까지 표명하고 있다. 실제로 여러 방면에서 다음과 같이 정신이 번쩍 들게 하는 현상을 보여주는 자료가 발표되고 있다.

- 새내기 성인 3명 중 1명은 장기간 동안 우울증에 시달리고 있다.
- 2명 중 1명은 정신 건강이 평균 이하이거나 엉망인 상태이다.[5]

- 2000년대 초의 대학 재학생들은 정신병리학상으로 정상의 범주를 벗어날 가능성이 20세기 중반에 비해 다섯 배 높은 것으로 나타났다.[6]
- 2007년부터 2015년까지 십 대 남학생의 자살률이 31퍼센트 증가하여 그 증가 비율이 여학생보다 두 배나 높았다.[7]

해마다 점점 더 많은 새내기 성인들이 심리적 고통에 시달리면서 목표를 향해 제대로 전진하지 못하고 있다. 전미정신질환협회의 최근 조사 결과, 대학을 자퇴하는 학생들 중 3분의 2 가까이는 정신 건강 때문에 학교를 그만두는 것으로 나타났다.

현재 고등교육기관 내부 전문가들은 이러한 문제에 나름대로 대응 중이다. 여러 기관에서 학생건강센터에 정신 건강 상담사의 인원을 늘리는 한편 장애지원센터의 편의성을 확충시키고 있다. 하지만 정신 건강상의 진단을 받은 학생들 가운데 자신의 상태를 대학 측에 밝히고 상담을 받는 학생은 여전히 절반밖에 되지 않는다.[8]

자신의 정신 건강 상태를 밝히든 아니든 간에, 그리고 또 그런 정신 건강 문제를 겪고 있든 아니든 간에, 현재의 새내기 성인들은 유례없는 수준의 고통을 느끼고 있다. 막상 입학해서 겪어보면 '최고의 4년'은 맥주 파티, 첫사랑, 프레시맨 피프틴(freshman fifteen, 대학 새내기들은 예전보다 많이 먹고 운동을 하지 않아 평균적으로 살이 15파운드 찐다는 우스갯소리-옮긴이) 같은 문화적 통과의례보다 훨씬 더 많은 일들을 치르기 마련이다. 새내기 성인들은 나름대로 노력을 벌인다. 정신 건강의 염려 대상이 자신이든, 아니면 친구, 동급생, 룸메이트이든 간에 강연을 들으러 가거나, 책을 사거나, 기사를 읽거나, 비필수 과목을 듣기 위해 떼 지어 수강신청을 하는 등으로 심리 건강을 이해하려 관심을 갖는다. 요즘 대다수 대학에서 심리학의 인기가 높고, 심리학계 내에서 긍정심리학이 다른 하위 분야보다 남다른 관심과 열의를 끄는 것은 바로 그런 이유 때문일지도 모르겠다.

긍정심리학의 부상

지난 20년에 걸쳐 긍정심리학 분야의 연구가들이 행복 증진 전략을 탐구·개발하려는 시도에 뛰어들었다. 심리학계에 이런 움직임이 일어난 계기는 긍정심리학 분야에서 그 이전부터 고통 받는 이들을 위한 치유책 마련에 지대한 관심을 기울여온 덕분이었다. 행복 증진 전략의 연구는 전반적으로 의미가 있었다. 우울증, 불안, 두려움을 살펴봄으로써 교육계와 임상의료계가 고통에 시달리는 수많은 이들에게 효과적인 해결책을 제공해줄 만한 길이 보였기 때문이다.

2000년대에 들어서면서부터 긍정심리학은 「타임(Time)」, 「워싱턴 포스트(Washington Post)」, 「선데이 타임스 매거진(Sunday Times Magazine)」, PBS(미국의 공영방송), BBC 등의 여러 미디어 매체에서 중요한 화두로 다루어졌다. 그에 따라 과학 관련 기사로 수백 차례 보도되면서 행복의 본질 및 행복을 늘리는 방법에 대한 이해도를 높이는 데 기여했다.

과학자들만 지식의 전파에 앞장선 것은 아니었다. 수많은 자립 부문의 전문가, 언론인, 동기부여 연설가들도 대중의 이해 증진을 위해 발 벗고 나섰다. 아마존에 들어가 행복 관련 책들을 검색하면 수백 권이 뜨기도 한다. 이제는 행복을 다루는 개념들이 흘러 넘쳐서 신뢰할 만하면서도 특히 새내기 성인들에게 실질적 도움이 되는 정보를 구분하기가 힘들 지경에 이르렀다. 이런 상황에 비추어볼 때 긍정심리학의 주목할 만한 장점 한 가지는, 그 대다수의 연구가 바로 새내기 성인에 주된 초점을 두어 수행되어왔다는 점이다. 긍정심리학의 개념은 무슨 마법 같은 구상이나 직관적인 구상을 기반으로 삼지 않는다. 오히려 체계적 관찰에 기반을 두고 있을 뿐만 아니라 엄밀한 과학적 검증을 거친 실증적 결론으로 뒷받침되고 있다. 게다가 긍정심리학에서 제시하는 증거는 현재도 수년 이후의 미래에도 꾸준히 적용시킬 수 있을 만큼 탄탄하다.

잘못된 통념 바로잡기

더 행복해지는 방법을 본격적으로 알아보기 전에, 행복의 본질이나 행복의 추구와 관련해서 먼저 짚고 넘어가야 할 문제가 몇 가지 있다. 행복학이 부상함에 따라 행복에 대한 오해와 행복학에 대한 비판 역시 늘고 있다는 점에서 이 문제는 짚고 넘어갈 필요가 있다. 몇 년 전에 「월스트리트 저널(Wall Street Journal)」에 '행복은 과대평가되고 있는 게 아닐까?'라는 의문조의 기사가 실렸다.[9] 1년 후에는 「USA 투데이(USA Today)」에 아예 확신조의 기사가 떡하니 올라왔다. '최종 결론 : 장담컨대, 행복은 과대평가되고 있다.'[10] 행복을 주제로 다룬 책들도 이런 폄하의 어조를 띠고 있다. 재닛 윈터 슨(Jeanette Winterson)의 회고록 『평범하면서 어떻게 행복할 수 있을 까?(Why Be Happy When You Could Be Normal?)』나, 바버라 에런라이크 (Barbara Ehrenreich)의 『긍정의 배신(Bright-Sided)』이 그 좋은 예다.[12]

이런 책과 기사 들이 쓰여진 것도, 우리 대학의 초빙 강사가 앞으로 영영 궂은 날을 맞지 않을 수 있다고 강연하게 되었던 것도 그 뿌리를 파헤치면 잘못된 오해가 자리 잡고 있다. 말하자면 행복을 아서왕의 기사들이 찾아다녔던 성배라도 되는 듯 여기면서 모든 불행과 병으로부터의 구제책으로 생각하는 오해다. 이런 오해에서 비롯된 발언들은 비록 선의이긴 해도, 긍정심리학의 토대를 이루는 중요한 두 전제를 고려하지 않은 것이다. 그러면 지금부터 두 전제를 하나씩 짚어보면서 과학과 초자연적 허상을 구분해보자.

전제 1 : 긍정심리학에서 중요시하는 문제는 언제나 늘 행복한 것이 아니다

영원히 지속되는 완전한 행복이 긍정심리학의 목표라고 믿는 사람들이 많다. 최근에 「내셔널 포스트(National Post)」에 실린 한 기사에서도 긍정심리학을 "만사를 부정적이고 안 좋게 여기는 '사고 패턴'에서 벗어나기만 하면 앞날이 내내 낙관적으로 펼쳐지는 일이 전적으로 가능하다는 개념"으로 다루었다.[13] 사실, 긍정심리학 분야의 신뢰할 만한 출처를 아무리 뒤져봐도 그런 개념은 없다. 지금껏 여러 과학자들이 수천 명에 이르는 각계각층의 사람들을 조사해왔으나 시종일관 언제나 행복한 사람은 아직까지 한 명도 찾지 못했다.

앞으로도 그런 사람을 찾을 가능성은 없다.

이 분야의 일인자로 꼽히는 랜디 라슨(Randy Larsen) 박사가 심각한 절망 상태에서부터 최고조의 희열 상태에 이르기까지 전반적 심리 건강 상태에 따라 수집한 대학 재학생 수천 명의 자료를 연구하면서 확증되었다시피, 부정적 상태도 삶의 일부이다. 심리적으로 건강한 보통의 새내기 성인은 약 70퍼센트의 시간에 긍정적 상태를 겪는다. 지난 10일을 돌아보면서 그중 3일이 중립적이거나 기분 좋지 않은 날이었다면 사실상 아주 잘 지내고 있는 것이다. 가장 행복한 부류의 학생들조차 언제나 늘 행복한 건 아니다. 90퍼센트 정도의 시간에만 행복하다. 따라서 가장 행복한 부류에 들어 있는 사람이더라도 지난 10일 중 적어도 하루는 울적한 날이 있었을 것이다.

고통 없는 삶을 향한 열망은 비현실적일 뿐만 아니라 더러 역효과를 낳기도 한다. 다음은 내 수강생 한 명의 실제 체험담이다.

"저는 나름 거의 평생을 우울증과 씨름해온 사람이지만 대학 2학년에 와서 최대 고비를 맞았어요. 몇 년 동안 울적한 기분을 피한답시고 어려운 강의를 듣고, 피아노 경진대회에 나가고, 무리한 스케줄까지 감수하면서 여러 동아리 활동을 하고 친구들과 어울리느라 숨 가쁘게 지냈어요. 그런 식으로 고통스러운 감정에서 달아나려다 오히려 그 감정을 훨씬 더 심화시키고 있는 줄도 몰랐어요."

이 학생의 경험을 현상 심리학계 용어로는 반동효과라고 한다.

지금부터 반동효과의 한 예를 직접 느껴보자. 여러분이 가장 좋아하는 동물을 떠올려봐라. 머릿속으로 그 동물의 생김새, 몸집, 색깔을 생생하게 그려봐라. 먹이는 무엇을 먹고, 사는 곳은 어디인가? 참, 한 가지 규칙을 깜빡하고 말해주지 않았는데 북극곰을 떠올려서는 안 된다. 빙산 위에 올라 앉아 물속으로 뛰어들 순간을 기다리고 있는, 보들보들한 털에 동그랗고 까만 눈을 가진 그 귀여운 흰곰만 아니면 어떤 동물이든 괜찮다. 북극곰만 떠올리지 않으면 된다.

앞의 마지막 문장을 읽기 시작할 때 북극곰을 떠올리고 있었든 아니었든 간에, 이 시점에서는 북극곰을 생각하고 있기 마련이다. 뭔가를 생각하지 않으려고 애쓰면 오히려 생각에 '반동'을 일으켜 일부러 애쓰지 않은 경우보다 그 생각을 훨씬 더하게 된다. 우리의 감정도 이와 다르지 않다. 기분이 안 좋은 날을 겪었을 때 안 좋은 감정을 느끼지 않으려고 애써봐야 오히려 감정을 훨씬 악화시킨다. 차라리 불안감을 생산적으로 다루는 전략을 쓰는 편이 건강에 더 좋다. 친구와 이야기를 나눈다거나 글을 쓰는 식으로 감정을 말로 풀어내다보면 그 일을 새로운 관점으로 이해하게 되면서 회복의 속도를 앞당길 수도 있다.

우리 인간이 복잡한 감정 체계를 진화시켜온 것은 다 그만 한 이유가 있는 것이다. 긍정적 감정과 부정적 감정은 둘 다 중요한 역할을 맡고 있다. 두렵거나 불안한 감정은 환경이나 삶에서 변경이 필요할 만한 어떤 부분에 주목하도록 경고를 보내준다. 가장 최근에 기침을 했던 경우를 생각해봐라. 기침을 하는 것이 기분 좋지는 않았을 테지만 그 덕분에 전반적 신체 건강이 향상되었을 수도 있다. 기침을 하는 행위는 유해 물질을 분리해 몸에 더 해를 끼치지 못하도록 내보내는 데 유용한 자연스러운 메커니즘이다. 심리적 면에서, 부정적 감정도 비슷한 역할을 해준다. 불안이나 절망을 충동질 할 소지가 있는 삶의 측면에 대해 깊이 생각하도록 자극하여 변화를 유도해주기도 한다.

물론 더러는 부정적 감정이 그 빈도나 정도가 너무 심해서 정상적인 일상생활이 불가능한 경우도 있다. 이처럼 부정적 감정이 병적인 지경에 이른 경우에는 반드시 임상 치료를 받아야 한다. 하지만 단순한 비관, 순간적 불안이나 순간적 분노 같은 경우엔, 사실상 유용한 정보를 알려주는 것일 수도 있다. 즉, 뭔가에 변화가 필요하다는 신호일지 모른다. 책이나 뉴스 기사, 혹은 대학생들로 가득 들어찬 강당에서의 기조연설에서 아주 흔히 드러내는 오해가 한 가지 있다. 긍정심리학에서 '언제나 늘 행복해지는' 비법을 찾아낸 줄로 여기는 오해다. 전혀 그렇지 않다. 안 좋은 날들도 인간사의 한 부분이다. 긍정심리학이 중시하는 초점은 오히려 안 좋은 날들의 부정적 영향을 최소화시키고 좋은 날들의 긍정적 영향을 활용하는 문제이다.

긍정심리학이 언제나 늘 행복한 것을 다루는 분야가 아니라는, 이 첫 번째 전제를 들으면 사람들은 대체로 마음을 놓는다. 안 좋은 날이 있으면 그것은 인간이기 때문이라고 받아들이게 된다. 하지만 두 번째 전제를 들으면 대체로 어리둥절해한다. 적어도 처음엔.

전제 2 : 긍정심리학에서 중요시하는 초점은 행복하기의 문제도 아니다

학생들에게 긍정심리학 강의를 수강신청한 동기에 대해 물어보면 '행복해지고 싶어서'라는 대답이 가장 많다. 학생들은 어떤 전공을 선택해야 하고, 어떤 연애 상대를 찾아야 하고, 언젠가 행복하게 살려면 돈은 얼마나 필요할지 등을 알고 싶어 한다. 안타깝게도 나는 그런 학생들에게 나쁜 소식을 전할 수밖에 없다. 내 강의의 개설 목적이 학생들을 행복하게 해주려는 것은 아니라고.

그보다는 더 행복해지는 문제를 다루려는 것이라고.

어떤 학생들은 별 차이가 없지 않느냐고 받아들인다. 행복해지는 것이나 더 행복해지는 것이나 그게 그거 아니냐고 말한다. 나에겐 그 둘은 하늘과 땅만큼 엄청난 차이가 나는 말이다. '행복해지는 것'은 언제나 그곳을 향해 나아가는 과정이 아니라 눈앞의 목적지다. 뛰어난 운동선수가 되려고 힘쓰는 상황을 가정해보자. '뛰어난' 선수가 되는 시점은 언제일까? 뛰어난 선수가 되면 실력을 향상시키기 위한 노력을 더 이상 하지 않을 텐가? 미국 국가대표 수영선수 케이티 레데키(Katie Ledecky)는 2016년 하계 올림픽에서 네 개의 금메달을 목에 걸었다. 하지만 '뛰어난' 수영 선수가 되자마자 수영모를 벗어서 걸어둔 것이 아니라 실력을 더 키우려는 노력을 꾸준히 이어가면서 자신이 세운 세계기록까지도 깼다. 이런 사고방식이 행복의 추구에 어떤 영향을 미치는지를 내가 처음 깨닫게 된 것은, 심리학자 탈 벤 샤하르(Tal Ben Shahar)를 통해서였다. 제목을 절묘하게 잘 붙인 그의 저서 『해피어(Happier)』에는 이런 사고방식이 분명하게 설명되어 있다.

'행복하냐고?' 이것은 행복하거나 행복하지 않은 이분법적 접근법으로 행복을 추구하려는 태도가 엿보이는, 닫힌 물음이다… 우리는 언제든 더 행복해질 수 있다. 언제나 늘 완벽한 기쁨 속에서 더 바랄 것이 없는 상태를 누리는 사람은 아무도 없다. 따라서 행복한지 행복하지 않은지의 여부를 묻기보다는 '어떻게 해야 더 행복해질까?'를 물어보는 편이 유용하다. 이런 물음은 행복의 본질과 더불어 행복의 추구가 진행형 과정이라는 사실까지 인정하고 있다. 말하자면 행복이란 무한한 연속선이지 유한한 한 점이 아님을 수용한다.[14]

수강생들이 행복해지기 위해 필요한 것이 뭐냐고 물어보면 나는 먼저 다른 식의 질문을 던질 줄 아는 자세가 필요하다고 대답한다. 살다 보면 환경이나 상황이 통제 불능 상태가 되는 때가 있다. 이럴 땐 더 행복해지기 위해 할 수 있는 일이 뭘까를 물어보면 현재 통제 가능한 삶의 측면들에 주목하게 되어 결과적으로 행복이라는 연속선상에서 앞으로 나아갈 수 있다.

위의 두 가지 전제(긍정심리학의 주안점은 언제나 늘 행복하기의 문제도, '행복하기'에 대한 문제도 아니다)를 모두 받아들이면 꼭 필요한 기본자세가 갖추어진다. 오히려 '행복'하려는 노력을 그만두면 행복을 키우기 위한 실질적 전략에 도달할 수 있게 된다.

하지만 이 두 전제로는 「월스트리트 저널」이 던진 의문에 답이 되지 않는다. 과연 행복이라는 그 개념 자체가 과대평가되어 있는 걸까? 도대체 무엇 때문에 행복을 탐구하는 이 분야에 주력해야 할까? 행복한 것, 혹은 더 행복해지는 것의 실질적 이득은 무엇일까? 특히 성년기에 무슨 이득을 누리게 될까?

장기적 이월효과

고대의 연금술사들이 신화 속 현자의 돌을 갈망했던 한 가지 이유는 현자의 돌에 깃든 장수의 효력 때문이었다. 이들은 현자의 돌을 찾아 세계 곳곳을 뒤졌다. 하지만 연금술사들 자신도 모르는 사이에, 그들이 시선을 돌려볼 생각도 안 했을 법한 곳에 인간의 생명을 연장시킬 수 있는 통찰이 깃들어 있었다. 바로 수녀원이었다.

이 이야기는 긍정심리학계에서 가장 유명한 사례로 꼽히게 된 한 연구와 연관되어 있다. 1990년대 말에 여러 과학자들이 일단의 수녀들을 살펴보던 중 장수의 비결 한 가지를 깨우치게 된 연구였다. 이곳 수녀들은 대다수가 20세기 초에 10대 후반이나 20대 초반의 나이로 종교자의 삶에 들어섰다. 수련 수녀 시절에 수녀원장은 수녀들에게 자기소개글을 쓰게 했다. 자신이 어떤 사람이고, 어떤 성장 환경을 거쳤고, 종교자로 살기로 결심한 동기는 무엇이었는지를 짤막히 쓰도록 했다. 수녀원에서는 이 자기소개글을 전부 파일철로 정리해 보관해두었고, 그 덕분에 장기적 연구를 위한 이상적 자료(동일 집단의 장기간의 추적 자료)가 남겨졌다.

연구에 참여한 과학자들이 자기소개글 자료를 이용해 알아내려 했던 것은 원래 알츠하이머 병이었다. 각 소개글을 문법의 복잡도,

생각의 밀도에 따라 분석해본 결과 가장 복잡한 문체로 글을 쓴 수녀들이 알츠하이머 병에 걸리는 확률이 가장 낮은 것으로 나타났다.[15] 하지만 자기소개글에서는 또 다른 일면도 엿보였다. 소개글 별로 정서 스타일에서도 차이를 보였던 것.[16] 글에 따라 어투가 낙관적이고 쾌활한가 하면 단조롭고 건조하기도 했다.

> 수녀 1 : "저는 1909년 9월 28일생이고 딸 다섯, 아들 둘의 7남매 중 맏딸입니다… 수녀원 본원에서 수녀 지망생으로 보내는 동안엔 노트르담 대학에서 화학과 2학년 과정 라틴어를 배웠습니다. 주님의 은혜에 감사하며, 우리 수도회를 위해, 정교의 전파를 위해, 저 자신의 정화를 위해 헌신을 다하겠습니다."
>
> 수녀 2 : "주님이 이루 말할 수 없이 귀한 은혜를 베풀어 주신 덕분에 제 삶이 비로소 피어났습니다… 수녀 지망생이 되어 노트르담 대학에서 공부하며 보냈던 지난 한 해는 너무도 행복한 시간이었습니다. 이제는 거룩한 성모 마리아를 따르고 사랑의 하느님과 함께하게 될 하루하루를 생각하니 기쁨에 마음이 벅차오릅니다."

두 수녀 모두 적절한 배경, 타당한 이유, 고결한 마음가짐에 따라 수녀원에 들어온 것으로 보이지만 글의 문체에서는 서로가 확연한 차이를 보인다. 두 번째 수녀는 1년 동안 노트르담 대학에서 단지 공부만 한 것이 아니라 '너무 행복한 시간'을 보내기도 했다. 단지 수녀원에 들어올 마음만 먹은 것이 아니라 수녀원 생활에 대한 기대로 '기쁨에 마음이 벅차올라' 있기도 했다.

수녀원장이 두 수녀의 자기소개서에서 행복의 정도에 관심을 두었다면 수녀 2가 수녀 1보다 더 높은 점수를 얻었을 것이다. 하지만 연구진은 한 걸음 더 들어갔다. 수녀들의 정서적 문체를 바로 그 순간의 행복을 가늠해보는 척도로서만 살펴본 것이 아니라, 이 연구 자료의 장기적 축적의 장점을 잘 활용해 22세의 행복도를 이후 생애의 결과를 예측하는 척도로 살펴보았다. 그렇게 살펴보니 확실히, 가장 명랑하고 낙천적인 문체로 글을 쓴 수녀들이 오래 살았다. 연구진이 자기소개서의 글을 행복도 최저에 속하는 그룹에서부터 행복도 최고의 그룹까지 네 그룹으로 분류해봤더니 가장 행복한 그룹에 드는 수녀들이 가장 행복하지 못한 그룹의 수녀들보다 평균적으로 거의 7년을 더 오래 살았다. 반세기도 훨씬 더 전인 당시에 그 예측 척도가 겉으로 보이는 행복도뿐이었다는 점을 감안하면 7년이라는 수명 차이는 인상적이다.

관점의 영향력

수녀들을 대상으로 한 이 연구 결과에서 특히 주목할 부분은, 성년기의 행복이 그 이후의 생애와도 밀접히 연관된다는 점이다. 성년기의 행복은 건강, 삶의 질, 심지어 이 지구에 머무는 시간을 비롯해, 그 이후의 삶까지 밀접히 이어진다. 이 연구가 큰 관심을 끄는 이유 중 하나는 바로 연구 대상이 수녀들이기 때문이다. 연구진이 연구 대상으로 20대의 그룹을 무작위로 골라 자료를 수집하여 살펴본 결과 가장 행복한 그룹이 가장 장수를 누린 것으로 나타난 경우였다면, 이들의 명랑한 성향 외에 또 다른 그럴듯한 장수의 원인도 유추해볼 수 있다. 가장 행복한 부류의 젊은이들이 삶을 더 신나게 살았다거나, 사회생활을 더 재미있게 즐겼다거나, 돈이 더 많아서 장수했을 수도 있다고 말이다.

하지만 연구 대상이 수녀라면 이런 점들을 원인에서 배제할 만하다. 그렇다고 해서 수녀들이 신나는 삶이나 즐거운 직업 생활을 누리지 않는다는 얘기는 아니다. 다만, 수녀들 모두가 아주 비슷한 삶을 살고 있다는 점을 강조하려는 것이다. 수녀들은 생활 조건도 일상 활동도 서로 똑같다. 수입도 똑같다. 다시 말해 장수 같은 결과에서의 차이가 생활환경의 차이로 인해 유발되었을 가능성이 없다. 그보다는 수녀들이 자신의 일상 활동의 해석 방식과, 삶에서 가장 관심을 두었던 측면에 의해 유발된 것으로 봐야 맞다.

우리의 전반적 삶의 질은 단지 객관적 상황만으로 유발되는 결과가 아니다. 가진 돈의 액수나, 소유한 차종이나, 인스타그램 게시물의 좋아요 개수 따위만이 아니라, 주의를 기울이기로 선택한 삶의 측면에 따라서도 결정된다. 대다수 상황에서 우리는 부정적인 측면을 붙잡고 애태울 수도 있고, 보다 긍정적인 측면을 찾아낼 수도 있다. 비행기 여행에 수반되는 골치 아픈 일을 예로 생각해보자. 제시간에 맞춰 공항에 도착하고, 여행가방을 체크인하고, 세면도구를 적절한 크기의 기내 휴대 가방에 챙겨 넣고, 탑승구에서 줄을 서서 기다리고, 말 많은 승객이 자신의 자리와 가능한 한 멀찍이 떨어져 앉길 빌어야 한다. 그리고 이 모든 일이 계획대로 될 가망은 낮다.

비행기 여행이 즐거운 시간이 될지 끔찍한 시간이 될지를 결정하는 데 관점이 얼마나 큰 영향력을 미치는지를 보여주는 의미에서, 몇 년 전에 한 수강생이 겪었던 사연을 소개해주고 싶다. 그 남학생은 겨울 방학을 맞아 집에 다녀오려고 비행기를 타러 갔다. 원래는 필라델피아행 직항 노선을 끊었는데 나중에 노선이 변경되는 바람에 샬럿(Charlotte)을 경유해서 가야 했다. 샬럿에서 내려 비행기를 갈아타려고 했더니 항공사의 착오로 인해 이번엔 자신의 자리에 다른 사람이 배정되어 있었다. 그 바람에 항공사가 다시 노선을 변경해 시카고 경유 노선을 잡아주어 우여곡절 끝에 필라델피아의 고향에 겨우 도착했다.

원래 이 학생은 자신의 계획이 어긋나 그리운 집밥을 먹을 순간이 더 멀어졌다는 것을 알고 속이 상했다. 그런 상황이라면 누구라도 그랬을 것이다. 하지만 이 학생은 화를 낸다고 집에 더 빨리 가는 것도 아니라는 생각이 들어 마음을 다잡았다. 그래서 소용돌이치는 감정에 휩싸여 경유지에서 대기할 때마다 공항에서 분노의 트윗을 날리는 대신 상황을 받아들여 그 상황을 최대한 유용하게 활용했다. 그 일로 끌어낼 만한 긍정적인 측면으로 관심을 돌려, 오헤어 공항(O'Hare Airport)에서 시카고의 대표 음식, 딥 디쉬 피자(deep-dish pizza)를 먹으며 시간을 보내면서 훗날 몇 년간 떠벌릴 만한 멋진 무용담도 만들어냈다. 한마디로 자신이 처한 상황을 더 행복하게 재구성해낸 것이었다. 다음번에 비행기가 지연되거나 활주로 대기 시간이 길어지는 '끔찍한' 상황에 닥치게 되거든 코미디언 루이스 C. K.(Louis C. K.)가 심야 토크쇼에 나와 진행자 코난 오브라이언 (Conan O'Brien)에게 던진 간단명료한 명언을 떠올리길 권한다. "옛날에는 새처럼 하늘을 난다는 것이 어디 생각이나 했던 일인가요? … 그때만 해도 인간의 비행은 어림도 낼 수 없는 기적 같은 일이었어요. 그러니 비행기를 타면 누구든 감탄사를 연발해야 해요. '세상에나! 와우!' 우리 인간이 하늘을 날게 되다니! 의자에 앉아서 하늘을 가르고 있다니, 이 얼마나 멋져요! … 사람들은 항공기가 좀 늦으면 지연됐다고 불만스러워하는데, 그깟 게 무슨 지연입니까? 뉴욕에서 캘리포니아까지 다섯 시간 만에 가는데요. 옛날엔 30년이 걸렸어요!" 비행기가 늦으면 여행 일정의 지연은 불가피하지만 그 상황을 다른 관점으로 바라보면 불편함이 멋진 경험담으로 거듭날 수도 있다.

일상의 상황들을 원하는 대로 선택하기란 불가능한 일이지만 헤쳐 나갈 방법을 선택하는 것은 가능한 일이다. 시인 마야 안젤루(Maya Angelou)의 말처럼 "비 오는 날, 여행가방 분실, 뒤엉킨 크리스마스트리 전구, 이 세 가지 상황에서 어떻게 대처하는지를 잘 살펴보면 그 사람에 대해 많은 것을 알 수 있다." 말이야 쉽지 실천하기는 쉽지 않겠지만, 이런 순간에 긍정적 사고방식과 유머감각을 잃지 않으면 일상적 골칫거리를 헤쳐 나가기가 더 수월해진다. 가장 행복한 수녀들이 가장 오래 살게 되었던 것도 바로 그런 태도 덕분이었을 터이다. 말하자면 행복한 태도가 수녀들에게 청춘의 샘을 마시게 해주었을지 모른다.

단기적 이월효과

수녀들의 연구가 잘 보여줬다시피 일상에서 행복을 찾는 것은 수명 연장을 비롯한 장기적인 이월효과를 내줄 수 있다. 한편 행복은 단기적 효험을 내주기도 한다.

'성년기의 심리' 강의에서는 매주 수강생들이 그 주에 있었던 최악의 일을 써낸다. 향수병에서부터 이별, 구내식당에 요거트 아이스크림이 떨어져 못 먹은 일에 이르기까지 온갖 얘기들을 써낸다. 하지만 수업 5주째가 되면 학생들에게 더 어두운 그림자가 드리워진다. 중간고사라는 그림자다. 수많은 학생이 밤샘 공부에 매달리며 불안감에 손톱을 물어뜯거나 정신을 바짝 차리고 강연 노트를 다시 보면서, 시험을 망쳐 성적과 장래의 커리어에 타격을 끼칠까 봐 초조해한다. 하지만 이것은 시험에 임하는 좋은 방법이 아니다. 이렇게 불안감에 안달해봐야 맑은 정신만 해치기 십상이다.

시험이 바로 코앞인 순간의 더 좋은 전략은 따로 있다. 공부를 접는 것이다. 차라리 즐거운 기억을 떠올리거나 뭔가 재미있는 일을 하는 편이 낫다. 한 수강생은 시험을 치르기 직전이 될 때마다 강연 노트를 내려놓고 탁구채를 집어든다고 한다.

"시험 전에 30분 더 공부하는 게 현명한 시간 활용은 아닌 것 같아요. 시험을 보기 전에 괜히 스트레스만 더 높아지거든요. 그 30분간 긴장을 풀고 재미있는 일을 하는 편이 시험을 더 잘 보게 돼요. 교정에서는 기분 좋은 상태를 유지할 수 있는 것이 아주 도움이 됩니다. 그러면 리포트를 쓸 때 집중이 더 잘 되고, 필요할 경우 다른 사람들과 어울릴 때도 더 원만한 데다, 다른 무엇보다도 시험에서 실력 발휘를 더 잘해서 좋아요.”

이 학생은 탁구를 통해 초조함에 시달리는 대신 시험의 압박감을 해소하게 된다. 노스캐롤라이나 대학의 과학자 바바라 프레드릭슨(Barbara Fredrickson) 박사가 펼친 연구에 따르면 이 학생이 더 실력 발휘를 잘하게 되는 원인은 더 행복한 기분 상태 덕분일 가능성이 높다. 프레드릭슨 박사가 밝혀낸 바로는, 즐거움이나 만족감 같은 감정이 인지력을 확장시키고 어려운 문제를 풀어내는 뇌의 능력을 축적시켜준다니 말이다.[17] 바로 이것이 박사가 적절히 붙인 명칭대로 ‘긍정적 감정의 확장 및 축적 이론(broaden-and-build theory of positive emotions)’의 기본을 이루는 개념이다. 프레드릭슨 박사는 단 60초 동안 삶의 행복한 순간을 떠올리기만 해도 학생들의 지능, 창의성, 주의력이 크게 향상된다는 사실 또한 증명해냈다.

박사의 연구에서는 그 반대도 증명되었다. 즉 부정적 감정은 명료하고 이상적인 사고 능력을 방해해서 제대로 된 능력 수행을 힘들게 한다는 점이다. 따라서 스트레스가 많은 인지 과제를 수행하기 전에 초조해하면 기분이 좋지 않을 뿐만 아니라 역효과를 낳을 우려도 있다. 차라리 즐길 거리를 찾아보는 것이 낫다. 아니면 이번 주말의 기대되는 계획을 떠올려본다거나, 좋아하는 음악을 듣거나, 친구에게 전화를 걸거나 문자를 보내도 좋다. 강의노트를 내려놓고 머리를 식혀라. 잠깐 탁구 한판을 하고 오라. 이런 활동을 통해 긍정성을 얻으면 궁극적으로 인지력이 예리해지고 수행력이 강화된다.

물론 이 조언은 벼락치기 공부에는 해당되지 않는다. 시험 준비를 열심히 하지 않았다면 확장시킬 것도 축적시킬 것도 없을 테니까. 하지만 시험 준비를 제대로 해둔 상태인 경우엔, 시험을 앞둔 순간을 초조함이 아닌 긍정성을 활성화시키면서 보내는 편이 한결 더 좋은 결과를 얻게 해준다.

패턴 뒤집기 : 원상복구 가설

긍정적 감정은 이월효과를 통해 이후 과제의 수행력을 끌어올려주는 것만이 아니라, 뭔가 안 좋은 일로 일어난 부정적 감정을 진정시키는 데도 유용하다. 몇 년 전 「워싱턴 포스트」에 미국인들이 가장 두려워하는 것을 조사한 기사가 실렸다.[18] 조사에 참여한 이들의 22퍼센트는 벌레와 뱀을 무서워한다고 답했고 24퍼센트는 높은 곳을 무서워한다고 답했다. 하지만 가장 두려운 대상으로 뽑힌 것은 사람들 앞에서의 발언이었다. 또 다른 몇몇 조사에서는 다른 사람들 앞에서 발언하는 것에 대한 두려움이 죽음에 대한 공포보다 훨씬 높게 나오기도 한다. 코미디언 제리 사인펠드(Jerry Seinfeld)가 지적했다시피 "이것은 보통 사람들에게는, 장례식에 가야 할 경우에 추도사를 하는 것보다 관에 누워 있는 편이 더 낫겠다는 생각이 들 정도로 두려운 일이다".

하지만 좋든 싫든 간에, 사람들 앞에서의 발언은 대다수 새내기 성인들이 어느 시점엔가는 맞닥뜨려야 하는 도전이다. 학과 과제든, 직장에서의 프리젠테이션이든, 결혼식 건배사이든 언젠가는 거쳐야 한다. 그렇다면 이런 도전이나, 이 도전에 필연적으로 수반되는 불안을 다룰 최선책은 뭘까? 이와 연관성이 있는 한 연구에서, 대학생들에게 3분 발표를 녹음해서 동급생들의 평가를 받게 될 거라며 준비하게 했다.[19] 학생들은 이 말 자체만으로도 마음이 초조했는데 생각을 정리할 시간이 겨우 60초뿐이라는 말에 초조함이 더욱 가중되었다. 60초의 준비 시간이 휙 지나가자마자 학생들은 짧은 동영상을 보게 되었다. 일부 학생들은 강아지가 자연 속에서 뛰노는 기분 좋은 동영상을, 나머지 학생들은 고통을 겪는 가족의 슬픈 동영상을 보았다.

실험 내내 학생들은 심박 수와 혈압의 증가 같은 심혈관계 반응을 측정하는 기계에 연결되어 있었는데 당연한 결과일 테지만 발표를 준비하는 동안 스트레스 정도가 큰 폭으로 올라갔다. 하지만 강아지를 본 학생들은 심혈관 반응이 애처로운 동영상을 본 학생들보다 낮았다. 다시 말해, 긍정적인 활동이 발표 거리를 준비하며 이런저런 생각을 하는 동안 쌓인 스트레스를 어느 정도 완화해주었던 것이다. 바로 이것이 긍정적 감정이 일으켜주는 또 하나의 이월효과다. 즉 긍정적 감정은 부정적 상황으로부터 주의를 다른 곳으로 돌려주는 효과도 내준다. 프레드릭슨 박사는 이를 '원상복구 가설(undoing hypothesis)'이라고 명명하며 긍정적 감정이 부정적 사건의 영향을 최소화시켜준다고 주장했다.[20] 그에 따르면 "긍정적 감정은 그 사람의 정신을 부정적 감정의 손아귀에서 풀려나게 해주기도 한다".[21]

다음번에 시험에서 낮은 점수를 받거나, 연인과 다투었거나, 애써 디저트를 만들었는데 핀터레스트(Pinterest, 이미지나 사진을 공유, 검색, 스크랩하는 이미지 중심의 소셜 네트워크 서비스-옮긴이)에서 본 것과 딴판이라 낙심하게 되면 그 불행이 옆에서 꾸물거리게 방치하지 말고 뭔가 벗어날 거리를 찾아라. 친구와 놀러갈 약속을 잡든, 좋아하는 TV 프로그램을 보든, 유튜브 동영상을 보든 상관없다. 그런다고 해서 아픔이 완전히 가시진 않겠지만 적어도 주의를 다른 곳으로 돌려주긴 한다(그런 부정적 감정에도 나름의 목적이 있음을 기억하자). 마음을 초조하게 하는 일을 준비 중일 때도 비슷한 방법을 활용해보면 유용하다. 중요한 시험을 앞두고 공부 중이거나, 중요한 프리젠테이션을 연습 중이거나, 중요한 취업 면접을 준비 중이라면 긍정적인 휴식 시간을 가져라. 적어도 한 시간에 한 번씩은 자리에서 일어나 몸을 움직이면서 뭔가 즐거운 일을 해보라. 그런 다음 하던 일을 이어서 하면, 기분 전환으로 인해 두뇌 회전이 더 잘되고, 곧 수행할 도전이 그렇게까지 겁나지는 않을 것이다.

어느 학기의 수업에서 이런 얘기를 해주었더니 이후에 한 수강생이 하루하루의 일과에 작은 변화가 생겨나고 있다며 이렇게 고백했다.

"저는 의과 대학 예비 과정을 밟고 있는 중인데 부담감이 너무 심해요. 더 높은 성적을 받고 좋은 성과를 내야 한다는 부담에 너무 버거워요. 그런데 공부하는 방식을 조금 바꿨더니 확실한 효과가 느껴집니다. 이제는 시험 기간 중에 캠퍼스를 느긋하게 산책하는 휴식 시간을 꼭 가지고 있어요. 마지막 남은 10분 동안엔 머리에 암기할 내용을 꾸역꾸역 집어넣느라 매달리지 않고 비욘세의 〈Formation〉을 반복해서 듣고 있어요."

좋아하는 노래를 듣거나, 일부러 먼 길을 돌아 교실로 들어가는 등 주위에서 일어나는 긍정적인 일에 주의를 기울이는 작은 행동으로 그저 그런 하루와 더 행복한 하루를 가를 수도 있다.

이런 이월효과는 심리 건강을 넘어서서 신체 건강에까지 미치기도 한다. 삶의 질과 관련된 의학 분야의 연구를 펼쳐온, 유명한 의사 로버트 클로닝거(Robert Cloninger) 박사는 최근 세인트루이스 공영 라디오에 출연한 적이 있었다. 이날 전화를 걸어온 청취자가 긍정성과 웃음의 효험에 대해 물었을 때, 박사는 유머가 정신의 유연성을 높여주고 스트레스 요인들을 새롭게 이해하도록 시각을 열어준다며 이렇게 덧붙여 말했다. "기분이 울적하면 뇌에 염증이 생기고, 스트레스로 기억력이 손상되고, 면역 체계에도 안 좋은 영향을 미칩니다. 삶을 비관적으로 느끼면 신체 전반이 기능 장애 상태에 빠지고 맙니다."[22] 따라서 경우에 따라서는, 사실상 웃음이 가장 좋은 보약이다. 웃음은 신체와 정신을 함께 치유해주니 말이다.

*

수녀들의 연구 사례와 확장 및 축적 이론의 틀에 비추어보면 성넌기 동안 행복이 미치는 장단기적 이점이 더 잘 수긍된다. 긍정적 사고방식은 우리의 관점을 바꿔주어 삶의 부정성이 미치는 영향을 최소화해준다.

이쯤에서 자연스럽게 떠오를 만한, 중요한 의문이 한 가지 있다. 행복을 늘리기 위해 우리가 할 수 있는 실질적 방법은, 관점의 변화 말고 또 없을까? 사실, 그 답은 여러 방면에 걸쳐 있다. 여기에서는 우선 신체적인 행동 요령부터 짚어보고 넘어가자. 얼굴의 표정과 신체의 자세는 말 그대로 우리의 행복감을 좌우한다.

웃는 얼굴의 진실

새내기 성인들에게 가장 중요한 결정거리 중 하나를 꼽는다면, 바로 함께할 사람, 그것도 잠재적으로 평생을 함께할지도 모를 사람을 정하는 문제다. 요즘엔 사람들이 술집과 파티장을 비롯해, 온라인에서도 만남을 갖는다. 저 건너편의 호감 가는 남자나 여자에게 다가갈지, 오케이큐피드(OkCupid, 온라인 데이트 사이트)의 프로필 사진에 메시지를 보낼지, 틴더[Tinder, 데이트 앱. 상대 그룹 프로필이 마음에 들면 오른쪽으로 스와이프(Swipe, 손으로 화면을 가볍게 밀어내는 동작), 마음에 들지 않으면 왼쪽으로 스와이프 한다-옮긴이]에서 오른쪽으로 스와이프를 할지 따위를 정하는 것은 제한된 정보만으로 빠르게 결정을 내리는 일이다. 아니, 겉보기엔 그렇게 보인다. 연구를 통해 증명되고 있다시피 어떤 사람의 웃는 얼굴에 관한 한, 때때로 겉보기만큼 단순하지 않을 수도 있다.

캘리포니아 대학의 과학자들이 인근인 샌프란시스코 베이 에어리어(San Francisco Bay Area) 소재의 여대인 밀스 대학(Mills College)의 1950년대 연감을 연구 자료로 입수한 뒤에 이 연감에서 4학년생들의 사진으로 각 학생의 웃음을 분석했다. 진짜 웃음을 가늠할 때는 흔히 눈꼬리 잔주름을 척도로 본다. 눈꼬리에 잔주름이 잡히는 웃음을, 뒤시엔(Duchenne)형 웃음라고 한다. 진짜 행복을 내비칠 때 눈의 기능을 발견해낸 19세기 신경학자의 이름을 딴 명칭이다. 이 기준에 따르면 연감 사진 속 학생이 입꼬리는 올라가 있지만 눈 근육의 움직임은 없다면 예의상 웃음을 짓고 있는 것이다. 매년 크리스마스에 할머니가 흰 양말을 주실 때마다 내가 지어보이는 그런 웃음처럼.

연감의 사진에서 밀스 대학의 학생 중 절반 정도는 뒤시엔형 웃음을 짓고 있었다. 그런데 이 연구에서 무엇보다 흥미로웠던 부분은 그 웃음에 담긴 예지력이었다. 연감의 사진이 찍힌 1950년대 직후 이 여성들을 대상으로 성격 검사지 테스트가 진행되는 한편, 인터뷰, 단체 토론, 식사 중의 대화 같은 여러 사회적 상황에서의 관찰이 이루어졌다. 그 결과 연감의 사진에서 뒤시엔형 웃음을 지었던 여성들이 가장 다정다감하고 사교적이고 쾌활한 성격군에 들었다. 게다가 이런 경향이 평생에 걸쳐 이어지는 것으로 나타났다. 이 여성들은 27세, 43세, 52세 때도 여전히 새내기 성인 시절처럼 쾌활하고 사교적이었다. 게다가 21세 때 연감의 사진에서 가장 행복한 표정을 지었던 이들은 20대 말의 결혼 확률이 가장 높았고,

덜 웃었던 학생군과 비교해서 양질의 결혼생활을 즐겼다.[23]

위의 연구 결과나 이번 장에서 살펴본 다른 연구 결과가 똑같이 보여주고 있듯, 행복은 특정 순간에만 한정되는 것이 아니다. 더 행복한 부류에 들었던 젊은 수녀들이 이후에 더 오래 살고 기분 좋은 상태에서의 새내기 성인들이 시험에서 더 좋은 성적을 거두었듯, 이번에 소개한 연구에서도 행복의 장기적 영향이 입증되어 대학생 시절에 지어보인 웃음의 특성에 따라 이후에 맺게 될 배우자와의 관계 유형이 미리 예견되었다.

행복한 척 뇌 속이기

옛 격언에 '기뻐서 웃음을 지을 때도 있지만 웃음을 짓다 보면 기뻐질 때도 있다'는 말이 있다. 이 격언은 긍정심리학 분야보다도 더 오래 되었지만 최근에 들어와 여러 과학적 연구 결과를 통해 뒷받침되고 있다. 한 예로 일리노이 대학의 연구진이 벌인 연구에서는, 실험에 참여한 학생들이 웃음을 짓고 있는 동안에 얼굴을 찡그리고 있을 때보다 코믹 만화 「파 사이드(Far Side)」를 더 재미있다고 평가했다. 하지만 실험 당시에 학생들은 자신이 웃음을 짓고 있는지, 얼굴을 찡그리고 있는지를 알지도 못했다. 다만 참여 학생 절반에게는 입으로만 펜을 물고 있게 했고 나머지 절반에게는 이빨로만 펜을 물고 있게 했을 뿐이었다. 직접 해보면 알겠지만 이빨로만 펜을 물 때는 웃음을 짓게 되고, 입으로만 펜을 물 때는 얼굴을 찡그릴 수밖에 없다.

우리는 뭔가에 행복을 느끼면 그 반응으로 웃음을 짓는 것이 보통이지만 이 연구에서 입증되었듯 그 반대의 패턴도 가능하다. 학생들이 이빨로 펜을 문 상황에서 만화를 더 재미있게 느낀 이유는 더 행복한 감정을 느껴서가 아니라 웃음 근육을 움직이고 있었기 때문이다. 들어봤을 테지만 '동시에 활성화되는 세포는 서로 연결된다'. 행복은 웃음을 유도하는 얼굴 근육을 활성화시키기 때문에 행복을 관장하는 뇌 세포와 웃음 근육을 관장하는 뇌 세포가 동시에 활성화된다. 한쪽 세포를 활성화시키면 다른 한쪽의 세포도 자동으로 활성화되기 마련이다. 따라서 단순히 웃음을 짓는 행위만으로도 행복의 감정이 일어나게 된다.

이 점을 머리에 담고 하루하루를 살아가보자. 교정을 걸을 때, 가게에서 긴 줄을 서게 될 때, 식당에서 식사가 나오길 기다릴 때 웃음을 지어보라. 그렇다고 과장스럽게 굴 필요는 없다. 사실, 억지스럽게 느껴지면 역효과가 나기 쉽다(억지로 북극곰 생각을 하지 않으려고 할 때처럼). 단지 웃음을 살짝 짓는 것만으로도 그저 그런 순간을 즐거운 순간으로 변신시킬 수 있다. 폭포효과를 일으켜서, 즐거운 기

억을 자극하거나 그 상황에서 새로운 즐거움을 찾아보게도 해준다. 명심하기 바란다. 가장 행복했던 수녀들이 더 오래 산 이유는 객관적 현실이 수녀원의 다른 수녀들과 달랐기 때문이 아니었다. 주목하기로 선택한 초점, 그리고 삶에 긍정성을 일으킨 사고방식 덕분이었다. 어쩌면 당시의 그 수녀들도 행복을 찾기 힘들어지면 웃음을 지으며 기쁨을 끌어냈을지 모른다.

전신(全身) 경험으로서의 감정

이빨로 펜 물기 실험에서 입증된 것처럼 우리의 기분은 단지 얼굴 근육을 움직이는 것으로도 영향을 받는다. 이 원칙은 서거나 앉는 자세에도 적용된다. 우리의 감정 상태는 몸 전체로 표출된다. 컬럼비아 대학과 하버드 대학의 연구진은 42명의 대학생을 대상으로 발을 벌리고 두 팔을 활짝 편 적극적 자세나, 발을 붙이고 두 손을 무릎 위에 포개 얹은 소극적 자세를 취하게 하는 방식의 실험을 벌인 적이 있다.[24] 학생들에게는 연구의 진짜 목적을 숨기려고 자신들이 '적극적' 자세나 '소극적' 자세를 취하고 있는 중이라는 얘기를 알려주지 않고 이 연구가 심장 관련 부위의 신체에 부착된 전극의 정확성을 실험하는 것이라고 둘러대면서 "발을 앞쪽의 책상에 올려 심장 위쪽에 오도록 하고 있으라"라는 지침을 주었다.[25]

적극적 자세의 학생들은 그런 자세를 취하고 겨우 2분이 지난 후에, '힘 있고 직책 있는' 사람처럼 느껴진다고 밝혔다. 존재감의 증대로 테스토스테론(힘이나 권위와 연계된 호르몬)의 분출은 늘고 코르티솔

(주된 스트레스 호르몬)의 분출은 줄기도 했다. 몸의 자세를 조절하는 것만으로 심리적·생물학적 변화가 동시에 일어난 것이었다.

게임에서 머리를 (그리고 몸도 함께) 쓰기

우리의 감정과 생각은 전신 경험이다. 수두룩한 증거로 뒷받침되고 있다시피 몸의 움직임과 자세는 행복에 영향을 미치며 심리학계 용어로는 이런 현상을 체화된 인지(embodied cognition)라고 부른다. 새내기 성인들을 대상으로 펼쳐진 한 연구에서는 근육을 과시해 보일 때 더 강한 의지력과 자제력을 발휘해서 간식을 선택할 때 초콜릿 같은 건강에 안 좋은 음식보다 사과처럼 건강에 좋은 음식을 선택했다.[26] 몸에서 강인함이 느껴질 때 정신력도 강해진 것이었다. 또 다른 연구에서는 의자에 허리를 똑바로 펴고 앉은 실험 참가군이 구부정하게 앉은 참가군보다 어려운 문제를 풀 때 훨씬 더 끈기 있는 모습을 보였다. 즉, 자신감 있는 자세가 자신감 있는 수행력으로 이어진 결과였다.

그러니 몸에 주의를 주목해보라. 면접에 들어가거나, 시험을 치르거나, 데이트를 제안하려고 할 때는 자세에 신경을 쓰자. 똑바로 서서 가슴을 쫙 펴고 살포시 웃음을 지으면 말 그대로 성공의 자세를 취하는 것이다. 실제로 내 강의를 들었던 한 수강생이 4학년 때 만만치 않은 취업 면접을 연달아 치르다가 이런 성공의 자세를 취하기 시작했다. "저는 워낙에 소심한 성격이라 면접 중에는 너무 주눅이 들어서 대답을 제대로 못했어요." 이 학생의 나약한 태도는 자신감을 주는 파워 포즈(power pose) 자세를 알고 난 뒤로는 과거의 얘기가 되었다. "그다음에 면접을 볼 때 면접장에 들어가기 전에 화장실에 가서 팔다리를 쫙 펴고 가슴과 턱을 당당히 내밀고 섰어요. 그랬더니 면접 시간 동안 자신감이 부쩍 늘고 긴장이 풀렸어요. 면접 문답 중에 기운이 더 붙고 순간적 판단력이 좋아져서, 더 확신에 찬 대답을 할 수 있었어요. 더욱이 그날은 다섯 개의 면접을 연달아 봐야 하는 힘든 하루였어요. 중간에 지칠 만도 했지만 매 인터뷰마다 들어가기 전에 화장실로 가서 자신감을 키워주는 파워 포즈를 잡으며 마음을 가다듬었어요."

웃음이 기쁨의 근원이 될 수 있다면 파워 포즈는 자신감의 근원이 되기도 한다. 또 이 학생의 경우엔 취업의 원천이 되기도 했을 것이다.

*

연금술사들은 수백 년에 걸쳐 현자의 돌을 찾아다니며, 현자의 돌이 납을 황금으로 변신시키고, 회춘을 시켜주고, 생명을 연장해줄 것이라고 믿었다. 물론 세상에 그런 돌은 존재하지 않으며 아무리 찾으려 애써봐야 결국엔 헛수고로 끝나게 되어 있다. '즐거운 인생 누리기'의 강연자가 제시한 약속처럼 헛된 바람이다. 하지만 비유적 의미에서 보면, 새내기 성인들은 연금술사들이 쫓았던 것과 똑같은 갈망에 목말라한다. 오래오래 더 행복하게 살게 해줄, 심리적 부

(富)를 쫓고 있다. 하지만 그런 부를 획득하는 데는 굳이 마법이 없어도 된다. 긍정성만 있으면 된다. 긍정성은 혼란을 다루기 쉬운 것으로 변신시켜주고, 스트레스 심한 상황에 활기를 불어넣어주며, 수명까지도 늘려준다. 행동과 사고방식에 주의를 기울이면 돌연 그런 일들이 성취 가능한 일로 변하게 된다.

지금까지는 긍정심리학의 신조를 확실히 다지고 행복의 추구가 사실상 헛된 바람이 아님을 알아봤으니, 이제부터는 진정한 행복을 북돋워주는 행동과 사고방식을 두루두루 살펴보도록 하자. 자, 이제 허리를 쭉 펴고 앉아 웃음을 지어보자.

제2장

원하는 것과 지금
가지고 있는 것의 균형

로어 맨해튼(Lower Manhattan) 차이나타운의 아이스크림 가게 안에 달달한 향이 진동했다. 뉴욕시에서 하계 인턴 과정을 밟고 있던 두 학생이 입소문이 자자한 이곳의 이국적 맛을 맛보며 서로 어떻게 지냈는지 근황을 주고받으려고 들어왔다. 첫 번째 학생이 여러 종류의 아이스크림을 유심히 살펴보다가 밝은 핑크색과 탐스러운 초록색 아이스크림을 한 스쿱씩 골랐다.

　　"그게 무슨 맛인데?" 친구가 궁금해하며 물었다.

　　"나도 몰라. 그냥 색깔이 예뻐서 고른 거야."

　　첫 번째 학생은 그렇게 대답한 후에 조명이 잘 비치는 자리를 찾아 가게 안을 둘러보다가 말했다.

　　"사진 예쁘게 찍어서 인스타그램에 올려야겠다."

　　그런 후 예술작품이라도 찍 듯 아이스크림 사진만 연신 찍어대다가 아이스크림이 손으로 뚝뚝 떨어져내리자 가게 안을 다시 둘러봤다. 이번엔 쓰레기통을 찾기 위해서였다. 이제는 더운 여름날의 아이스크림콘도 인스타그램에 올릴 만한 가치가 없어지면 더 이상 쓸모없어지는 것일까?

'좋아요'에 대한 집착

상당수의 새내기 성인들에게는 뭔가 중요한 일이 생기면 소셜미디어에 자신의 생활상을 올리는 것이 필수처럼 되어버렸다. 내 수강생 한 명은 이렇게 말했다. "모임에 나가면 사진 찍느라 시간이 다 가다시피 하는 경우가 흔해요. 사진 찍으려고 모인 게 아닐까 싶다니까요. 모임이 곧 사진 찍기가 되어버렸어요."

학생들은 이런저런 소셜미디어 플랫폼상에서 자신의 게시물과 그 게시물에 대한 반응을 꼼꼼히 확인한다.

"제 친구들은 수시로 인스타그램에 들어가 올린 지 얼마 안 된 게시물에 좋아요가 몇 개나 달려 있는지 체크해요. 다른 애들이 받은 좋아요의 개수와 자기들이 받은 개수를 비교하면서 팔로워 수와 댓글 수까지 일일이 확인한다니까요. 저희는 페이스북의 프로필 사진을 바꿀 땐 너무 늦은 밤이나 너무 이른 아침 시간대는 꼭 피해요. 좋아요의 개수를 최대한 많이 받으려고 그러는 거예요. 그리고 올해엔 좋아요의 '허용' 개수가 늘어나서 프로필 사진에 좋아요를 60개도 못 받으면 정말 쪽팔리는 거고 100개 정도는 받아야 흡족해져요."

소셜미디어의 사용과 불행 사이의 관계를 조사한 수많은 연구에서 밝혀진 바에 따르면, 소셜미디어에서 보내는 시간이 늘수록 행복이 줄어드는 경향을 나타내고 있다. 이런 연구의 대다수에서 나타나는 난점은 이 둘의 상관관계만을 보여준다는 것이다. 통계학 교수들이 지겹도록 강조하는 말이지만 상관관계는 인과관계와는 별개다. 페이스북 사용이 행복을 떨어뜨릴 수도 있지만, 내면적 불행이 스마트폰 화면의 'f'를 더 자주 눌러 주말 동안에 누가 가장 멋진 파티에 다녀왔는지 보거나 유별난 삼촌의 정치적 견해를 슬쩍 들여다보도록 부추길 가능성 또한 배제할 수 없다.

그런데 최근에 앤아버(Ann Arbor) 소재의 미시간 대학과 벨기에의 뢰번 대학(University of Leuven) 심리학자들이 인과관계의 존재 여부를 확증하기 위한 기발한 연구를 벌였다.[1] 이들 연구진은 82명의 새내기 성인을 모집해 2주 동안 무작위 시간대에 문자를 보내 답글을 보내게 했다. 모든 문자는 그 순간의 행복과 그동안의 페이스북 사용량을 함께 물어보는 내용이었다.

이 연구는 장기적 시간을 두고 행해진 덕분에 한 시점의 감정적이거나 행동적 경험이 연구진으로부터 다음 문자를 받는 시점의 감정적이거나 행동적 경험에 영향을 미치는지 여부를 검증해볼 수 있었다. 전반적으로, 참여자들이 페이스북에서 보낸 시간이 많다고 답해온 경우엔 다음번 질문을 받을 때 행복도가 더 낮아졌다는 답을 보내왔다. 그 반대의 경우는 달랐다. 행복하지 못하다는 느낌이 반드시 그다음 질문 문자 때 페이스북에 들어갈 것으로 예측되는 척도는 아니었다. 페이스북 이용은 이후의 기분 상태를 예측하는 확실한 척도였지만 그 반대는 그렇지 않았으므로, 이 결과에 따라 페이스북이 행복에 인과적 영향을 미치는 것으로 해석해도 무리는 아니다. 즉 페이스북을 많이 이용할수록 기분이 더 악화된다고 볼 수 있다.

그렇다면 그 이유는 뭘까? 페이스북, 인스타그램 등의 소셜미디어 플랫폼이 어째서 행복을 해치는 걸까?

쾌락 적응

인간 조건에서의 기본 전제 중 하나는 적응력이다. 이런 적응력은 심리적·신체적 양면의 거의 모든 차원에 영향을 미친다. 오후에 극장에 들어가 있었던 때나 햇빛 비치는 밝은 낮에 어두운 곳에 있었던 때를 떠올려보자. 어두운 환경에서는 얼마 안 되는 빛을 최대한 흡수하기 위해 동공이 확장된다. 그러다 환한 밖으로 나오면 풍성한 빛이 확장된 동공으로 쏟아져 들어오며 거북함을 일으켜 실눈을 뜨거나 눈을 가리기 십상이다. 하지만 잠시 지나면 동공이 자동으로 조절되어 햇빛의 강도에 적절한 정도로 축소되어, 햇빛의 강도가 처음 밖으로 나왔을 때와 별 다르지 않아도 실눈을 뜨지 않아도 된다.

이런 현상은 자연스러운 적응 과정으로 나타나는 것이다. 우리의 몸은 환경의 변화에 따라 적응한다. 더울 때는 땀을 흘려 체온을 낮추고 추울 때는 몸을 떨어 열을 발생시킨다. 이 모두는 우리의 몸이 기준선으로 복귀하는, 자연스러운 과정이다.

생활환경에 대한 심리적 반응 역시 마찬가지다. 새 휴대폰을 샀던 때를 떠올려보자. 처음엔 주변 사람들에게 새로 산 휴대폰을 자랑하고 싶을 만큼 들뜨지 않았는가? 처음엔 특정 앱과 카메라의 성능이 너무 마음에 들었을 테지만 얼마 안 지나 신기해하는 마음이 시들해지면서 그런 성능의 휴대폰을 쓰는 것이 당연시되기 마련이다. 문득 내가 스마트폰을 처음 사러 갔던 때가 기억난다. 그때 판매 직원들은 16기가바이트 모델을 사라고 권했다. "저장 용량이 16기가라고요? 그렇게 많은 용량은 필요 없을 것 같은데요?" 나는 얼떨떨해하며 물었다. 그런데 가장 적은 용량이 8기가바이트라는 얘기에, 더 놀랐다. 그때까지 내가 쓰던 플립폰의 저장 용량과 비교하면 8기가바이트도 필요 이상으로 많은 용량 같았다.

물론 이런 생각은, 습관처럼 수시로 사진과 동영상을 찍어대고 낮 시간 동안 걸음 수를 세어주거나 좋아하는 음악을 다운받거나 10일 후에 눈이 내릴 거라는 예보를 미리 알려주는 여러 기능의 앱에 익숙해지기 전의 얘기였다. 금세 8기가바이트의 용량이 다 차서 64기가바이트 모델로 업그레이드하게 되었으니 말이다. 동공이 빛의 양에 맞춰 적응하듯이 우리의 심리도 모바일 기기의 '필요' 용량 등을 그 순간에 누리는 부유함이나 호사의 정도에 맞춰 적응한다. 복권 당첨자들, 그러니까 이전까지만 해도 허황된 상상 속에나 존재하던 호사스러운 삶을 누릴 만한 큰돈을 얻게 된 사람들조차 1년도 채 지나지 않아 금세 그런 호화스러운 상황에 적응한다.

의예 과정의 한 학생도 의과 대학원 합격 소식을 듣고 나서 불과 몇 주 만에 이런 심리적 적응을 경험했다고 썼다.

"그 순간이 지금도 기억나요. 수업 중에 자꾸 휴대폰을 들여다보다가 오랫동안 간절히 꿈꿔왔던 이메일을 받게 되었어요. 몇 달이나 기다려왔던 합격 통지서였어요. 저는 그 자리에서 벌떡 일어나 바로 교실 밖으로 뛰쳐나가 부모님에게 전화를 걸어 그 기쁜 소식을 전했어요. 주체 못 할 정도로 너무 행복해서 반 미친 사람처럼 눈물까지 터졌어요."

하지만 그 행복감은 일주일도 지나지 않아 시들해졌다고 한다.

"친구들이 축하해주고 부모님이 자꾸 이것저것 물어보는 사이에 어느 순간부터 합격 소식이 더는 '행복하지' 않았어요. 더 구체적으로 말하자면 엄청난 인생 목표를 이루었다는 사실에는 정말로 만족스러웠지만 딱히 흥분되거나 들뜨지는 않았어요. 목표 달성이 축하받을 만한 대단한 일이 아니라 '새로운 일상'이 된 기분이었어요."

몇 년 전 「세인트루이스 포스트 디스패치(St. Louis Post-Dispatch)」에는, 브로드웨이 뮤지컬 무대의 주연을 맡으면서 수많은 이들이 평생토록 갈망해온 꿈을 이룬 21세 여성에 대한 기사가 실렸다. 셀 수도 없이 많은 젊은이들이 브로드웨이 무대에 오르는 꿈을 꾸지만 그 꿈을 이루는 사람은 선택된 소수에 불과하다. 그런데 이 여성이 휘황찬란한 불야성의 거리(Great White Way, 브로드웨이의 별칭-옮긴이)에서 뮤지컬 공연의 주연을 맡아 수천 명의 관객 앞에서 밤마다 공연을 펼친 지 불과 석 달 만에 내놓은 공연 소감은 이렇다. 뭐랄까, 그냥 "직업 같은" 느낌이라는 투였다.

"제가 얼마나 행운을 누리고 있는지 잘 알아요!" 그녀는 이렇게 인정하기도 하면서 덧붙였다. "단지 그 행운에 익숙해진 거죠."[3]

맞는 말이다. 우리 인간은 상황에 익숙해진다. 심리학 용어로는 쾌락 적응(hedonic adaptation)이라고 부른다. 브로드웨이에서 주연을 맡으며 어릴 적 꿈을 이룬 감격조차도 시간이 지나면 시들해지기 마련이다. 이런 패턴을 가리켜 쾌락의 쳇바퀴(hedonic treadmill)라고 일컫기도 한다. 아무리 대단한 호사와 부귀를 누리게 되더라도 결국에는 당연히 누려야 할 수준에 대한 기대치가 한때는 그토록 부러워하던 현재의 그 재산 수준을 따라잡는다. 이런 현상은 다음의 공식에 비추어 생각해볼 만하다.[4]

$$행복 = \frac{자신이\ 가진\ 것}{자신이\ 원하는\ 것}$$

우리의 행복은 자신의 실제 삶의 모습만이 아니라 자신이 원하는 모습에 따라서도 좌우된다. 행복을 향상시키려면 둘 중 한 방법을 택하면 된다. 수학적으로 말하자면, 분자(자신이 가진 것)를 늘리거나 분모(자신이 원하는 것)를 줄이면 된다. 우리 대부분은 첫 번째 전략에는 이미 익숙하다. 고소득 직업에 종사하고, 명품 '물건'으로 휘감고 다니며, 소셜미디어에 자신이 즐기는 모험과 가진 것들을 게시하면서 분자가 얼마나 커졌는지 과시하기 위해 쉴 틈 없이 일하고 있지 않은가. 하지만 우리 눈이 영화를 보고 햇빛 속으로 나오면 그에 맞춰 자동으로 적응하듯 행복감도 자신이 획득한 재산과 지위에 맞춰 적응한다. 현 시대는 신상품, 더 높은 급여, 인스타그램 게시물에 달리는 수십 개의 좋아요가 새로운 일상이 되어 있다. 그에 따라 우리가 원하는 것이 우리가 가진 것을 빠르게 따라잡고 있다.

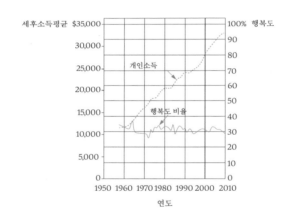

1인당 평균세후소득(2015년 달러 기준)과 행복도의 관계

지난 50년 사이 1인당 소득 증가율이 물가상승률을 반영해도 세 배에 이르지만, 행복도는 여전히 그대로인 이유가 바로 여기에 있다. 그렇다. 우리는 가진 것이 더 많아졌지만 그만큼 기대치도 더 늘었다.

나의 아버지는 어린 시절에 일곱 식구가 방 세 칸, 욕실 하나짜리 집에 살았고 가전이라곤 전화기 한 대와 16인치 흑백 TV 한 대에 에어컨은 있지도 않았다고 한다. 아이들은 언제나 샘 삼촌의 집에 놀러가고 싶어 했단다. 컬러 TV와 중앙 냉난방 장치가 갖추어진 삼촌 집은 세인트루이스의 푹푹 찌는 날에 그야말로 천국 같았을 것이다.

이것이 1960년대의 생활상이었다. 당시에는 에어컨이나 식기세척기를 둔 집이 드물었다.[5] 인스타그램에 가장 근접한 것이라고 해봐야 폴라로이드 카메라 정도였고, 당시의 애플이나 블랙베리는 세계의 이모저모를 즉시 접할 수 있는 모바일 기기가 아닌 파이 재료였다. 요즘엔 대다수 사람들에게 그렇게 간소한 살림살이는 생각지도 못 할 일이다. 여름을 시원하게 보낼 에어컨이나 밥을 먹고 설거지를 뚝딱 해치워주는 식기세척기가 없으면 불행해서 어떻게 사느냐는 푸념이 나오기 십상이다. 또 집에 와이파이가 안 돼서, 피아노를 치는 고양이 사진이나 유명인들의 실수를 폭로하는 블로그 게시판에 바로바로 접속하지 못한다는 것 역시 생각도 못 할 끔찍한 일이다.

하지만 불과 얼마 전까지도 사람들은 그런 환경 속에서 그럭저럭 살았다. 게다가 그때 그 사람들이 오늘날의 우리보다 덜 행복했던 것도 아니다. 어째서였을까? 우리의 부모님과 조부모님 세대는 풍족한 생활수준에 대한 기대치가 낮았던 덕분에 가진 것이 별로 없어도 행복할 수 있었다. 수학적 사고방식에 익숙한 사람을 위해 풀어서 말하자면, 앞의 공식상 분모가 현재보다 훨씬 낮아서 행복의 값을 끌어내기 위해 분자가 그리 크지 않아도 되었다. 이전 세대들은 스마트폰도, 멋진 휴가도, 심지어 에어컨이 없이도, 소박한 라이프스타일로 행복한 삶을 누리기에 충분했다. 물론 우리 조부모 세대의 원하는 것의 범위도 당시의 기준에선 소소하지 않았다. 단지 현재 우리의 기준과 비교해서 소소한 것일 뿐이다. 현재의 기준에서 그들은 가진 것이 많지 않았지만 좋은 삶에 대한 기대에는 부합할 정도여서 분모와 분자가 균형을 이루었다.

다른 사람들이 가진 것에 따라 결정되는 내 행복

우리는 특히 소셜미디어를 통해, 그 이전의 어느 때보다 자신이 원하는 것을 늘리기가 더 쉬워졌다. 다음은 한 수강생이 최근에 룸메이트가 이별을 겪었다며 털어놓은 얘기다.

"그 애는 헤어지고 난 후로 강박적일 만큼 남자친구의 페이스북과 인스타그램을 들여다봐요. 이별 후의 '승자'가 누구인지 확인하지 못해 안달이에요. 둘 중 누가 더 매력적인 상대와 데이트 중인지, 누가 더 멋진 휴가를 다녀왔는지, 누가 더 해쓱해졌는지, 누가 더 행복한지 따위를 자꾸 비교한다니까요."

우리 인간은 본래 스스로를 주변 사람들과 비교하는 습성이 있다. 자신의 재력, 가진 물건, 이별의 '승자'가 누구인가 등등에 대한 감정이 남들의 경험과 밀접히 얽혀 있다. 사회적 비교는 자신이 가진 것과 무관하게, 자신이 원하는 것을 조종하게 되어 혼란을 야기한다. 그리고 남들의 환경을 자신의 지표로 삼을 경우엔 다른 누군가보다 비교적 더 좋기만 하다면 자신에게는 객관적으로 더 나쁜 결정을 내리게 될 가능성도 있다.

이쯤에서 심리학자 아모스 트버스키(Amos Tversky)와 데일 그리핀(Dale Griffin)이 일단의 대학생들에게 가정해보게 했던 다음의 시나리오를 살펴보자.[6]

통신학의 대학원 학위를 수료한 후 1년 기간제 일자리로 두 곳의 잡지사를 놓고 고민 중이라고 상상해보라.

(A) A라는 잡지사는 3만 5,000달러의 연봉을 제안했다. 하지만 학력과 경력이 당신과 똑같은 수준의 다른 직원들은 3만 8,000달러를 받고 있다.

(B) B라는 잡지사에서는 3만 3,000달러의 연봉을 제안했다. 하지만 학력과 경력이 당신과 똑같은 수준의 다른 직원들은 3만 달러를 받고 있다.

얼핏 생각하기엔, 논리적으로 따질 때 급여를 더 높게 주는 쪽에 더 높은 만족감을 품어야 마땅할 듯하다. 하지만 조사 결과는 달랐다. 조사에 참가한 학생들의 3분의 2 가까이가 더 만족감이 높을 것 같은 일자리로 B 잡지사를 선택했다. 객관적으로는 A 잡지사보다 낮은 급여를 주지만 동료 직원들보다는 비교적 더 많은 급여를 주는 곳을 골랐다는 얘기다. 단, 여기에서는 주목할 또 다른 점도 있다. 대다수 학생들이 최종 결정을 내릴 때는 객관적으로 급여가 더 높은 일자리를 선택하겠다고 대답했다. 하지만 자신의 소득에 더 흡족감을 느낄 만한 일자리로 선택된 곳은 두 번째 선택안이었다. 말하자면 급여가 더 낮더라도 동료들보다 앞서 있는 한은 감수할 만한 가치가 있다고 받아들여진 것이었다.

연구진은 비교가 자신의 재력에 대한 감정에 미치는 영향을 알아보기 위해 실제 직장인을 대상으로 조사한 자료들도 살펴봤다. 그중에는 2010년에 워릭 대학(University of Warwick)의 과학자 팀이 영국에 거주하는 1만 명 이상의 성인을 대상으로 소득수준과 삶의 만족도를 연구한 자료도 있다.[7] 워릭 대학의 이 연구에서는 한 사람의 급여와 그 사람의 정서적 행복 사이에 아무런 연관성도 발견하지 못했고, 이는 기존 연구와도 일치되는 결과였다. 하지만 이 연구에서는 기존의 대다수 연구보다 조금 더 깊이 있게 파고들어 이 문제의 또 다른 측면을 살펴봤다. 개개인별 이웃들의 평균 소득이었다.

연구팀은 영국가구패널조사(British Household Panel Survey)를 분석하여 각 사람의 급여를 인근 거주민들과의 연소득과 비교했다. 그리고 이를 토대로 각 사람의 소득이 주변 이웃의 소득보다 높은지 낮은지를 대조해볼 수 있었다. 역시 예상했던 대로, 삶의 만족감의 예측 척도는 총소득이 아닌 이웃들과 비교한 소득 등급이었다. 이는 등급-소득 가설, 즉 자신이 가진 것에 따라서가 아니라 자신의 재산이 주변 사람들과 비교해서 어느 수준인지에 따라서 만족감을 느낀다는 가설을 뒷받침해주는 결과였다.

다른 사람들 모두가 가진 것을 기대치의 기준으로 삼으면 소득이나 권한이 더 늘어난다고 해서 반드시 더 행복해지는 것은 아니다. 이 점을 감안하면 계속해서 부가 증가하고 있는데도 불구하고 미국인들의 실질적 행복도가 높아지지 않는 이유도 수긍된다. 부가 증가하는 것과 동시에 비교의 기준도 증가하기 때문이다(즉, 분자가 증가하는 것과 동시에 분모도 대폭적으로 증가하기 때문이다). 운동장같이 넓은 집에 살면서 BMW를 몰고 다니는 사람이라고 해서 반드시 자신에게 주어진 삶에 만족하는 것은 아니다. 그 동네의 사람들 모두가 자신보다 두 배는 더 큰 집에서 떵떵거리며 살며 집 앞에 마세라티와 페라리를 주차시켜놓는다면 이 BMW 소유자로선 자신의 집이 남들과 비교해서 하찮게 느껴질 만도 하다. 심지어 불만을 느낄 수도 있다.

　수년 전에 트버스키와 그리핀이 학생들을 대상으로 질문을 던지며 벌였던 그 사고(思考) 실험의 결과도 이런 추정과 일관된다. 실험의 자료가 뒷받침해주고 있다시피 직업 만족도는 오로지 급여만으로 결정되는 것이 아닐 수도 있다. 실험에 참가한 학생들 대부분은 실질적으로 돈을 더 많이 주는 일자리가 아니라 비교적 돈을 더 많이 주는 일자리에서 더 만족감을 느낄 것 같다고 대답했다.

　만족감은 실질적 환경이 아닌, 주변 사람들과 비교해서 자신이 조금 더 낫다는 느낌과 결부되어 있는 듯하다. 그렇다면 행복에 이르는 길을 주변 사람들보다 더 많이 갖는 문제로 봐야 할까? 글쎄, 그런 식의 생각도 최선의 방법은 아니지 않을까?

사회적 비교의 문제

한 실험진이 문제해결 과제에서의 인지 수행력을 실험 중이라는 주장을 내세워 일단의 대학생들에게 애너그램(anagram) 문제를 풀게 한 적이 있다.[8] 실험 참가 학생들은 뒤섞인 문자열을 제시받고 진짜 단어가 되도록 문자를 재배열해야 했다. 예를 들어 YOWNS를 SNOWY로, NOTIX를 TOXIN으로 고치는 식이었다. 애너그램 문제들은 난이도가 중간이었지만 대다수 학생들이 시간 안에 충분히 풀 수 있을 만한 수준이었다. 이 실험에서 각별히 신경 쓴 부분은 따로 있었다. 실험 참가자들이 혼자 단독으로 문제를 푸는 것이 아니라 가까운 곳에서, 그것도 아주 잘 보이는 곳에서 다른 참가자가 같은 문제를 풀도록 한 것이었다. 아니, 더 정확히 말하면 참가자들이 그렇게 알고 실험에 참가하도록 했다. 사실 그 상대편 참가자는 이 속임수 실험의 공모자였다. 실험 공모자는 그 시간 동안 문자열을 재배열하는 것이 아니라 연구 전반에서 가장 중요한 과제를 수행 중이었다.

진짜 실험 참가자가 문제를 열심히 푸는 동안 실험 공모자는 그 참가자의 진전 상황을 유심히 살피면서 그 참가자보다 문제를 아주 빠르게 풀거나 아주 느리게 풀었다. 진행 방식상 문제를 푸는 속도는 상대방이 서로 잘 알 수밖에 없었다. 두 사람 모두 애너그램의 문제를 한 문제씩 풀 때마다 실험 진행자에게 건네주도록 되어 있었기 때문이다. 이런 방식 덕분에 실험 공모자는 각 참가자의 문제 풀이 속도를 가늠하여 자신의 속도를 높이거나 늦추면서 진짜 실험 참가자에게 상대방이 얼마나 빨리 문제를 푸는지를 인식시킬 수 있었다.

바로 이 대목에 연구의 진짜 목적이 있었다. 상대방이 같은 문제를 놓고 더 쉽거나 더 힘들게 풀고 있을 때 어떤 차이가 발생할까, 하는 의문을 푸는 것이 그 진짜 목적이었다. 실험 결과 그 답은 참가자의 행복도에 따라 좌우된다는 것이었다. 이제야 밝히자면 연구 참가자로 뽑힌 학생들은 연구진이 앞서서 벌인 연구를 통해 측정한 바에 따라 행복도에서 매우 높음이나 매우 낮음으로 분류된 바 있었다.

행복도에서 최상위권에 들었던 학생들은 실험 공모자의 문제 풀이 속도와 상관없이 자신의 문제 풀이 실력에 만족스러워했다. 실험 공모자가 더 빠르게 풀건 더 느리게 풀건 간에 전반적 기분에 별 영향을 받지 않았다. 감정선에서 그 반대편에 속한 학생들의 경우엔 애기가 달랐다. 행복도에서 최하위권에 들었던 학생들은 같은 방에 있는 상대방보다 자신이 비교적 더 잘 해냈을 때만 만족감을 느꼈다. 반면 상대방보다 못하면 기분이 크게 처졌다. 다시 말해, 기분이 좋을지 나쁠지가 거의 전적으로 실험 공모자의 문제풀이 실력에 좌우되었다는 애기다.

행복한 사람들과 불행한 사람들 사이의 차이점을 꼽으라면 자신의 능력을 판단하는 기준과 자존감을 들 만하다. 행복한 사람들은 내면의 가치와 기준에 따르며 자신보다 잘나 보이는 다른 사람들에게 별 영향을 받지 않는다. 불행한 사람들은 다르다. 남들이 어떻게 하는지에 많은 신경을 쓰고 자신이 주변 사람들과 비교해서 조금이라도 더 나아야만 스스로에 대해 만족감을 느끼는 편이다. 아이스크림이 얼마나 맛있는지, 초봉이 얼마나 높은지 따위는 중요한 문제가 아니며, 자신이 가진 것이 다른 모든 사람들이 가진 것보다 많으냐를 중요시한다.

관점의 문제

"비교는 기쁨을 훔쳐가는 도둑이다." 미국의 26대 대통령 시어도어 루스벨트(Theodore Roosevelt)가 한 말이다. 이제 이 말은 과학적 증거로도 뒷받침되고 있다. 오늘날의 미디어 소비 방식을 감안하면 사회적 비교는 불가피한 것처럼 느껴질지 모르지만 이런 비교 풍조에 대항하기에 좋은 전략이 몇 가지 있다. 그것도 당장 페이스북을 끊어버리지 않아도 되는 전략이다. 사회적 비교의 악영향에 휘말리지 않는, 가장 행복한 군의 새내기 성인들에게서 발견되는 특징 한 가지는 자신보다 더 나아 보이는 누군가와 마주쳤을 때 관심을 두는 초점이다. 내 강의를 듣는 한 학생처럼 포모(FOMO: fear of missing out, 기회상실의 두려움)에 빠지는 게 아니라 비교하지 않으려 다른 데로 초점을 돌린다.

"저는 잘난 애를 보면 슬그머니 질투심이 생길 때가 많아요. 정말로 열심히 공부하거나, 대단한 일을 하고 있거나, 잘나가는 애들을 보면 싱숭생숭해져요. 저도 모르게 심란한 생각에 빠져버려요. '쟤들은 뭐든지 저렇게 잘 해내는데 나는 왜 저렇게 못하지? 나는 왜 쟤들처럼 잘 나가지 못하는 걸까? 나도 인턴사원으로 뽑히거나 저런 근사한 아이디어를 해내면 얼마나 좋을까.' 하지만 깨달았어요. 그렇게 심란해할 게 아니라 선뜻 축하해주고 응원해주면서 걔들의 자부심과 자존심을 키워주면 저도 기분이 훨씬 좋아지더라고요. 그렇게 긍정적으로 행동하면 부정적 생각으로 가득 찰 일이 없어져요."

그런 긍정적 행동은 분모(자신이 원하는 것)가 더 커지지 않게 막아주면서 오히려 분자(자신이 가진 것)를 더 늘려주기도 한다. 여러 연구를 통해 밝혀졌다시피 일주일에 단 몇 분이라도 자신의 삶에서 좋은 점들(자신이 가진 것)으로 관심의 초점을 맞추는 사람들은 대체로 아주 행복하고 만족스러운 기분을 느끼게 된다. 이번 사례의 학생도 단지 관점의 전환만으로 더 행복해졌다.

"저는 제가 못 가진 것들을 신경 쓰지 않고 제가 가진 것들 쪽으로 관심을 돌려요. 가령 며칠 내내 비가 내리다 쨍하고 나온 햇빛은 기운을 나게 해줘서 좋아요. 모르는 사람이 미소를 지어주면 기분이 좋아져요. 부모님에게 문자를 받으면 누군가 저를 챙겨주는 사람이 있다는 생각이 새삼 들어서 든든해요. 이제는 그런 것들을 당연하게 여기지 않고 제가 삶을 충만하게 누리고 있다는 느낌을 거듭거듭 의식하게 돼서 힘든 일이 생겨도 금세 털어내는 편이에요. 사소한 것들에서 즐거움을 찾다보니까 저 자신이 더 행복해질 뿐만 아니라 다른 사람들을 더 기꺼이 도와주게도 돼요. 이 모든 게 감사하는 마음을 갖는 덕분이에요. 감사하면 더 쉽게 만족하게 되니까요."

감사와 행복 사이의 상관관계는 수많은 연구를 통해 입증되었다. 하지만 이 연구 결과는 닭이 먼저냐 달걀이 먼저냐의 문제와 같다. 감사할 줄 아는 사람들이 더 만족스러운 삶을 누리는 이유는 뭘까? 감사할 일이 더 많아서일까, 아니면 감사함 그 자체가 삶의 만족감을 끌어내주는 걸까? 이 의문을 풀기 위해 연관성 있는 실험들을 살펴보도록 하자. 실험 참가자들에게 살면서 겪은 이런저런 좋은 일들이나 안 좋은 일들을 생각해보게 하는 방식의 실험들인데, 이런 실험들의 의도는 평범한 환경의 사람들이 고급 차를 몰고 다니고 열대의 섬으로 휴가를 다니는 사람들에 못지않게 감사해할 수 있을지의 가능성을 확인해보려는 것이다.

그중 한 실험에서는 수백 명의 새내기 성인들에게 매주 자신의 삶을 되짚으며 일기를 써달라고 부탁했다.[9] 실험 참가자의 절반에게는 매주 일기를 쓸 때 감사한 마음이 들었던 긍정적인 일들을 떠올려달라고 특별히 지시했고 나머지 절반의 참가자에게는 골치 아팠던 일들(귀찮았거나 짜증났던 일들)을 생각해보라고 당부했다. 다음은 두 그룹의 학생들이 적은 내용의 일부 예다.

감사한 일 :
• 오늘 아침에 눈을 뜬 일
• 훌륭한 부모님
• 롤링 스톤스
골치 아팠던 일 :

- 부엌이 난장판인데도 누구 하나 치우려는 사람이 없었던 일
- 순식간에 돈을 다 써서 빈털터리가 돼버린 일
- 운전을 더럽게 못하던 답답한 운전자

학생들은 한 주 동안의 좋았던 일이나 골치 아팠던 일을 쭉 적는 것 외에도 그 주의 행복 등급도 매기도록 지침 받았다. 그런데 실험이 마무리되어갈 무렵 흥미로운 패턴이 발견되었다. 매주 좋았던 일을 되짚어보았던 그룹의 학생들은 일기에 골치 아팠던 일을 열거한 그룹의 학생들보다 전반적으로 자신의 삶을 훨씬 더 기분 좋게 느끼며 다가올 한 주를 더 낙관적으로 기대했고 몸이 아픈 빈도도 훨씬 낮았다. 매주 단 몇 분의 시간을 내는 것만으로 그 학기 내내 건강과 행복이 북돋워졌던 것이다. 한편 이 실험에서는 더 행복한 사람들이 감사한 마음을 갖게 되는 확률도 높은 것으로 증명되었다. 감사함은 그 자체로 삶의 질을 증진시켜준다.

분자로 초점 맞추기
행복의 공식을 다시 한 번 보자.

$$행복 = \frac{자신이\ 가진\ 것}{자신이\ 원하는\ 것}$$

감사함을 살펴본 앞의 실험에서 주목할 부분은, 학생들에게 매

주 긍정적이거나 부정적인 경험을 새롭게 해보라는 지침을 따로 주지 않았다는 것이다. 말하자면 감사의 마음을 가진 학생들은 사실상 삶의 긍정적인 면들을 늘리는 식으로 분자를 늘린 것이 아니었다. 그보다는 이미 누리고 있는 긍정적인 면들에 더 관심을 집중하면서 분자를 키운 것이었다. 이 연구가 긍정심리학계에서 특히 많이 회자되는 이유는, 우리에게는 자신이 가진 것을 늘리는 데 유용한 도구가 있음을 입증해주고 있기 때문이다. 강한 효험을 내주면서도 우리 마음대로 다룰 수 있는 유용한 도구인, 관심의 초점을 잘 부각시켜주고 있기 때문이다.

관심은 선택적이다. 스포트라이트와 다소 비슷한 역할을 해준다. 지금 주위를 둘러보며 빨간 색인 모든 것에 주목해보자. 아마도 전에는 무심코 지나쳤던 것들이 눈에 들어올 것이다. 책장을 쳐다봤다가 책등이 빨간 색인 모든 책들이 확 눈에 띌지도 모른다. 책상 위의 빨간색 물병이나, 손잡이 부분이 빨간 가위가 의식되기도 할 것이다. 누군가 몇 분 전에 그 물건들에 대해 물었다면 그 물건들이 그 자리에 있는지조차 몰랐을 테지만 이제는 관심의 초점이 새롭게 맞추어져서 도리어 못 알아보고 지나치기가 힘들어진다.

우리 삶 속의 긍정적인 일들도 이와 다르지 않다. 지금 당장 감사할 만한 일들이 백 가지나 있다 해도 적극적으로 관심을 기울이지 않으면 책장의 책들이나 책상 위의 물병처럼 된다. 사실상 존재하지 않는 일처럼 된다. 우리 누구나 실험에서 감사할 일에 집중한 그룹의 학생들처럼 될지, 골치 아픈 일에 집중한 그룹의 학생들처럼 될지를 쉽게 선택할 수 있다. 선택에 따라 별 노력 없이도 지난 주 동안의 감사한 일이나 골치 아픈 일 들을 쉽게 떠올려볼 수 있다. 이 실험을 통해 증명되었듯 우리의 행복을 좌우하는 것은 좋은 일이나 안 좋은 일이 얼마나 많으냐가 아니라 선택한 관심의 초점이 어느 쪽에 맞추어져 있느냐이다.

한 수강생의 경험담처럼 감사 일기 쓰기는 삶에서 적절한 관점을 유지하는 데도 도움이 된다.

"매일매일 일기에 힘든 일 몇 가지를 썼어요(그 일들을 어떻게 다루면 좋을지에 대한 생각도 함께요). 힘든 일 말고도 술술 풀리는 일들도 적었어요. 그랬더니 아주 유용했어요. 저는 기분 망친 하루를 보낼 것 같은 예감이 들 때가 많은데 행복하게 해주는 사소한 것들을 하나하나 짚어가면서 하루를 시작하면 그날이 그렇게 나쁘진 않더라고요. 문제가 덜 심각하게 느껴져서 좋기도 해요. 감사할 줄 알기 전에는 저 자신이 아주 부정적인 사람이라고 생각했지만 이제는 긍정적인 사람이 되기가 더 쉬워졌어요. 부정적인 사람들 속에 섞여 있을 때조차도요."

사회적 비교는 관심의 초점이 자신이 원하는 것으로 쏠려 있기 때문에 전적으로 분모와 관련되지만, 감사는 관심의 초점이 자신이 가진 것에 쏠려 있기 때문에 전적으로 분자와 관련된다.

이번엔 날마다 메모지에 감사한 일을 적는다는 또 다른 수강생의 얘기다. 이 학생은 욜로(YOLO)라고 이름 붙인 병에 이 메모지를 넣어두는데, 화나는 일들을 붙잡고 속 태우기엔 인생이 너무 짧다는 점을 상기하려고 이런 이름을 붙였다고 한다. "지긋지긋한 하루를 보낸 날이라도 언제나 한 가지 정도는 감사한 일 한 가지를 찾을 수 있어요. 그러면 잠자리에 들기 전에 그날이 훨씬 더 기분 좋게 느껴져서 '그래, 오늘 하루 그렇게 끔찍하진 않았어'라는 생각으로 잠이 들어요."

이제 욜로 병은 퇴색되었을지도 모를 나날의 즐거움이 담긴 회상들로 입구까지 가득 차서, 그 모두가 그 학생 자신의 행복 공식에서 분자에 해당되는 것들이 그렇게나 많음을 상기시켜주고 있다. 삶의 시련으로부터 회복하는 확실한 방법이 되어주기도 한단다. "유독 일이 꼬여서 울적한 날엔 기분 좋은 기억이 적힌 메모를 하나 꺼내보면 기운이 나요." 이 학생은 욜로 병 덕분에 삶을 더 긍정적으로 내다보게 되어서 좋다며 자신의 낙관주의는 "역대 최고치"에 이르러 있다고 했다.

감사 일기를 힘든 시간을 극복해내는 힘으로 삼았던 또 다른 수강생의 사례도 있다. 이 학생은 이 감사 일기장을 부모님에게 생일 선물로 받았다. "처음엔 그냥 재미로 썼는데 나중엔 생각날 때마다 쓰게 되었어요." 이렇게 변화가 일어난 계기는 몇 주 후에 남자친구와 헤어지면서였다. 실연 후 처음엔 쓸 만한 거리가 없어서 감사 일기를 아예 쓰지도 않았다. 그러다 뭐라도 해봐야겠다는 절박함이 들었단다. "하루하루가 아주 최악이라 다시 행복해지기 위해 뭐든 해봐야겠다는 마음이 들었어요. 한동안은 어디서부터 시작해야 할지 막막했지만 문득 감사 일기가 생각났어요. 그래서 그날부터 당장 일기를 썼어요."

처음 한 달은 감사한 일에 대해 날마다 일기를 썼지만 눈에 띄는 효과는 없었다고 한다. "감사한 일을 생각하려니 지루하고 힘들었어요." 하지만 차츰차츰 변화가 감지되었다. "한 달쯤 지나니까 감사한 일을 찾기가 점점 쉬워졌어요. 어느 순간부터는 하루 종일 감사한 일들이 계속 느껴졌어요. 더 긍정적으로 생각할 줄 알고 모든 일에서 좋은 점을 발견하게 되었어요. 감사 일기를 쓰면 쓸수록 더 행복해졌어요. 정말로 삶이 달라졌어요. 그 놀라운 효과를 느끼고 난 뒤로 요즘도 계속 쓰고 있어요."

편지 쓰기 역시 감사함에 관심을 집중하기에 유용한 방법이다. 잠시, 예전에 여러분에게 도움을 주었거나 여러분의 삶에 긍정적인 영향을 미쳤던 사람을 떠올려보자. 아름답게 패하는 법을 가르쳐준 코치 선생님도 좋고, 수업이 끝난 후에도 일부러 남아서 가정사의 고민을 들어준 선생님이나 거절해도 될 만한 상황에서 추천장을 써준 분도 괜찮다. 아니면 안면만 좀 있는 사이인데도 할아버지나 할머니가 돌아가셨을 때 장례식에 찾아와준 지인은 없었는가? 떠올린 사람이 누구이든 그 사람은 자신이 여러분에게 아주 오래도록 미치고 있는 영향을 잘 모르고 있을 가망이 높다.

펜실베이니아 대학의 연구진이 실험에 참가한 일단의 성인들에게 자신의 삶에 그런 영향을 미친 사람을 떠올려본 후 그 사람에게 감사 편지를 써 보내게 했다. 이런 편지 보내기는 그리 많은 시간이 드는 일도 아니다(편지를 쓰는 데는 15분 정도면 되고 그 사람을 찾아 가는 데는 1시간도 걸리지 않는다). 하지만 그 효과는 오랫동안 이어졌다.[10] 편지를 보낸 다음 주에 살펴보니 실험 참가자들은 행복도가 부쩍 늘어나 있었고 그다음 달까지도 여전히 평상시보다 높은 행복도를 이어갔다. 이 연구진이 밝혀냈듯 감사 편지 쓰기는 더 행복해지는 것만이 아니라 몇 주가 지나도록 여전히 더 행복하게 지내는 데도 아주 효과적인 방법이다.

이 연구논문의 주저자인 마틴 셀리그먼(Martin Seligman) 박사는 감사 편지 쓰기를 진정한 행복을 늘리는 효과적인 도구라고 칭하며 그 이유를 이렇게 덧붙였다. "과거의 좋은 기억을 증폭시키고 과거에 소중한 인연으로 얽힌 사람과 아주 끈끈한 유대를 맺어주기 때문이다."

한 수강생은 생일을 절친한 친구들에게 감사 편지를 쓰는 기회로 활용한단다. "직접 대화로 축하하는 게 편하지만 편지를 쓰면 하고 싶은 말과 표현에 더 신중하게 돼요." 글을 통해 감정을 말로 표현하면 더 깊은 진심이 담기게 된다. "저에겐 그런 편지 쓰기가 정말 좋은 기회예요. 제가 얼마나 운이 좋은 사람인지 생각해보기도 하고, 깜빡 잊어버렸을지 모를 각별한 기억을 떠올리게 되거든요. 카드에 그런 편지를 써 보내 우정이 돈독해지는 것을 느낄 생각을 하면 정말 편지 쓰기가 기대돼요."

욜로 병을 활용하든, 감사 편지나 생일 편지를 활용하든, 찾아보면 그 방법은 무궁무진할 테니 어떤 식으로든 삶의 긍정적인 일들로 관심을 돌려보길 권한다. 어떤 식으로든 이런 전략은 효과를 낼 수밖에 없다. 관심의 초점을 행복 공식의 분모, 즉 자신이 원하는 것에서 분자, 즉 자신이 가진 것으로 돌려주기 때문이다.

감사를 습관화하기

이번 장에서 쭉 살펴보았듯 특정 순간에 어느 쪽으로 관심을 기울일지 마음먹느냐에 따라 이후의 정서적 경험이 결정지어진다. 다행히도 우리는 대체로 관심을 통제할 수 있으므로, 관심의 방향을 바꾸는 식으로 의도적으로 행복을 늘릴 수 있다. 하지만 변하는 것은 정서적 경험만이 아니다. 사고 패턴의 영향으로 오랜 시간에 걸쳐 우리의 뇌에 사실상 물리적 변화를 일으키기도 한다. 대체로 뇌는 특정 영역을 더 많이 쓸수록 그 영역이 더 커지기 때문이다.

몇 년 전 런던의 택시 운전사들을 대상으로 펼쳐진 연구를 살펴보자.[12] 런던의 택시 운전사들은 면허를 얻기 위해 고도의 훈련을 받는다. 런던의 도로는 세계의 어느 도시보다 우회로가 많고 복잡하게 배치되어 있다. 대략 2만 5,000개의 도로로 얽혀 있어 다 세지도 못할 만큼 운행 노선이 많다. 택시 운전사가 운행 노선을 훤히 꿰고 운전하기까지 수년이 걸리기도 한다. 그런 까닭에 길 찾기 기술과 공간 기억을 촉진시키는, 해마 같은 뇌 영역의 헌신적인 역할이 요구된다. 런던 거리를 운행하는 신참 택시 운전사로선 승객을 여기저기의 목적지로 태워다 주려면 해마의 기능을 최고조로 작동시켜야만 한다.

그래서 어느 순간부터 과학자들은 이런 의문을 품게 되었다. 이런 택시 운전사들의 경우엔 해마를 극도로 사용하기에 적합하도록 해마의 크기가 점점 커지지 않을까? 이 의문을 풀기 위해 과학자들은 택시 운전사 지망자들을 대상으로 훈련을 받기 전의 해마 크기와 구조를 측정해 두었다가 택시 운전사로 활동한지 몇 년이 지난 이후에 다시 한 번 측정했다. 아니나 다를까, 훈련을 받은 이후 해마의 크기가 대폭 커졌을 뿐만 아니라 택시 운전사의 경력이 오래 쌓일수록 해마도 더 커졌다.[13]

과거의 수많은 과학자들은 오랜 세월에 걸쳐, 인간의 뇌는 본질적으로 성인기에 이르면 고착된다고 생각했다. 뇌는 어릴 때는 자라면서 많은 변화를 겪지만 10대 후반이나 20대 초반에는 본질적으로 성인의 뇌를 '획득하고' 그 이후부터는 별 변화가 일어나지 않는다는 것이, 예전까지의 대체적인 생각이었다. 하지만 지난 20년 사이에 급격히 쏟아져 나온 연구를 통해 뇌가 평생에 걸쳐 변화하기도 한다는 사실이 증명되고 있다. 뇌의 이런 변화는 특히 자주 사용하는 영역의 영향을 크게 받는다. 그런 점에서 보면 뇌는 근육과 같아서 쓰지 않으면 퇴화된다.

뇌의 특정 영역(이를테면 기억이나 손가락 움직임을 담당하는 영역 등)을 많이 사용할수록 그 영역 주위의 신경조직이 더욱더 발전한다. 예를 들어 첼로 연주자의 경우엔 왼손 손가락과 연계된 뇌 영역이 비교적 큰 편이다. 첼로를 연주하는 사람을 본 적이 있다면 (혹은 당신이 첼로를 연주할 줄 안다면) 알 테지만 첼로에서는 왼손의 손가락들이 연주의 진짜 주역이다. 복잡한 브람스의 첼로 협주곡이나 바흐의 곡을 연주하려면 왼손의 손가락들이 지판(指板) 위를 춤추듯 현란하게 옮겨다녀야 한다. 한편 오른손은 그냥 활을 쥐고 현 위에서 이리저리 움직이기만 한다. 왼손을 관장하는 신경망이 더 활동적인 만큼 그 크기가 확장되고, 그에 따라 시간이 지나면서 훨씬 더 복잡한 멜로디를 연주할 수 있게 된다. 거의 모든 사고, 모든 행동, 모든 감정의 경우에도 똑같은 원칙이 적용된다. 더 많이 쓸수록 연계된 뇌 영역이 더 커지면서 이후에는 해당 행동이나 사고의 패턴에 더 수월히 관여하게 된다.

택시 운전사와 첼로 연주자 들이 가장 많이 수행하는 행동과 연계된 뇌의 영역이 더 커졌듯, 우리의 뇌도 가장 많은 시간을 할애하는 생각과 활동에 따라 변하고 발전한다. 행복한 생각을 자주 하면 긍정적 감정과 연계된 뇌 영역이 더 커져서, 이후에는 더 긍정적 생각을 하기가 쉬워진다. 부정적인 생각을 하면 부정적인 감정을 전담하는 뇌 영역에 그와 똑같은 현상이 일어나 결국엔 부정적인 생각이 더 고질화된다.

저명한 심리학자인 릭 핸슨(Rick Hanson) 박사는 뇌의 이런 작동 방식을 다음과 같이 설명했다.[14]

"걸핏하면 골칫거리, 못돼먹은 룸메이트, 장 폴 사르트르가 '지옥'으로 칭한 존재(타인들) 따위의 신경질 나거나 분한 일에 신경 쓰다간 그런 생각과 감정의 신경 기질을 형성하게 된다.

반면에 감사한 일과 삶의 축복에 관심을 기울이면, 가령 우리 자신과 주변 세상의 안전함, 대부분이 아주 사소하지만 엄연한 목표 완수인 이런저런 성취들에 초점을 맞추면 전혀 다른 신경 기질이 형성된다."

이런 신경 기질은 하루 동안 겪는 분명치 않거나 모호한 상황들을 해석하는 방식에서 특히 더 발동된다. 우리가 겪는 일들의 상당수는 전적인 해석의 자유에 맡겨져 있다. 내가 좋아하는 만화「피너츠(Peanuts)」의 한 에피소드에서는 찰리 브라운이 멀리에서 두 소녀를 보자마자 그 둘이 무슨 얘기 중인지 지레짐작한다. 자기 얘기를 하면서 흉을 보고 있다고 무작정 넘겨짚더니 침울해져서 부루퉁한 얼굴로 그 자리를 뜨며 푸념한다. "왜 맨날 이 모양인지. 내 하루를 망치는 사람이 꼭 나타난다니까!"

찰리 브라운은 매사를 부정적으로 보는 비관주의자의 전형이라 할 만하다. 삶에 대한 불만과 걱정을 입에 달고 산다. 뇌가 부정적 감정을 느끼는 것에 길들여져 있다. 그런 탓에 두 소녀의 대화 내용 같은 말 그대로 확실치 않은 상황에 마주하게 되면, 그 상황이 으레 그렇듯 일상적이고 평범한 얘기 중일 텐데도 위에서 본 핸슨 박사의 말처럼 잘 길들여지고 익숙해진 부정적 신경 기질에 따라 해석을 내리기 십상이다. 찰리 브라운이 긍정적 사고를 습관화했더라면 아주 다른 해석을 내렸을 것이다. 웨이트 운동을 꾸준히 하면 근육이 단련되어 나중엔 무거운 물건을 더 거뜬히 들어올리게 되는 것처럼 꾸준히 긍정적 사고를 하다 보면 확실치 않고 모호한 상황을 보다 가볍고 긍정적으로 해석하기 쉬워지는 그런 신경 기질이 형성된다.

친구와 아주 맛있게 점심을 먹은 일, 얼마 전에 들었던 재미난 농담, 곧 떠나게 될 설레는 여행 등등 하루하루의 긍정적 순간들을 떠올려보는 습관을 들이다 보면 하루 중에 더 힘들어지는 순간이 찾아와도 더 긍정적인 사고방식을 갖기가 차츰 쉬워진다. 또 그만큼 기분 좋은 일을 가려내는 것에 익숙해져서, 하루를 보내는 중에 기분 좋은 일이 일어나면 바로 그 순간에 그 일을 놓치지 않고 기분 좋은 일로 더 잘 의식하게 된다.

이번 장을 마치기 전에, 이런 사실을 직접 느껴본 학생의 이야기를 들어보자.

"2년 전부터 절친이랑 같이 의도적으로 감사하는 마음 갖기 연습을 시작했어요. 우리끼리 '감사 마음 갖기(thankful for)'이라고 이름 붙였어요. 저희는 매일 밤 잠이 들기 바로 전에 감사한 일 다섯 가지를 말해요. 그러면 밤마다 얼굴에 미소를 띠고 잠이 들게 돼요. '감사마음 갖기'를 시작한 처음 몇 주 동안엔 억지스럽게 느껴졌어요. 특히 기분이 엉망인 날엔 감사하는 척 가식 떠는 것 같아서 정말 싫었어요. 하지만 익숙해지고 나니까 사고방식이 달라진 게 느껴졌어요. 하루를 보내는 중에 일어나는 긍정적인 일들이 감지되기 시작했어요. 그러면 그 일을 머리에 기록해두었어요. 이제는 감사가 습관화됐어요. 감사할 일을 찾기가 어렵지 않다는 걸 배웠어요. 감사한 일이 뭐가 있는지를 친구와 같이 이야기하기로 정해놓으면, 감사할 거리를 찾아서 서로에게 말해야 하는 책임감이 생기는 데다 서로의 근황을 잘 알게 되고 서로서로 감사한 일을 상기시켜줄 수 있어서 좋기도 해요. 저희는 2년이 지난 지금도 이 감사 마음 갖기를 계속하고 있어요. 이젠 그 시간이 제가 하루 중에 가장 좋아하는 순간이 되었어요."

*

$$\text{행복} = \frac{\text{자신이 가진 것}}{\text{자신이 원하는 것}}$$

나의 연구 검토서를 보게 된 사람들이 자주 묻는 질문이 있다. 가장 행복한 새내기 성인들 사이에서 나타나는 공통분모는 뭐냐는 질문이다. 대체로 그 답변으로 부, 교육, 업적 따위를 열거하겠거니 기대하고 그렇게들 묻지만, 사실 그런 것들은 행복의 예측과는 그다지 상관이 없다. 나는 행복의 공통분모는 바로 행복 공식의 분모 자체와 중요한 상관관계에 있다고 대답한다. 가장 행복한 새내기 성인들은 자신이 원하는 것이 자신이 가진 것보다 커지지 않도록 경계하는 삶을 꾸려나간다. 그렇다고 해서 원하는 바람이나 기대치를 필요 이상으로 낮게 잡는다는 얘기는 아니다. 다만 바람과 기대가 현실적이도록 주의하면서 필요에 따라 조정할 뿐이다. 그리고 소셜미디어에 자신의 활동을 시시콜콜 게재하거나 기술과 패션의 최신 트렌드를 발빠르게 따라가려 애쓰는 식으로 분자를 늘리는 게 아니라 꾸준히 감사하는 마음을 가지면서 자신이 가진 것에 관심을 맞춘다.

이제부터는 페이스북을 훑어보고 싶은 충동이 일면 잠시 시간을 내서 지난주에 있었던 기분 좋은 일들 몇 가지를 생각해보라. 이제는 자신보다 더 재능 있거나 더 잘나가는 것 같아 보이는 다른 사람들과 자신을 비교하려는 마음이 들면 자신의 장점과, 그 장점을 살릴 만한 기회로 관심을 되돌리길 권한다. 이제부터는 아이스크림 가게에 가서 인스타그램에 올릴 완벽한 사진부터 찍으려는 마음이 앞서거든 친구와 함께 보내는 그 시간이 얼마나 즐거운지에 관심의 초점을 옮겨보라. 그러면 어떤 경우든 분모는 낮아지고, 분자는 높아질 테니까.

제3장

졸로프트가 나을까,
운동이 나을까

내 친구 메리는 1980년대에 대학에 다녔다. 당시에는 문자 메시지, 소셜미디어는 물론이고 이메일조차 없었다. 연락할 일이 있으면 직접 만나거나 전화로 했다. 메리에게 전화가 걸려오면 다른 학생이 기숙사 복도 맨끝에서 큰 소리로 알려줬다. "메리, 전화 왔어!" 이때 보통은 다른 누군가가 이렇게 소리쳤다. "어떤 메리?" 가톨릭계 학교여서 그 층의 학생 가운데 절반은 이름이 메리였다(Mary는 마리아의 영어식 표기-옮긴이). 맨 처음의 그 학생이 큰 소리로 대답했다. "메리 Z!"

메리 Z는 홀앤오츠(Hall & Oates, 80년대에 인기를 끈 남성 듀오-옮긴이)의 카세트 테이프를 잠깐 멈추어놓고 복도 끝으로 걸어가서 벽감(壁龕)에 놓인 전화의 수화기를 집어 들었다. 전화기가 놓인 공간은 좁았고 프라이버시 공간은 훨씬 더 좁았다. 하지만 달리 선택의 여지가 없었다. 1980년대의 대학생에게는 이것이 일상적 생활 방식이었다.

대다수의 기숙사에는 전화기가 층마다 달랑 한 대씩만 비치되어 있었다. 어떤 학생이든 연인과 얘기를 하고 싶거나, 엄마나 아빠에게 돈 좀 보내달라고 부탁하거나, 공항에 가려고 택시를 부르려면 복도로 나와야 했다. 그때 다른 학생이 그 층의 전화기를 쓰고 있으면 되돌아갔다가 나중에 다시 와야 했다.

"달리 방법이 없으니까 그런대로 만족하며 살았던 거지." 메리 Z가 말했다.

시간을 빨리 돌려 현재로 와보면 그때와는 상황이 아주 딴판이다. 요즘엔 원할 때면 언제나 자기 휴대폰으로 전화를 걸 수 있다. 전화만 거는 것이 아니라 게임을 하고, 영화를 보고, 쇼핑을 하고, 그날의 뉴스를 읽고, 콘서트 소식을 확인하고, 심지어 피자까지 주문한다. 오늘날에는 발달한 기술에 힘입어 하루 업무의 대부분을 클릭만으로 완수할 수 있다. 그것도 어디에 있든 상관없이, 또 실제로 어딘가로 이동하지 않고도 편리하게. 그뿐만이 아니다. 굳이 어딘가로 이동해야 할 이유가 없어서, 하루 종일 화면 앞에 앉아 보내는 사람들도 수두룩하다. 메리 Z의 세대는 이런 일들을 하려면 자리에서 일어나 방을 나와야 했다. 그런 점에서는 시대를 잘못 타고 태어난 세대다.

그런데 정말 그럴까?

한 연구에 따르면 젊은이들이 오락으로 컴퓨터를 하거나 비디오게임을 하며 어영부영 보내는 시간이 2004년부터 2009년 사이만 따져도 40퍼센트 이상 늘어났다.[1] 청년층이 TV 시청이나 컴퓨터 사용 등 앉아서 하는 활동으로 보내는 시간이 하루에 평균 8시간이나 된다고 한다. 또한 세계보건기구(WHO)가 2017년에 보고한 자료에 따르면 신체 활동이 부족한 청년의 비율이 세계적으로 80퍼센트가 넘는다.[2] 많은 사람들이 이런 비활동적인 활동에 빠져들고 있다. 단어 'sedentary'(앉아서 하는)의 어원인 라틴어 'sedere'는 말 그대로 '앉아 있다'는 뜻이다. 이러한 라이프스타일은 궁극적으로 많은 시간 앉아 지내는 것을 특징으로 하며, 겉보기에는 해될 게 없는 (아니, 해가 되기는커녕 즐거운) 활동 같다. 하지만 어느새 'sedentary'라는 단어는 부정적 함축성을 띠게 되었다. 왜일까? 앉아 있는 것이 그렇게 나쁜 걸까? 현재 연구를 통해 입증된 바에 따르면 이런 신체 활동의 감소는 사실상 기술 진보에 대해 치른 막대한 대가이다. 다시 말해, 결과적으로 볼 때 메리 Z 세대가 그렇게까지 시대를 잘못 타고난 것은 아닐지도 모른다.

장시간 앉아 있는 것은 또 하나의 흡연과 같다

2012년에 미네소타주 소재 메이요 클리닉(Mayo Clinic)의 심장질환 전문의 마르타 그로건(Martha Grogan) 박사는 「월스트리트 저널」과의 인터뷰에서 "하루의 대부분을 앉아서 보내는 사람들은 심장마비에 걸릴 위험이 흡연자와 맞먹는다"고 밝혔다.[3] 2년 후인 2014년에는 유력 NBC 뉴스[4], CBS 뉴스[5], 「허핑턴 포스트(Huffington Post)」[6], 「타임」[7] 등의 유력 뉴스 매체들이 '장시간 앉아 있는 것은 또 하나의 흡연과 같다'라는 주장을 담은 특집 기사를 내보냈다. 같은 해에 (역시

메이요 클리닉의 비만 전문의이기도 한) 내분비학자 제임스 레바인(James Levine) 박사가 「로스앤젤레스 타임스(Los Angeles Times)」와의 인터뷰에서 한 발짝 더 나아간 견해를 피력했다. "좌식 위주의 생활은 흡연보다 더 위험합니다. HIV보다 더 많은 사람의 목숨을 앗아가고 있으며 낙하산을 타는 것보다도 위태롭습니다. 지금 우리는 앉아서 죽어가고 있어요."[8] 신체적 측면에서 보면 비활동적인 시간이 늘어날수록 암, 심장 질환, 당뇨, 비만의 위험이 높아진다.[9] 사우스캐롤라이나 대학의 과학자들이 장기간에 걸쳐 실시한 연구에서는, 더 젊은 시절에 TV 시청이나 자동차 이동같이 앉아서 하는 활동이 일주일에 23시간이 넘었던 사람들을 살펴본 결과 훗날 심혈관 질환으로 사망할 위험이 37퍼센트나 높아지는 것으로 밝혀졌다.[10]

운동이 신체 건강을 위해 중요하다는 사실은 누구나 다 잘 안다. 하지만 운동에 심리적 이점도 아주 많다는 사실을 들으면 대부분의 사람이 놀라워한다. 실제로 몸을 움직이면 행복, 동기, 목표 집중력이 높아진다.

기분을 돋워주는 천연 활력소

한 수강생은 어렸을 때 시작한 테니스를 초등학교와 고등학교를 다니는 내내 계속했다. 시합이나 여가 활동으로 "여덟 살 때 후로 일주일에 최소한 두 번씩" 테니스를 쳤단다. 하지만 대학 입학을 위해 집을 떠날 때 라켓을 두고 가기로 마음먹었다. "테니스 클럽에 지원했다가 원정 경기 팀에 선출되면 어떡하지 싶은 걱정에 아예 마음을 접기로 했어요." 초등학교 1학년 때부터 매년 팀 활동을 하느라 온갖 압박과 의무를 짊어지고 생활하다가 그런 압박과 의무에서 벗어나자, 이젠 온전히 자신의 시간을 보내면서 마음대로 일정을 짜게 되었다고 한다. "새로 얻은 자유와 시간이 정말 설레었어요."

하지만 1년도 채 지나지 않아, 생활에 찾아온 변화가 일정상의 자유만이 아님을 차츰 느꼈다. "2학년쯤 되니까 늘어지는 느낌과 체중 증가 때문에 고민이 생겼어요. 예전에는 항상 활기 넘치게 지내서 그랬을 테지만 그런 고민은 별로 해본 적이 없었죠. 기분이 축축 늘어지다 보니 친구들과 밖에 나가는 것도 싫고 과제를 하는 것도 귀찮아졌어요. 언젠가부터는 순전히 게으름 때문에 수업을 빼먹기도 했어요." 예전에 우등생이었던 이 학생을 변변찮은 학생으로 변화시킨 주범은 확실했다. 활발한 신체 활동을 그만둔 탓이었다.

그래도 다행히 3학년 때 유학 프로그램 중에 전환점을 맞게 되었다. "영국인 룸메이트와 방을 같이 썼는데 운동을 좋아하는 그 친구의 설득에 헬스장에 등록하게 되었어요. 둘이 같이 다양한 트레이닝을 받으면서 건강한 식습관과 웨이트 운동의 효용성을 알게 되었어요." 이 학생은 차츰 자신에 대해서나, 자신의 학업 집중력에 대한 만족감이 쌓여갔다. 결국 유학 생활로 아주 값진 이득을 얻게 되어, 기념품들과 새로운 문화에 대한 이해력 외에도 운동을 꾸준히 하고픈 바람까지 품고 돌아오게 되었다. "이제는 복싱 체육관에 다닌 지 8개월이 다 되어가는데 너무너무 좋아요. 일주일에 두 번 운동을 가는데 그 효과가 대단해요. 긍정성을 북돋워 낙관적인 기분을 느끼는 데 운동만 한 게 없는 것 같아요."

테니스 선수로 활동했다가 이제는 복싱을 즐기게 된 이 학생은 수많은 관련 연구 결과를 몸소 체험한 것이었다. 미네소타 대학의 과학자들은 90개 이상의 단과 및 종합 대학에 재학 중인 1만 5,000명의 대학생들을 분석하여 신체 활동이 정신 건강에 미치는 수많은 긍정적 영향을 밝혀낸 바 있다. 이 연구에서는 모든 연구 참가자에게 다음과 같이 물어봤다. "지난 7일을 쭉 되짚어보세요. 농구, 축구, 달리기, 수영, 자전거 타기 등의 유산소 운동이나 신체 활동을 땀이 나거나 숨이 찰 정도로 20분 이상 했던 날이 며칠이나 되죠?" 지난 7일 동안 최소한 3일을 격렬한 신체 활동을 했던 학생들은 몸을 별로 움직이지 않았던 학생들에 비해 이전 달보다 정신 건강이 더 좋아진 것으로 나타났다. 특히 활동량이 많은 학생들이 더 행복하고 더 차분했으며 개인사의 처리 능력에 대한 자신감도 더 높았다. 또한 전반적으로 안정감을 느끼고 있었다. 뿐만 아니라 초조함에 빠지거나 스트레스를 받는다든지, 무기력감에 쩔쩔맬 가능성도 더 낮은 것으로 조사되었다. 이런 영향은 참가자의 성별, 인종, 몸무게, 학년, 사회경제적 배경은 물론이요, 심지어 고등학생 때의 신체 활동 여부와 무관하게 나타났다.[11]

이런 연구 결과가 암시해주는 전제는 아주 단순하다. 여러분이 어디 출신이든 상관없이, 또 삶의 외부 환경이 아무리 남다르다 해도, 운동은 여러분을 더 행복하게 해줄 것이다. 질병통제예방센터(Centers for Disease Control and Prevention)에서는 일주일에 최소 150분간 적정 강도의 유산소 운동을 권고하고 있으며, 빠르게 걷기나 가벼운 조깅도 이런 유산소 운동에 해당된다.[12] 게다가 한 번에 150분을 다 채우지 않아도 되니 안심해라. 일주일 동안 10분 단위로 쪼개어 띄엄띄엄 해도 된다. 몸을 움직이기 위해 어떤 운동을 하든 상관없다. 전용 신발이나 장비를 살 필요도 없고 처음부터 무리하게 10킬로미터 마라톤에 참가하거나 비싼 스피닝 수업을 받지 않아도 된다. 수업이나 모임 중간중간 몇 분 시간을 내서 밖으로 나가보라. 일하러 갈 때 자전거를 타고 가는 것도 괜찮은 방법이다. 저녁 먹기 전에 길거리 농구 한판을 해보는 것도 좋다. 심박수를 높여주는 것이면 어떤 활동이든 다 괜찮다(적정 강도 신체 활동의 목표심박수를 쉽게 계산하려면 다음의 두 순서를 따르면 된다. 먼저 220에서 자신의 나이를 뺀다. 그런 다음 그 결과값의 50~70퍼센트 값을 산출하면 그것이 목표심박수가 된다. 따라서 나이가 20세인 사람은 목표심박수가 100~140 사이이다). 여기에서의 관건은 여러분 자신에게 즐거움을 주면서도 현실적인 운동을 찾는 일이다.

에너지 충전

모닝쇼 「투데이」에 나오는 인기 TV 진행자 윌리 가이스트(Willie Geist)는 제 시간에 출근하려면 새벽 3시 30분에 일어나야 한다. 한번은 하루 종일 활력을 유지하는 비결이 무엇이냐는 질문을 받았는데 이때 '운동'이라고 답했다. "예전엔 몸에 착 붙는 룰루레몬(Lululemon, 요가팬츠로 뉴요커들에게 큰 인기를 끌어 유명해진 요가복 전문브랜드-옮긴이) 옷을 입은 몸짱들이 운동을 하면 활력이 생기고 기분이 더 좋아진다고 말하면 듣기 싫었는데 알고 보니 일리 있는 말이더군요. 낮에 운동을 하면 기운이 나서 오히려 시간을 두 시간쯤 더 벌게 돼요."[13]

대다수 새내기 성인들은 하루에 두 시간을 더 벌기 위해서라면 뭐든 가리지 않을 것이다. 실제로 시간을 더 늘리는 일은 불가능하지만 운동을 하면 주어진 시간을 더 잘 활용할 수 있게 된다. 한 수강생도 하루 일과의 처리에서 운동이 유용한 활력소가 되어준다고 인정했다.

"매일매일 정신없이 바쁘지만 단 30분이라도 짬을 내서 운동을 하면 그날의 생산성과 행복도에 큰 차이가 느껴져요. 운동을 하면서 발산된 에너지가 그날의 나머지 시간 내내 이어지죠."

직관적으로 수긍할 만한 얘기다. 하지만 사람들은 대개 피곤하면 기운을 더 써야 하는 신체 활동을 꺼리게 된다. 특히 운동이라면 더 질색한다. 하지만 일어나서 돌아다니는 활동은 누구에게나 최상의 원기 회복 방법이 될 수 있다. 조지아 대학의 과학자들이 수행한 연구에서도, 주로 앉아서 일하는 성인들이 20분씩의 낮은 강도 운동을 일주일에 세 번 정도 하면 기력이 20퍼센트 늘고 피로도가 65퍼센트 감소한다는 것이 증명되었다.[14]

이와 같은 연구 결과는 운동이 세포의 '에너지 공장'인 미토콘드리아의 생성을 늘려준다는 사실에서 그 원인을 찾을 수 있다. 미토콘드리아가 많이 생성될수록 에너지도 늘어난다. 윌리 가이스트가 운동을 통해 원기를 회복할 수 있는 이유가 바로 여기에 있다. 가이스트에게는 눈이 자꾸 감기려 할 때 운동이 정신이 확 들게 해주는 활력소다. 이 연구에서 입증된 것처럼 운동은 말 그대로 몸에 에너지를 생성해주며, 역설적으로 들릴지 모르지만 가이스트도 바로 이런 원리에 따라 행동하는 것이다.

물론 너무 많은 에너지를 쓰지 않도록, 다시 말해 역효과가 나지 않도록 유의해야 한다. 행동 치료 전문가이자 퍼스널 트레이너인 테레세 파스쿠알로니(Therese Pasqualoni) 박사가 해주는 다음의 말을 새겨들을 필요가 있다. "언제나 저 강도에서 중간 강도 사이의 심박수에 맞춰 운동을 하도록 주의해야 한다. 그래야 체력 소모를 막고 피로감이 오지 않는다. 무리하면 에너지 생성의 효과를 최대한으로 끌어내지 못한다." 그녀는 에너지 생성 효과를 최대한으로 끌어내는 한 방법으로서, 운동하기 몇 분 전에 과일 같은 영양가 있는 음식을 먹으라고 권하기도 한다. "그러면 일종의 에너지인 음식이 분해되어 그 영양분이 혈류로 흘러들어가게 되어 몸이 운동할 준비를 갖추게 된다. 그 결과 운동을 하는 동안은 물론이고 그 이후에도 더 많은 에너지가 생기게 된다."[15]

건강에 유익한 그 외의 행동들이 펼쳐질 토대 닦아주기

운동의 또 하나의 이점은, 건강에 유익한 그 외의 행동들이 수행되기에 적절한 사고방식이 갖추어진다는 것이다. 한 수강생의 말처럼 "학업과 운동 사이의 균형을 잘 맞추면 대체로 잠도 더 잘 자고,

더 잘 먹고, 하루하루의 기분도 더 좋아지는 편"이다. 사회심리학자들은 오래전부터 점화(priming) 이론을 연구해왔다. 점화 이론이란 어떤 개념에 접한 영향이 이후의 행동에 미치는 현상을 말한다. 한 연구 결과를 사례로 들어보겠다. 이 연구에서는 참가자들에게 '대인관계의 온기'를 평가해달라고 해봤더니 따뜻한 음료를 쥐고 있었던 경우에 차가운 물건을 쥐고 있었던 경우보다 더 높은 점수를 매겨주었다.[16] 따뜻한 음료가 그 사람에게 타인의 온기를 감지하도록 점화시킨 것이었다. 또 다른 연구에서는 사람들에게 bold(뻔뻔한), bother(괴롭히다), disturb(방해하다), intrude(참견하다), brazen(파렴치한), infringe(침해하다), obnoxious(불쾌한) 같은 단어를 보여주었더니 연구 후반의 실험을 중도에서 그만두는 확률이 높아졌다.[17] '무례'와 관련된 개념이 행동까지 무례하게 만든 것이다.

운동도 바로 이런 식으로 건강한 생활을 점화시킨다. 운동을 하루 일과로 삼기로 마음먹으면 건강에 좋은 또 다른 결정을 내리도록 유도하는 사고방식이 활성화된다. 먹는 음식, 즐겨 하는 생각, 함께 어울리는 사람들을 더 주의해서 선택하게 된다. 위에서 소개한 수강생의 경우처럼, 운동은 전반적 행복과 삶의 질에서 중요한 요소로 꼽히는 수면의 질도 향상시켜준다. 전 세계의 성인들을 대상으로 실시된 여러 연구에서 증명되었다시피 규칙적인 운동을 하는 사람들은 더 쉽게 잠이 들고, 중간에 깨지 않으며, 더 질 좋은 수면을 취한다.[19] 일단 운동을 꾸준한 일과로 삼으면, 낮과 밤 내내 행복을 끌어올려주는 또 다른 행동들이 펼쳐질 토대가 닦인다.

예상 밖의 효과

나는 긍정심리학 강의에서 이 주제를 꺼낼 때 학생들에게 운동을 해본 경험과 운동이 대학생활에 미치는 영향에 대해 어떻게 생각하는지를 써내게 한다. 당연한 결과지만 써온 글을 읽어보면 다수의 학생이 운동에는 기분, 건강, 수면, 의욕을 향상시켜주는 효험이 있다고 생각한다. 이런 내용은 내가 처음 그 과제를 내주며 예상했던 바이다. 하지만 미처 예상 못 했던 내용도 보게 되었는데, 여러 학생이 욱신거리는 느낌을 효능으로 꼽았던 경우이다. 어쨌든 많은 학생들이 그런 통증을 효험으로 보았다. 확실히 근육통은 진전의 증거로 삼을 만하며, 운동을 열심히 하여 성과를 내고 있다는 신체상의 표시나 다름없다. 말하자면 그들에게 스스로를 위한 유익한 일을 해냈다는 점을 뿌듯하게 상기시켜주는 셈이다.

"저는 운동을 했을 때의 그 통증과 욱신거림이 정말 기분 좋습니다. 하루 종일 몸이 욱신거리면 첫 수업에 들어가기 전부터 벌써 뭔가 유익한 일을 했다는 생각이 듭니다. 다리는 아파도 기분은 아주 뿌듯해요. 자신감이 더 붙기도 합니다. 아침마다 몸을 움직이고 있다는 그 단순한 사실이 사람을 정말 기분 좋게 해줘요. 마지막으로 한마디만 덧붙이자면, 아침에 운동을 하면 저녁에 잠도 더 잘 자는 것 같아요. 사실 적당히 피곤해서 밤마다 잠을 충분히 자게 되거든요. 한마디로 말해서, 운동은 정말 끝내주는 활동이에요. 10/10을 추천하고 싶습니다."

나 역시 10/10(웨이트 운동에서 10회씩, 10세트의 운동-옮긴이)을 추천하고 싶다. 그 정도면 욱신거리는 근육이 고마워할 것이다.

의욕 강화

자신에게는 운동이 안 좋다고 생각해서 운동을 안 하기로 결심한 사람은 아무도 없다. 그냥 하고 싶지 않아서 운동을 안 하는 것이 보통이다. 지난봄에 한 학생이 이런 말을 했다. "저는 일과가 너무 바빠서 헬스장에 갈 틈을 내기가 웬만해선 힘들어요. 시간이 있다 해도 의욕도 안 생기고요."

이런 정서가 흔하다. 운동이 지능에 미치는 효험을 잘 알지만 단지 운동을 시작하려는 의욕이 부족하다. 대체로 기분이 처지거나 의욕 저하에 빠지면 운동화 끈을 질끈 매고 1시간 동안 러닝머신에 올라가거나 웨이트머신에 누워 운동을 하고 싶은 마음이 도저히 생기지 않기 마련이다. 차라리 기분을 좋게 해줄 만한 활동이 하고 싶어진다.

하지만 우울할 때는 신체 활동이 기분을 북돋는 동시에 의욕을 살려줄 가장 효과적인 방법이 되어주기도 한다. 듀크 대학의 연구진은 심각한 우울증 치료를 위한 가장 효과적인 개입 방법을 밝히기 위한 실험을 벌였다. 우울증 진단을 받은 성인들에게 무작위로 세 가지 방식을 적용해보는 방식이었다. 세 그룹으로 나누어 한 그룹에게는 정신과 의사와 상담을 받게 해서 졸로프트(Zoloft, 우울증 치료제)를 처방해주었고, 또 다른 그룹에게는 (약은 처방해주지 않은 채) 일주일에 세 차례씩 30분간의 격렬한 운동을 시켰고, 나머지 한 그룹에

게는 두 가지 개입 치료를 모두 받게 해서 졸로프트도 처방해주고 규칙적 운동도 시켰다.[19]

졸로프트 같은 약이 우울증 증상을 완화시키는 효과가 있다는 것은 당시에도 이미 널리 인정되고 있었다. 한편 운동은 이전의 연구를 통해 기분장애의 심각한 고통을 덜어주는 데 효과가 있다는 단서가 포착되긴 했으나, 운동을 치료적 개입 방법으로 활용한 대다수 연구가 정신질환 약물 등의 다른 형태의 치료법과 동시에 병행 실시되었던 터였다. 말하자면 그때까지 운동의 단독 효과만을 검증한 사례는 전무했다.

따라서 이 새로운 연구는 운동 치료가 그 자체로 효과적인 치료법이 될 수 있을지를 과학계에 이해시켜주는 계기였다. 뿐만 아니라 운동과 약물 치료의 병행이 다른 방식과 비교해서 훨씬 더 효과가 좋은지를 확인시켜주는 계기이기도 했다. 모든 실험 참가자가 자신에게 해당되는 치료 조건을 확실히 따르게 하기 위해 유자격 전문가들의 도움을 받았다. 졸로프트를 처방받은 그룹은 정신과의사와 면담을 갖고, 운동 치료를 받는 그룹은 생리학자의 지도를 받는 식이었다. 4개월 뒤에 연구진은 실험 참가자들을 추적 조사해서 여전히 우울증 진단에서 벗어나지 못한 사람이 몇 명이나 되는지와, 세 그룹 간 회복 속도에 차이가 있는지를 알아보았다.

과학계에 충격을 안겨주다

연구진이 아직도 우울증에 머물러 있는 환자가 몇 명인지를 각 그룹별로 검토해보았더니 큰 차이는 발견되지 않았다. 세 그룹 모두 환자의 약 3분의 2가 우울증 진단의 기준에서 벗어난 상태였다. 이전의 4개월 동안 꾸준히 운동을 한 그룹도 졸로프트를 복용한 그룹이나 두 방법을 병행한 그룹과 비교해서 회복률이 비슷했다. 이 점은 기분장애를 정상화시키는 운동의 효능에 대해 인상적인 시사점을 던져주는 대목이다.

여기까지의 연구 결과는 운동과 관련해서 이미 알려진 사실, 즉 운동이 심리 건강에 중요한 신경화학물질을 뇌에 분비시킨다는 사실과도 일치하는 바이다. 하지만 이 연구의 결과는 이것이 다가 아니었다. 그로부터 6개월 뒤의 추적 조사에서 과학계에 충격을 안겨주는 또 다른 결과가 나타났다. 우울증 발병의 예측인자 중 하나는 바로 예전의 우울증 병력 여부이다. 그래서 연구진은 6개월 뒤에 연구가 시작된 지 10개월이 되었을 때, 환자들을 다시 추적 조사했다. 우울증에서 회복된 환자 가운데 꾸준히 심리 건강 상태를 유지하고 있는 사람이 몇 명이나 되는지 검토해보려는 의도였다.

그 검토 결과는 과학계의 수많은 이들에게 큰 충격을 안겨주었다. 운동이 4개월간의 우울증 치료에서 졸로프트에 못지않은 효과가 있었을 뿐만 아니라 장기적으로 보면 재발을 막아주는 완충 효과가 졸로프트보다 더 뛰어났던 것이다. 하지만 어찌 보면 가장 놀라운 점은 따로 있다. 실험 참가자들이 졸로프트도 복용하지 않은 상태에서만 운동의 장기적 효과가 더 좋았다는 것이다. 운동과 함께 졸로프트 복용을 병행한 참가자들은 졸로프트만 복용한 경우와 재발

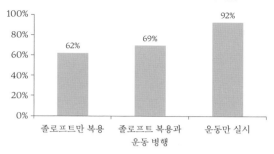

10개월째에도 여전히 건강을 유지한 사람들의 비율

률이 비슷했으나 졸로프트 복용 없이 운동을 한 경우가 재발률이 가장 낮았다. 반직관적으로 보이는 이런 결과를 과연 어떻게 설명할 수 있을까?

통제감과 자긍심

이번 장의 앞부분에서 소개했던 학생, 그러니까 바빠서 운동할 틈을 내기가 '웬만해선 어렵고' 틈이 있어도 그럴 의욕은 더 없다던 그 남학생은 몸을 잘 움직이지 않는 라이프스타일의 뒤탈을 뼈아프게 절감했다.

"지난 가을, 운동을 아예 하지 않으면서 심한 우울증에 빠지기까지 했는데 운동을 하려는 의욕을 도저히 끌어낼 수가 없었어요. 그러다 보니 자신의 건강과 몸을 방치하고 있다는 생각에 저 자신에 대해 더 좌절감이 생겼어요."

하지만 마침내 이 남학생은 운동을 일상화하기 위한 간단한 방법을 찾아냈다.

"저는 매일매일 집에서 할 수 있는 간단한 운동에 집중했습니다. 이번 학기에 운동을 아주 꾸준히 하며, 다른 일을 하는 중에도 시간과 여건이 되면 틈틈이 간단한 운동을 해왔는데 건강해지는 느낌이 들고 자기관리를 잘하는 기분이 들어서 좋아요."

이렇게 자기관리를 잘하고 있다는 느낌은 심리 건강에서 아주 중요한 역할을 한다. 심리학자들은 이런 느낌을 자기효능감이라고 부르는데, 스스로를 잘 통제하여 자신 있고 유능하게 일을 잘 해내고 있다는 믿음을 뜻한다. 삶의 한 영역에서 뭔가를 성취해내면 자신감이 붙어 다른 일들도 잘할 수 있게 된다. 또 성취감은 자존감과 전반적인 삶의 질을 높여준다. 대체로 큰일을 완수할 때 가장 힘든 부분은 첫발을 떼는 것이다. 첫발을 떼기 위한 힘을 끌어낼 수 있으면 그 한 걸음에서 얻은 성취감이 자기효능감을 높여준다. 그러면 두 번째 걸음, 세 번째 걸음을 떼기 위한 의욕이 연이어 생긴다. 앞의 학생의 경우, 날마다 간단한 운동을 하는 것이 다른 사람들 눈에는 대수롭지 않아 보일지 몰라도 그 학생 자신에게는 우울증에서 벗어나 성취의 길로 들어서도록 이끌어주는 디딤돌 역할을 해주었다.

"점점 기분이 좋아지니까 매일 운동을 하기가 한결 더 쉬워졌고 이제는 운동이 거의 안전장치처럼 느껴져요. 좋은 습관을 잘 이어가며 매일 간단히라도 운동을 하면 다시 우울증에 빠질 일이 없도록 여전히 삶을 잘 관리하고 있다고 여겨져요. 그리고 운동하려는 의욕이 사라지면 경고 신호로 여겨질 것 같기도 하고요."

이 남학생을 우울증에서 회복시켜주었던 한 요인은 바로 삶에 대한 통제감이었다. 그것도 운동을 통해 얻은 통제감이었다. 새내기 성인들은 세상에 자신의 자리를 만들어가기 위해 애쓰면서 통제 불능인 수많은 변수에 맞서고 있다. 운동은 질서, 균형, 일과를 관리하는 데 도움이 된다. 바로 이런 이유 때문에 운동을 생활화하고 있는 수강생의 얘기를 들어보자.

"운동을 하면 활력이 느껴지고 저 자신에 대해 만족감도 더 생겨요. 게다가 그날 뭔가 생산적인 일을 해낸 기분도 들고요(심지어 운동 외에 한 일이 넷플릭스를 보는 것뿐인 날이라도 마찬가지입니다). 대학생활은 예측하기 힘든 변화무쌍한 시기라 누구나 통제 불능을 느끼는 순간이 온다고 생각해요. 저는 운동이 중요한 이유는 전적으로 통제가 가능한 데다 다른 누구도 아닌 바로 자기 자신을 위한 활동이기 때문이라고 믿습니다."

이 세기의 블록버스터급 약품

마이클 베이뱌크(Michael Babyak) 박사와 그의 듀크 대학 동료들은 자신들이 밝혀낸 이 놀라운 결과를 설명하면서 바로 이 자기효능감의 느낌, 즉 통제와 질서의 느낌을 그 원인으로 거론했다. 이런 느낌이 아니라면, 오로지 운동만 한 사람들이 운동과 우울증 치료제 복용을 병행한 사람들보다 훨씬 더 잘 지낼 수 있었던 원인을 달리 무엇으로 설명할 수 있겠는가? 궁극적으로 따지자면 그 원인은 실험 참가자들의 믿음, 다시 말해 자신들이 무엇 덕분에 회복되었다고 믿는지와 관련되어 있었다. 운동을 했던 참가자들은 자신들의 회복이 전적으로 자기 스스로 했던 활동 덕분이라고 믿었다. 약물을 함께 복용했던 참가자들은 회복이 적어도 어느 정도는 정신과 의사에게 처방을 받아야 하는 약물, 즉 외부적 원천 덕분이라고 믿었다. 운동이 회복의 원인을 내부로 귀착시킨다면, 처방약은 외부로 회복의 원인을 귀착시키는 셈이다. 이 연구를 진행한 과학자들은 이런 원인 귀착에서의 차이가 우울증 환자의 회복 과정에 영향을 미쳤다고 주장하고 있다.

"긍정심리학적 관점에서 볼 때 체계적 운동의 이점 한 가지는 자기 통제감과 긍정적인 자존감의 형성이다. 이런 자기통제감과 자존감이 운동의 우울증 감소 효과에서 어떤 역할을 하고 있을 가능성이 높다고 사료된다. 약물치료의 병행은 대체 치료적이고 자기확신을 덜 심어주는 회복 원인이 우선시됨에 따라 이런 효능을 축소시킨다고 볼 만하다. 약물을 함께 복용한 환자들은 '나는 운동 프로그램에 열심히 매진했어. 쉬운 일이 아니었지만 내가 이 우울증을 물리친 거야'라는 믿음이 아니라 '나는 우울증 치료제를 먹고 좋아졌어'라는 믿음을 품게 될 소지가 있다."

　물론, 이런 연구 결과의 지나친 과대 해석은 금물이다. 이제 정신
과 의사들은 흰 가운을 벗어던져야 하고 기분장애의 약물 개입 치
료를 중단해야 한다는 식으로 해석해서는 안 된다. 결코 그렇지 않
다. 다음의 사실에 유의해야 한다. 연구의 초반에 운동 치료만 수행
한 실험 참가자 가운데 약 3분의 1은 우울증에서 회복되지 않았다.
말하자면 모든 사람이 운동 요법만으로 효과를 보는 것은 아니다.
사람에 따라서는 졸로프트 같은 우울증 치료제가 사실상 최적의 해
결책이기도 하다. 하지만 운동이 최선책이라서 신체적 여건만 따라
준다면 시도해볼 가치가 확실히 있는 사람들도 많다.

　슈테판 클라인(Stefan klein) 박사는 베스트셀러 『행복의 공식(The
Science of Happiness: How Our Brains Make Us Happy-and What We Can Do to
Get Happier)』에서 운동을 "일종의 천연 프로작(우울증 치료제-옮긴이)"
에 비유하며 운동이 분비시켜주는 세로토닌은 우울증이나 불안 같
은 기분장애를 완화시키는 역할 때문에 정신과 약물치료의 상당수
가 표적으로 삼는 바로 그 신경화학물질임을 강조한 바 있다.[20] 다
른 과학자들과 건강관련 전문가들도 여기에 공감을 나타낸다. 운동
의 신체적·정신적·사회적 이점을 연구한 내과의사 존 레이티(John
Ratey)에 따르면 "운동이 일종의 약으로 나온다면 그 효과에 대한 기
사가 신문의 1면을 장식하면서 이 세기의 블록버스터급 약품(연간 매
출액이 10억 달러 이상인 의약품-옮긴이)으로 환호받을 것이다."[21]

하지만 운동의 이점은 정신 질환을 최소화하는 효과만이 아니다. 클라인이 그 뒤에 이어서 설명하고 있듯 "슬픔을 줄여주기만 하는 약물치료와는 달리 운동은 긍정적인 감정을 유발시켜주기도 한다. 신체 활동이 행복감을 유도하는 엔도르핀을 분비시키기 때문이다. 사람에 따라 30분간의 운동을 일주일에 세 번씩 규칙적으로 할 경우 현재의 기술상 최고로 꼽히는 약물의 효과에 못지않은 우울증 치료 효과를 내주는 이유도 바로 여기에 있을지 모른다."[22]

명심해라. 운동의 이점은 기분과 연계된 뇌 영역에 이런 화학적 영향을 미치는 것 외에도 또 있다. 열심히 운동을 하면 목표를 정해놓고 그 목표를 향해 노력함으로써 성취감도 느끼게 된다.

생산성 촉진

2015년에 채플 힐(Chapel Hill) 소재 노스캘리포니아 대학에서 운동선수로 뛰었던 두 졸업생이 대학 측을 상대로 집단소송을 냈다. 두 사람은 대학 재학 중에 운동선수로 활동하는 데 할애해야 하는 시간 부담이 커서 학업 요건을 제대로 채우지 못했다고 주장했다.[23] 소송은 끝내 기각되었지만[24] 이 일을 계기로 대학 소속 운동선수들이 과도한 시간 압박에 시달리고 있는 현실에 세간의 이목을 끌게 되었다.

앞서, 따로 빼야 하는 시간이 부담스러워 대학에 들어가면 테니스를 그만두기로 마음먹었던 학생의 얘기를 했다. 그 이유가 충분히 이해된다. 대학 소속 운동선수는 대개 대회 준비를 위해 일주일에 20시간 이상을 헬스장과 경기장에서 보낸다. 학업과 그 밖의 활동에 필요한 시간을 감안할 때 이것저것 다 따라가려면 스케줄을 철저히 관리해야 한다. 다음은 대학 대표 수영팀에 속해 있던 학생의 하소연이다. "꼭두새벽인 3시나 4시에 일어나서 6시 30분까지 수영장으로 나가야 하고, 또 오후에도 연습을 하느라 시간을 거의 다 보내는 게 저의 일상이에요."

이런 스케줄을 생각하면 초등학교부터 고등학교까지 내내 운동을 하다가 대학에 진학하면 그만두는 선수들이 종종 나오는 이유가 훤히 짐작된다. 딱 봐도 학업과 사회활동에 할애할 시간을 제대로 내기가 거의 불가능해 보인다. 그리고 대담하게 운동을 계속하는 학생들의 경우엔 1년 내내 기다리는 오프시즌이 숨을 좀 돌릴 휴식 시간이 되어줄 것이다. 뭐든 원하는 대로 쓸 수 있는 시간이 늘어날 테니 틀림없이 그동안 시간을 더 생산적으로 보내지 않을까.

그런데 실제로는 그렇지가 않다.

수많은 선수들이 시즌 기간이야말로 사실상 가장 생산적인 시기라고 말하고 있다. 시즌 기간에는 뒤처지지 않으려면 최대한 효율적인 방법으로 학업에 임하는 수밖에 없다. 해도 뜨기 전에 일어나서 6시 30분까지 수영장으로 가야 하는 그 학생은 다른 활동들을 위한 짬을 내기 위해 스케줄을 철저히 관리해야 한다.

"저는 이것저것 다하려면 시간이 한정되어 있어서 주마다 계획을 미리 짜둡니다. 어느 요일에 도서관에 갈 짬이 날지 미리 따져놓고, 취침 시간인 11시 전까지 몇 시간이나 공부할 수 있을지도 시간을 체크 해놓고 지내요."

하지만 오프시즌이 오면 이내 상황이 달라진다.

"수영을 쉬면 스트레스 지수가 올라가요. 일주일에 거의 하루의 시 간이 더 생기는 셈인데도 이상하게 꾸물거리느라 과제를 제때 마치 기가 힘들어져요. 그리고 가장 당황스러운 점은 기분의 변화예요. 기 분이 시즌 때와는 딴판이 돼요. 저 자신에 대해 자신감이 떨어지고 기 운이 없어져요. 그 6주 동안에는 아주 무기력해져서 몸을 움직이기도 힘들어요."

직관에 반하는 이야기처럼 느껴질 수도 있지만 이런 변화는 내가 아는 자기효능감의 이론에 부합한다. 대학 소속 선수들은 하루 중 의 어느 시점에 격렬한 신체 활동을 완수하고 나면 그 완수로 얻은 에너지와 자신감을 그 이후 시간에 펼치는 활동에까지 끌고 가게 된다. 이는 철저히 짜인 스케줄과 더불어, 모든 일을 효율적으로 완 수하게 해주는 확실한 원동력으로 작용한다. 오프시즌 기간에는 철 저한 스케줄이 없이 지내다 보니 할 일을 마치는 데 덜 부지런을 떨 게 된다. 어쨌든 다음 날의 새벽 연습에 늦지 않기 위해 11시에는 잠 자리에 들어야 할 필요가 없어지니 늘어질 만도 하다.

물론 생산성 증가는 대학 소속 선수들에게만 해당되는 얘기가 아니다. 누구든 운동을 일상화하면 이런 선수들과 비슷한 효과를 거둘 수 있다. 한 수강생은 달리기로 하루를 시작하면 "기분이 상쾌하고 힘이 솟아 너무 행복하다"고 했다. 수영을 하는 앞의 선수와 다를 바 없이, 운동으로 얻은 질서 잡힌 상태로부터 하루 종일 효험을 누리고 있다.

"매일 같은 시간에 달리기를 하면 생활에 리듬과 패턴이 생겨서 공부도, 먹는 것도, 사람들과 어울리는 것도 더 효율적으로 하게 돼요. 과제를 할 때 의욕이 더 생기고 뭘 먹을 때는 건강에 더 좋은 선택을 하게 돼요. 몸이 더 가볍게 느껴지고 피로감이 줄어서 전반적으로 활력이 높아져요. 이렇게 건강에 좋은 패턴을 따르다보니 자존감이 한결 높아졌어요. 운동을 안 하면 생활의 질서감이 확 떨어져서 나중엔 계획도 효율성도 별로 없는 스케줄대로 살게 되는 편이에요."

따라서 운동은 일종의 투자다. 다른 활동들에 할애할 수도 있는 시간을 좀 빼앗는다 해도, 나머지 시간을 더 효율적으로 쓰도록 해준다. 이해를 돕기 위해 또 다른 수강생의 사례를 소개해보고 싶다.

"기숙사 방을 같이 쓰는 룸메이트가 저만큼이나 달리기와 운동을 즐겨서 저희는 일주일에 몇 번씩 밖으로 나가서 달리기를 하거나 헬스장에 갑니다. 시간이 많이 드는 활동이라 저는 시험 기간에는 종종 운동을 건너뛰어요. 첫 학기의 기말 시험 주간에는 공부할 시간을 더 내느라 달리기를 안 했어요. 그때는 스트레스가 높아진 게 기말 시험 때문이라고 생각했는데 지금은 알게 됐어요. 달리기를 그만둔 것도 하나의 이유였다는 것을요. 어느 날 아침에 제 룸메이트가 달리기를 하러 나가려 하길래 공부하기도 바쁜데 달리기할 틈이 어디 있냐고 물었어요. 그랬더니 그 얘가 하는 말이, 달리기를 할 틈도 없을 때야말로 가장 달리기를 해야 할 때라고 했어요. 스케줄이 과도할 땐 우울증에 빠지기가 쉽기 때문이라고요. 그제야 제 문제가 바로 거기에 있었다는 걸 깨달았어요. 오히려 운동을 쉬어서 안 그래도 심한 기말 시험 주간의 스트레스가 더욱 더 심해졌던 거였어요. 이제는 학기 중에 스트레스가 가장 심할 땐 어떻게든 시간을 내서 단 30분이라도, 달리기나 운동을 해요."

생각의 방향 전환

대다수 사람들에게 2년차가 가장 힘든 시기로 꼽힌다. 첫 해에는 오리엔테이션 프로그램, 특별 세미나와 같이 적응을 도와주는 지원이 마련되어 있지만 이후에는 혼자 힘으로 꾸려나가야 할 것 같은 기분에 빠질 때가 많아진다. 그에 따른 환멸과 불만족을 이른바 '2년차 증후군(sophomore slump)'이라고 한다. 2년차 증후군은 흔히들 겪는 일이다. 어느 수강생은 그때의 경험을 다음과 같이 표현했다.

"그때껏 살면서 가장 스트레스가 심했던 시기였어요. 수업, 시험, 동아리, 모임을 정신없이 쫓아다니느라 정신이 없었어요. 또 그즈음에 이별의 아픔을 겪기도 해서 이래저래 저 자신에 대한 실망감이 컸어요. 머릿속에 이것저것 생각이 많아서 어깨가 다 짓눌리는 기분이었어요. 움직이는 것도, 심지어 숨 쉬기조차 힘들 지경으로 몸이 부대꼈어요. 아침에 침대에서 일어나기가 죽을 만큼 힘들었어요. 어렵사리 일어나도 그날 하루를 지탱하기가 너무 힘들었어요. 그때는 사는 게 너무 힘들었던 것 같아요.”

그러다 한 친구에게 이런 고민을 털어놓았다가 운동을 시작하면 기분이 좋아질 거라는 그 학생의 제안을 듣고 처음엔 꺼려했다고 한다.

“그건 스케줄에 끼워 넣어야 할 일이 또 하나 느는 거잖아요. 학업과의 균형을 맞춰야 할 일이 또 하나 늘다니, 잊지 말고 챙겨야 하는 일이 안 그래도 많은데 더 늘어나는 거였어요.”

하지만 나중엔 그 제안을 따르게 되었다. 그리고 처음엔 순조롭지 않았지만 차츰 그 효능을 체감했다.

“달리기를 시작한 첫날은 끔찍했어요. 평소보다 일찍 일어나야 했고 달리다 너무 숨이 차서 거의 절반은 걷다시피 했어요. 땀에 흠뻑 젖어 파김치가 돼서 집으로 돌아왔어요. 별 효과도 없는 것 같아서 그만하고 싶었습니다. 하지만 다음 날 다시 달리기를 했고, 그다음 날엔 수영도 했어요. 그 뒤로 이틀을 더 수영과 달리기를 했어요. 컨디션이 확연히 나아진 느낌은 못 느꼈지만 더 이상 걱정에 매달리지 않게 되었다는 게 느껴졌어요. 어느새 현재의 순간에 충실해 있었어요. 호흡, 수영법, 다리 움직임, 수영장의 바닥, 눈앞의 지평선에 집중하고 있었어요. 그렇게 현재에 집중하다보니 머릿속에서 제 능력으로 바꿀 수 없거나 마음대로 할 수 없는 문제들을 붙잡고 고민하지 않게 되었어요. 또 몸에도 활력이 생겨서 하루를 웃으면서 보내게 되더라고요.”

마지못해 시작했던 이 학생은 처음엔 힘들었지만 운동의 또 다른 효험도 깨달았다. 운동 덕분에 정신이 스트레스와 불안감이 아닌 건강에 더 좋은 다른 대상에 집중하게 되었고, 이런 효험은 이 학생이 슬럼프를 극복하는 데 필요했던 바로 그것이었다.

제 궤도로 돌아오기

운동은 그 자체로 주의를 딴 데로 돌리기에 좋은 방법이다. 생활의 스트레스 요인들이 점점 쌓여가면 그 스트레스 요인에 우리의 주의력이 집중되어 부정적 사고의 소용돌이를 일으킨다. 이런 질주하는 사고를 중단시킬 만한 가장 좋은 방법은 친구에게 전화를 걸거나, 볼일을 처리하거나, 달리기를 하는 식으로 관련이 없는 다른 활동을 하는 것이다. 이 중에서도 특히 운동의 효과가 뛰어난데 그 이유는, 관심을 딴 데로 돌리게 해주는 것만이 아니라 혼란스러운 사고를 중단시키는 데 도움이 되는 화학물질을 뇌에 분비시켜주기도 하기 때문이다. 바로 (흔히 GABA라고 약칭되는) 감마 아미노뷰티

르산(gamma-aminobutyric acid)이라는 억제성 신경전달물질의 분비다. GABA는 카페인과는 반대의 기능을 한다고 생각하면 쉽다. 커피를 마시면 긴장과 초조함을 자극해 불안감을 악화시키기 쉬운 반면 GABA는 뇌의 활성화를 감소시켜 불안감을 완화시켜준다. 따라서 운동을 하면 다른 활동으로 주의를 돌리는 것만이 아니라 정신을 가라앉혀주는 천연 물질도 분비시키는 것이기도 하다. 이런 효험을 직접 체험한 한 학생의 얘기를 들어보자.

"운동을 하면 그 순간에 하고 있는 운동 외의 다른 일은 생각하지 않을 수 있어요. 이런저런 문제들을 걱정하지 않으면서 어느 정도 에너지를 재충전할 수도 있어요. 그 덕분에 '현실 세계'로 되돌아와서 차분하고 명료한 정신으로 문제들을 처리할 수 있게 됩니다. 운동을 통해 이런 치유의 느낌을 느끼지 못하는 날엔 조바심이 나고 불안해집니다. 사람들에게 퉁명스럽게 굴거나 별 거 아닌 일로 금방 짜증을 부리기도 하고요. 운동은 제 하루하루의 생활에서 행복의 일등공신입니다."

한바탕의 운동은 질주하는 사고에 제동을 거는 것과 같다. 한 수강생의 말처럼 어느 정도는 무료 치료나 다름없다. 그것도 미리 진료 스케줄을 잡지 않아도 되는.

불안감의 초점 바꾸기

프랭클린 D. 루스벨트는 1933년의 대통령 취임 연설에서 이후로 수없이 인용되어온 다음의 유명한 발언을 했다. "우리가 두려워할 것은 두려움 그 자체뿐입니다." 루스벨트는 이 연설에서 대공황이 절정에 달해 있던 당시에 미국인 사이에 엄습해 있던 불안감을 가라앉히려 애쓰며 두려움 자체도 그렇게 나쁜 것이 아니라고 말했다. 우리가 걱정해야 할 일이 두려움뿐이라면 괜찮지 않느냐고.

문제는 어떤 사람들에게는 두려움에 대한 두려움이 나날의 삶을 즐기는 데 정말로 장애물이 된다는 것이다. 불안 민감성을 판단하는 지표는 단지 불안감만이 아니다. 빠른 심장박동이나 불규칙한 호흡 등 불안감으로 인한 신체적 증상에 대한 두려움 역시 또 다른 특징이다. 불안 민감성에 시달리는 사람들은 몸이 조금만 이상해도 큰일이 난 것처럼 받아들이는 경향이 있다. 평소보다 빠른 심장박동은 심장마비처럼, 복부 통증은 암처럼, 두통은 뇌졸중처럼 여기는 식이다.[25] 몸이 조금만 이상해도 무슨 문제가 있다고 확신한다. 그래서 사람들 앞에서 불안발작을 일으킬까 봐 두려워, 사회생활을 하며 다른 사람들과 소통하는 데 애를 먹거나 심지어 경우에 따라선 집 밖으로 잘 나오지도 못한다.

그동안 연구자들은 불안 민감성에 시달리는 사람들을 도울 만한 방법을 조사해왔다. 그런데 그 해결책의 열쇠가 바로 운동에 있을지도 모른다. 한 실험에서 서던 미시시피 대학(University of Southern Mississippi)의 학생들에게 일주일에 세 번 20분씩 러닝머신 운동을 해보게 했더니 불안 민감성이 크게 낮아졌다.[26] 운동이 이렇게 심리 상태를 개선시켜준 이유는 주의를 딴 데로 돌려주었기 때문만이 아니었다. 예전까지 비운의 전조로 여겼던 생리적 각성을 새롭게 해석하도록 유도해주었기 때문이기도 했다. 불안 민감성이 높은 사람들에게는 심박수 증가나 불규칙한 호흡 패턴 같이 흔한 생리적 각성들이 불행을 의미한다. 운동은 바로 이런 신체 반응을 유발시키지만, 그 반응들을 기분과 자기효능감을 끌어올려주는 것과 연관지어 해석하도록 유도해준다. 실험에 참가한 학생들도 시간이 지남에 따라 두근거리는 심장, 가쁜 호흡, 체온 상승을 불안의 두려움이 아니라 운동의 효험으로 연관 짓게 되었다.

두려움으로부터 달아나기

운동의 불안감 감소 효능이 입증됨에 따라, 수많은 의사들이 운동을 행동중재(타인의 행동을 바꾸려는 의도로 어떤 처치를 하는 것을 뜻하는 총칭-옮긴이)의 방법으로 활용하고 있다. 한 예로 심리학자 키스 존스가드(Keith Johnsgard)는 "이용할 수 있는 가장 강력한 항불안 효력제"로 운동을 꼽는다.[27] 존스가드는 불안장애로 광장공포증에 빠져, 넓고 사람들로 붐비는 장소에 심한 두려움을 나타내는 환자들을 치료해주고 있다. 그의 치료법은 운동으로 일어나는 생리적 각성이 환자들에게 불안감에 대한 새로운 반응을 가르쳐주는 점을 근거로 삼아, 환자들을 최악의 악몽(사람들로 북적대는 쇼핑몰)으로 데려가 주차장에서 전력 질주하게 하는 방식이다. 우선 환자를 전력 질주시켜서 지치고 숨이 헐떡거리기 시작하는 거리가 어느 정도인지를 측정한다. 그런 다음엔 쇼핑몰 입구를 기준으로 그 측정한 거리를 똑같이 맞추어놓는다. 그리고 환자에게 쇼핑몰까지 뛰어갔다가 멈춰서 숨을 고른 후에 걸어서 다시 돌아오게 한다.

　존스가드의 환자들은 예전 같았으면 그렇게 쇼핑몰 입구에 서 있다간 불안발작을 유발했을 테지만 달리느라 몸이 지쳐서 그 자리에서도 패닉에 빠지지 않을 수 있다. 불안 민감성에 시달렸던 서던 미시시피 대학 학생들의 경우와 마찬가지로 이제는 가쁜 호흡과 심박수 증가의 원인을 달리기와 운동의 긍정적 효험으로 돌리게 된다. 예전엔 똑같은 생리적 각성이 패닉을 몰고 왔을 테지만 이제는 아니다. 두 경우 모두 불안감 문제를 가진 사람들이 운동 덕분에 각성적 느낌을 다르게 해석하도록 유도해준 것이었다. 존스가드의 광장공포증 환자들은 시간이 지남에 따라 쇼핑몰 입구에서 점점 더 오래 머물다 돌아올 수 있게 되었다. 나중에는 혼자서도 쇼핑몰 안에 들어갔다 되돌아 걸어나올 수도 있었다. 예전엔 생각조차 할 수 없던 일이었다. 게다가 이 환자들 가운데 상당수가 달리기를 시작하고 불과 6회 만에 광장공포증이 치료되었다고 하니, 놀라울 따름이다.

　다시 말해, 운동은 생리적 각성의 해석 방향을 두려움에서 건강함 쪽으로 돌려주었다. 이 환자들은 몸에 일어나는 반응을 새롭게 해석할 줄 알게 된 덕분에 마음이 프랭클린 D. 루스벨트의 개념에서 마저도 해방되었다(이제 두려움 자체도 더 이상 두려워하지 않았다). 광장공포증 환자이든 슬럼프에 빠져 불안감에 시달리는 대학 2학년생이든 간에 운동은 몸과 마음이 건강에 더 유익한 다른 방향으로 주의를 돌리도록 유도해준다.

서 있기

이번 장의 도입부에서도 이야기했지만 다수의 건강 전문가들이 '장시간 앉아 있는 것은 또 하나의 흡연과 같다'라는 슬로건을 내건 운동을 주도하고 있다. 그런 전문가들 중 한 사람인 메이요 클리닉의 제임스 레바인 박사는 우리가 앉아서 죽어가고 있다는 주장을 펼치고 있다. 직업상 하루 종일 책상 앞에 앉아 있어야 하는 사람이 들으면 낙담스러울 테지만 아직 낙담하기엔 이르다. 다행히 레바인 박사는 그 해결책도 함께 제시하며 러닝머신 책상을 대중화시키고 있는 중이다. 러닝머신 책상은 그 명칭 그대로, 의자에 앉아 일하는 대신 러닝머신 위에 올라가 느긋한 속도로 걸으면서 하던 일을 마저 하도록 보조해주는 기구다.[28] 레바인 박사가 다른 과학자들과 함께 밝혀낸 바에 따르면 하루에 단 3시간만 러닝머신 책상을 활용해도 직원들의 건강이 크게 개선되는 것으로 나타났다.[29]

솔깃한 얘기로 들릴 테지만 대다수 사람들에게는 비현실적인 얘기이기도 하다. 하지만 안심해도 된다. 운동의 효험을 얻기 위해 꼭 러닝머신이 있어야 하는 것은 아니니까. 그냥 서서 일하는 것만으로도 산소 소비량이 늘어나며,[30] 이렇게 산소 소비량이 늘어나면 인지 수행력도 강화된다.[31] 이제부터는 시험공부를 하거나 회의의 프리젠테이션을 준비할 때 앉아만 있지 말고 손에 노트를 들고 서서 해보는 시간도 가져보길 권한다. 아니면 프로젝트 논의를 위해 동료들과 회의를 가질 때 화이트보드 앞에 서서 좋은 아이디어를 설명하겠다고 나서보라. 여건을 잘 활용해 몸을 움직일 수 있다면 훨씬 더 바람직하다. 예를 들어 다음 학기의 수강 스케줄 문제로 상의하기 위해 지도 교수와 약속을 잡았다면 잠깐 걸으면서 상의하자고 부탁해보는 방법도 괜찮다.

산책 휴식

수많은 연구를 통해 증명된 바에 따르면 낮에 잠깐이라도 몸을 움직이며 휴식을 취하는 시간을 가지면 좋은 효과가 있다. 어배나-샴페인(Urbana-Champaign) 소재 일리노이 대학의 신체운동학 학부에서 실시한 연구에서는 중간에 10분의 휴식 시간을 주는 강의에 수강신청한 52명의 대학 재학생을 대상으로 이런 효과를 실제로 입증했다.[32] 일부 학생은 그 휴식 시간 동안 실내에서 독서를 했고 나머지 학생들은 캠퍼스를 산책했다. 그렇게 학기 막바지에 이르자 매번 수업 중간의 10분 동안 잠깐씩 산책을 했던 학생들은 활력과 열의는 증가하고 긴장과 피로는 줄어드는 체험을 했다.

따라서 이제부터는 반복적 일과에 갑갑하고 의욕 상실이 느껴지거나, 눈앞에 닥친 시험이나 중요한 과제로 스트레스를 받으면 일어나서 몸을 움직여봐라. 몇 분만 몸을 움직여도 눈앞에 닥친 과제에 대처하기 위해 두려움을 가라앉히고 활력을 충전시킬 수 있다. 다음은 일과 중간에 잠깐의 운동만으로 좋은 효과를 보고 있다는 한 수강생의 실제 체험담이다.

"저 같은 경우엔 20분간의 운동이 스트레스 지수와 창의성에 기적을 일으켜주는 기분을 느낍니다. 그렇게 잠깐 밖에 나갔다 오면 활력이 충전되고 머리 식히기에도 좋아요. 그리고 또 운동 후의 성취감도 정말 기분 좋습니다."

또 다른 수강생은 공부하는 중간에 잠깐 요가를 하는데, 시험기간이 다가오면 특히 더 잘 챙겨서 한단다.

"어느 정도는 요가를 위한 요가이기도 하지만 중간중간 컴퓨터를 끄고 신체 활동을 하려는 목적이기도 합니다. 시험이 코앞일 때 잠깐 요가를 하면 정말 좋아요. 초조함을 이겨내도록 긴장을 풀어줘서 시험 불안감을 해소해주는 배출구 역할을 해주거든요."

여러 연구에서 증명된 바에 따르면 공부하는 중간에 운동을 하며 잠깐 휴식을 취할 경우 의욕과 차분함을 높여주는 것만이 아니라 학습 효과 자체도 높여준다. 독일 울름 대학(University of Ulm)의 연구진이 새내기 성인들을 대상으로 실험을 벌인 결과 일주일에 세 번 운동을 한 경우에 기억력 증진의 효과가 나타났다.[33] 캘리포니아 주립 대학 롱비치 캠퍼스에서 실시한 비슷한 연구에서도 10분 동안 밖에 나가 잠깐 산책을 한 이후 학생들의 기억력이 25퍼센트 향상되는 결과가 확인되었다.[34]

이번 장에서 계속 언급했다시피, 운동은 본질적으로 뇌를 기분 좋게 해주는 화학물질인 신경전달물질을 분비시켜준다. 이런 신경전달물질은 우리의 정서 건강만이 아닌 그 이상의 효험을 가져다준다. 즉, 학습이나 기억 같은 복잡한 인지적 활동을 촉진시켜주기도 한다. 뇌가 새로운 정보를 학습한 후 나중에 활용하기 위해 저장해두는 능력은, 뉴런의 연결에 따라 결정된다. 이런 뉴런의 연결은 세로토닌과 도파민 같은 신경전달물질을 통해 강화되는데 기분을 좋게 해주는 이 두 화학물질은 바로 운동을 통해 얻는 신경전달물질이다. 다시 말해 달리기는 정서적으로만 기분 좋게 해주는 것만이 아니라 뇌를 연결시켜 기억력을 강화해주기도 한다.

전 세계 과학자들이 꾸준히 밝혀왔다시피 잠깐이라도 신체 활동에 몰두하면 인지 능력과 심리 건강이 향상된다. 운동 장소가 운동용 실내 자전거[35]나 러닝머신[36] 위이든, 아니면 운동장이든[37] 그 결과는 똑같다. 신체 활동을 하면 가만히 앉아 있는 것보다 인지 수행력이 더 강화되고 집중력도 더 예리해진다.

움직이면 연결된다

실제로 많은 사람이 느끼는 바이지만 다른 사람과 같이 운동을 하면 운동을 일과로 삼기가 더 쉬워질 뿐만 아니라 운동이 더 즐거워진다. 운동 친구를 두면 책임감이 생기고 의욕도 계속 자극받는다. 운동선수들의 경우엔 경기장에서 다져진 공동체 의식이 곧잘 헬스장으로까지 연장된다.

"웨이트 운동에서 정말로 힘든 세트를 끝내거나 컨디셔닝 운동(몸의 컨디션을 최적으로 맞추는 운동으로, 무산소에 가까운 고강도의 유산소 운동-옮긴이)을 하고 나서 나와 똑같은 성취감에 취해 있는 25명의 둘도 없는 동료들을 돌아볼 때보다 기분 좋은 순간도 없습니다."

물론 반드시 정식 팀에 들어가거나 정식 운동 프로그램에 등록해야만 친구와 같이 운동하면서 얻는 효험을 거둘 수 있는 것은 아니다. 가벼운 활동이라도 친구와 함께 하면 혼자서는 내기 어려울 만한 의욕이 북돋워진다. 나는 여유가 생길 때면 나와 같은 의대에 있는 루스 클라크(Ruth Clark) 박사와 같이 점심을 자주 먹는다. 그녀와 만날 때는 항상 운동화를 챙겨야 한다. 클라크 박사가 어디에서든 걷기를 좋아해서다. 딱히 걸을 만한 장소가 없는 곳에 가면 주차장으로 가서 그 입구에서부터 가장 먼 구석까지 걷고 오자고 할 정도이다. 우리는 대중교통을 이용해 이동할 때는 목적지보다 몇 정거장 먼저 내려서 걸어간다. 그녀의 이런 행동은 생리학자로서 자신의 연구실과 강의실에서 설교하는 바를 실천하는 것이다. 하루에 몇 걸음 더 걸으면 병원과 멀어진다는 소신을 몸소 보여주는 것이다. 누군가와 같이 점심을 먹지 않으면 그날 '더 걷는 걸음'이 단지 '몇 걸음' 더가 아닌 그 이상일 수도 있을 것이다. 그녀는 생활 속 전반에 신체 활동을 끼워 넣는 사람이니 말이다. 어쨌든 대학생 시절 전화를 쓰려면 복도를 걸어가야 했던 세대이기도 했다.

*

몸에 시동을 걸면 심리 건강, 과제의 완수 의욕, 스케줄의 효율적 작동, 근심거리로부터 다른 데로 주의를 돌려주는 활동에도 시동이 걸리면서 활력이 생겨 그날의 도전들에 맞설 준비가 갖추어진다. 다음을 명심하기 바란다. 긍정심리학의 목표는 행복을 늘리기 위한 선행 전략을 찾아내는 것이다. 선행적 행복을 다지는 최선책 한 가지는 활동적으로 움직이는 것이다. 운동은 비용이 저렴하고 쉬우면서도 입증된 전략이다. 또 거의 누구에게나 거의 모든 상황에서 도움이 되어주는 전략이다. 하루를 보내다 기분이 가라앉아서 컨디션을 되찾아 해야 할 일들을 마저 처리할 힘을 얻으려 할 때든, 기분이 아주 좋을 때 그 좋은 기분을 계속 이어가길 기대할 때든 어떤 상황에서든 유용하다.

운동이 새내기 성인으로서의 삶에 어떤 영향을 미치고 있는지에 대해 이야기한 어느 수강생의 다음 회고담에는 이번 장의 전반적 내용이 잘 요약되어 있다.

"기분 안 좋은 날이든 기분 좋은 날이든 운동은 언제나 운동하기 전보다 더 기분을 북돋워줍니다. 달리기를 하면 숨 가쁜 속도로 몇 킬로미터를 계속 견디게 몸을 다그치느라 머릿속에 잡생각이 사라져요. 웨이트 운동은 렙(rep. -세트당 반복 횟수-옮긴이) 기록을 깰 때 제 자신이 강해진 느낌을 주어서 좋아요. 그리고 같은 팀이랑 럭비 연습 경기를 할 때는 경기장에서 다 같이 열심히 뛰는 모습을 보면 뿌듯한 기분이 들어요. 운동은 그날 있었던 절망스럽거나 힘든 일로부터 주의를 돌리게 해줘요. 또 중독성 있는 엔도르핀을 마구 분출시켜줘요. 그런다고 문제를 해결해주는 건 아니지만 적어도 그 문제에 대해 기분을 더 가볍게 해주죠. 그리고 무엇보다도 운동은 성취감을 줘요. 목표 웨이트를 들어올리거나, 어떤 경주장을 완주하거나, 트라이(터치다운)를 성공하면 제가 해야 할 일들을 뭐든 다 잘해낼 수 있을 것 같아져요. 그래서 저는 운동을 절대로 건너뛰지 않고 달릴 기회가 생기면 꼭 달려요. 아무리 시간이 빡빡해도요. 운동을 하고 나면 머리가 더 잘 돌아가고 몸도 더 개운해져요.

시각적 요소를 더 좋아하는 이들을 위해 삽화도 준비했다.

힘든 하루였나요?

헬스장에 다녀와보세요!

기분 좋은 하루였나요?

헬스장에 다녀와보세요!

제4장

자고 나면
달라지는 해법들

앞서 소개했던 나의 벗 루스 클라크는 지난 30년 동안 생리학에 몸담아왔다. 현재는 의과대학과 생물학부 양 부문에서 교수직을 맡고 있다. 전문의 수련 과정을 어렴풋이나마 경험해보고 싶어 하는, 열의에 찬 의예 과정의 학생들 사이에서 특히 인기가 높기도 하다. 최근 클라크 교수와 나는 신입생들을 위해 마련된 공개토론회에 함께 나갔는데, 이날의 토론회 주제는 '성공적인 대학생활을 위한 방법'이었다.

토론회 중반에 앞줄의 의욕 넘치는 학생이 손을 들고 질문했다. "클라크 박사님, 오랜 기간 교수로 계시면서 느낀 바에 비추어 볼 때 성공적인 대학생활을 위해 가장 중요한 것이 뭐라고 생각하세요?"

"그 답은 쉬워요. 잠이죠." 클라크 박사가 대답했다.

어려운 과목 수강하기도, 교수님들과 친해지기도, 학과 관련 활동하기도 아닌 잠이라니, 얼핏 들으면 전혀 어렵지 않은 일 같다.

클라크 박사는 매 학년 말이 되면 졸업생들과 함께 자리를 마련해 대학생활에 대해 물어본다. 이 자리에서 대학생활을 가장 잘한 학생들 사이에서 나타나는 경향을 메모해두는데, 살펴보면 해마다 평점이 최상위권에 들거나, 최고의 일자리를 제안받거나, 선망받는 대학원 과정에 합격한 학생들은 대다수 측면에서 서로 다르다. 전공, 공부 전략, 경제 사정, 세인트루이스의 이 대학에 입학하기 위해 떠나온 거리, 참여하는 운동 팀이나 과외 활동 등등이 저마다 제각각이다. 하지만 가장 성공한 졸업생들 사이에서 해마다 꾸준히 나타나는 특징이 하나 있다. 그것도 갓 입학한 신입생이 대학생활을 잘하고 싶어 하는 마음만큼이나 뻔한 특징인데, 바로 잠을 우선시했다는 것이다. 최상위권 성적을 거두고 전반적으로 최상의 행복을 누리며 졸업하는 학생들은 한결같이 매일 밤 8시간의 수면을 취하거나, 적어도 아침마다 상쾌한 기분으로 눈을 뜰 만큼 충분히 잠을 잤다.

하지만 매일 밤 8시간의 수면은 대다수 학생들에겐 꿈 속에서나 가능한 지극히 허황된 일이다(물론, 무슨 꿈이 되었든 간에 꿈이란 것을 꿀 만큼 충분한 수면도 취하지 못할 테지만). 최근에 「허핑턴 포스트」에는 수면 박탈이 "대학의 새로운 표준"이 된 듯하다는 내용의 기사가 올라왔다.[1] 미국대학건강협회(American College Health Association)에서 실시한 조사에 따르면 응답자의 30퍼센트 이상이 지난 12개월 동안 "수면 문제로 정신적 트라우마를 겪거나 큰 어려움을 겪고 있다"라고 답했다. 이전의 7일 중 최소한 3일 동안 "피곤하거나, 지치거나, 졸린"

상태를 겪었다고 답한 응답자도 59퍼센트나 되었다.[2] 학업 방해 요소를 묻는 질문에는 음주, 향수병, 룸메이트 문제, 심지어 우울증도 제치고 "수면의 어려움"을 꼽은 학생이 많았다.

수많은 새내기 성인들이 대학생활 중의 어느 시점에 다음과 같은 상황을 경험하게 된다.

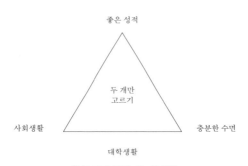

좋은 성적

두 개만
고르기

사회생활   충분한 수면

대학생활

셋 중 둘만 선택 가능한 생활

"이 도표는 워낙 많이들 공감해서 유명해졌어요. 그리고 주로 셋 중 수면이 제외되죠." 한 수강생이 해준 얘기다.

또 다른 수강생은 이렇게 푸념했다. "밤마다 잠을 충분히 잘 수 있으면 집중력과 생산성이 더 좋아질 것 같아요. 그렇지만 학업을 제때 따라가려면 늦게까지 공부해야 해서 잠잘 시간이 줄고, 그러면 다음 날의 집중력이 떨어져버려요. 정말 악순환이에요."

하지만 바로 이 학생은 수면 박탈이 사실상 친구들 사이에서 유대감을 싹틔워주기도 한다고 인정한다. "그런데 친구들도 대부분 저만큼이나 잠을 못 자거나, 저보다도 더 못 자는 애들도 있어요. 그러다 보니 그런 문제로 불평하다가 유대감이 생기기도 해요." 또 다른 학생도 여기에 공감한다. "리포트 마감이 코앞이거나 시험이 닥쳐서 잠을 못자는 일은 다 같이 동질감을 느끼게 해줘요. 그래서 한 친구가 전날 밤이나 그 주 내내 얼마 못 잤다고 투덜거리면 저도 바로 그 불만에 맞장구를 칠 수 있어요."

일부 학생들 사이에서는 경쟁적인 지경까지도 치닫는다. "잠을 얼마나 못 잤는지를 얘기하다 보면 일종의 경쟁이 붙어요. 잠을 덜 자는 '재능'이 뛰어난 것으로 소위 '친구들 사이에서 인정'을 얻으려는 것처럼 돼요."

주위의 인정을 받든 말든 수면 박탈은 새내기 성인의 삶의 질에 걸림돌이 된다. 여러모로 잠은 수수께끼 같다. 평생 동안 날마다 7시간이나 8시간 동안 뱀파이어나 고치 속 애벌레처럼 의식을 잃고 누워 있다는 게 신기하지 않은가? 또한 신기하게 들릴지 모르지만, 우리가 자면서 보내는 시간은 삶의 다른 영역들이 잘 풀리기에 적당한 상태를 잡아준다. 누구나 잘 알 테지만 밤에 잠을 잘 자고 난 후에는 기분이 더 좋아진다. 하지만 전반적 행복과 건강한 삶에서 잠은 일반적인 생각보다 더 중요한 역할을 한다. 밤에 잠을 잘 자고 깬 후에야 풀리지 않던 성가신 문제의 해결책을 얻은 발명가와 예술가 들을 생각해보라. 확실치 않았던 것이 '하룻밤 자면서 생각해 본' 후에야 명료해지는 경우도 많다.

하지만 중요한 것은 수면의 양만이 아니다. 타이밍도 중요하다. 수면 주기를 몸의 자연스러운 리듬에 맞추면 보다 상쾌한 기분으로 깨어날 수 있다. 그리고 밤에 잠을 충분히 못 잔 경우엔 타이밍만 잘 맞추면 낮잠을 통해 (부분적으로나마) 부족한 잠을 벌충할 수 있다. 수면 과학을 이해하면 수면의 효능을 모두 거두는 동시에 '두 개만 고르기' 삼각형의 세 변 사이의 균형을 잘 맞출 수 있게 된다.

하나의 활동으로서의 수면

내가 수업에서 수면의 중요성을 다룰 때 학생들이 가장 흔히 보이는 반응은 낮에 시간이 부족해서 밤잠을 충분히 못 잘 때가 많다는 얘기다. "공부할 게 너무 많아서 일찍 잘 수가 없어요." 한 학생이 하소연했다. 또 다른 학생은 잠을 "게으름의 상징"인 것처럼 얘기했다. 지난 20세기의 유명인사들 중 몇 사람도 잠을 나쁘게 말한 바 있다. 마거릿 대처는 "잠은 무기력한 사람들을 위한 것"이라고 말했는가 하면 토머스 에디슨은 잠을 "시간을 낭비하는 범죄"라고 했다.

이런 말을 했던 사람들은 공통적으로 잠을 우선순위로 삼을 필요가 없다고 여겼다. 대학생이나 정치인이나 발명가 들이나 하나같이 잠보다 시간을 더 훌륭하게 보낼 다른 방법이 있다는 식으로 생각한다. 사실상 일을 할 수 있는 시간에 왜 잠을 자느냐고. 하지만 우리가 깨닫지 못하더라도 우리가 잠을 자는 사이에 뇌는 일을 한다. 그것도 중요한 일을 아주 많이 한다.

학습과 기억력 향상

시험 전날 밤에 수많은 학생들이 직면하는 딜레마는 언제까지 공부하다 자느냐이다. 밤이 점점 깊어지면 자꾸만 갈등이 생긴다. 계속 공부할지, 그만 잘지 갈팡질팡한다. '두 개만 고르기' 삼각형이 작동해 잠자기와 공부하기 중 하나를 선택하라고 부추긴다. 하지만 여러 연구에서 밝혀진 바에 따르면 이 둘은 사실상 떼려야 뗄 수 없는 관계로 이어져 있다. 이쯤에서 세인트루이스의 워싱턴 대학 연구진이 벌인 기발한 연구 얘기를 해보자. 연구진은 일단의 대학생들에게 두 번에 걸쳐 실험 과제를 내주었다.[3] 첫 과제에선 학생들에게 컴퓨터 화면에 하나씩 뜨는 음절 목록을 외우게 했다가, 그다음엔 최대한 많은 음절들을 기억해보라고 했다.

이때 연구에 참가한 학생의 절반(편의상 '그룹 1'이라고 호칭하자)은 오전 9시에 연구실에 와서 첫 번째 과제를 수행했다가 오후 9시에 다시 와서 두 번째 과제를 수행했다. 나머지 절반의 학생('그룹 2')는 그 반대로, 음절 외우기를 밤에 수행했다가 음절 기억해내기를 다음 날 아침에 와서 했다. 두 그룹은 두 과제 사이에 똑같이 12시간의 시간 간격이 있었지만, 그 12시간을 보낸 방식은 크게 달랐다.

그룹 1의 경우엔 암기와 테스트 중간의 시간 동안 평소와 같은 일상 활동을 했다. 수업에 들어가고, 밥을 먹고, 교정에서 놀이를 하고, 친구들과 어울리고, 급한 볼일을 보며 지냈다. 그룹 2의 경우엔 암기와 테스트 중간의 시간을 대부분 잠을 자며 보냈다.

그리고 실험 결과, 암기와 테스트 중간에 잠을 잤던 그룹은 중간 시간에 깨어 있었던 그룹보다 단어를 46퍼센트나 더 기억해 냈다.

이런 결과가 나타나게 된 한 이유는, 우리가 잠을 자는 동안 신경계가 활동하며 그 전날 외웠던 정보의 처리를 도와주기 때문이다. 밤에 잠을 푹 자두지 않으면 그 정보를 기억하고 있다가 나중에 떠올릴 수 있는 뇌의 능력을 방해한다. 다시 한 번 강조하지만 뇌는 우리가 잠을 자는 사이에 많은 일을 한다. 지금부터는 뇌가 어떤 일을 하는지 구체적으로 알아보기 위해 우리가 잠자리에 든 이후에 뇌에 일어나는 일을 살펴보자.

밤샘 중의 뇌

뇌의 깊숙한 안쪽에는 말 그대로 해마 모양의 해마(hippocampus)라는 조직이 자리 잡고 있으면서, 기억을 저장하는 데 중요한 역할을 한다. 책에서 글을 읽거나, 새로운 일을 배우거나, 누군가를 처음 만날 때 우리는 이 해마 덕분에 그 정보를 잘 담아놓았다가 그 책의 내용을 떠올리거나, 새로 익힌 일을 다시 하거나, 새로 안면을 튼 그 지인의 이름을 기억해내야 할 때 다시 끄집어낼 수 있다. 그리고 해마는 우리가 잠을 잘 때 그런 기능을 가장 잘 할 수 있다.

"잠을 자는 동안 기억이 뇌의 보다 효율적인 저장 공간으로 옮겨지는 것이라고 생각하면 된다. 그 결과, 잠에서 깨면 기억 작업을 더 신속하면서도 정확하게, 그리고 스트레스와 불안감은 더 낮은 상태에서 수행할 수 있게 된다." UC 버클리의 신경과학자 매슈 워커(Matthew Walker)의 설명이다.

그로 인해 시험 전에 밤샘 공부를 하는 학생들에게 딜레마가 발생한다. 밤새 공부를 하면 뇌는 그 정보를 받아들이지만[심리학 용어로 부호화(encoding) 과정이 일어나지만] 정보를 기억으로 넘기는 첫 번째 단계에서 그쳐버린다. 다시 말해, 부족한 잠은 극히 중요한 두 번째 단계(저장과 정리)를 등한시하는 결과로 이어진다. 해마의 영역을 활성화시키기 위해서는 잠이 필요하다. 해마가 뇌 속에 부호화된 것을 정리하여 그 정보를 나중에 검색할 수 있게 해주려면 잠을 자야 한다. 이것은 수면 중에 일어나는 뇌의 중요한 일이다. 그 밤 동안 신경회로가 활동에 들어가, 전날 익힌 정보를 이해하고 그 기억을 재활성화시켜 뇌의 주요 영역으로 보내서 다음 날 쉽게 끄집어내도록 정리해준다.

"우리의 연구를 통해 잠이 절차적 기능을 향상시키고 강화시키는 데 아주 중요한 역할을 한다는 사실이 증명되었다. 뇌에 잠을 덜 주면서 효과적 학습을 기대할 수는 없다."[4]

한 수강생은 몸이 전해오는 신호에 주의를 기울이면서 이런 뇌 상식을 잘 활용하고 있다. "특정 시점을 넘어서 밤을 새면 오히려 시험 성적을 잘 내거나 리포트를 잘 쓰는 데에 해가 됩니다. 공부를 하다가 피로가 느껴지고 주의가 산만해지면 저는 그만하고 잠을 자요. 그 시점에서 무리해봐야 역효과가 나서 차라리 다음 날 아침에 일어나서 마저 해요."

또 다른 남학생은 잠을 자면 할 일을 해야 할 깨어 있는 시간이 그만큼 줄어들지만, 역량을 최대한으로 발휘하게 되어 성취도가 더 높다는 사실을 깨달았다. "저는 너무 피곤하거나 졸려서 수업이나 토론 중에, 또 심지어는 모임 중에도 집중력을 잃을 때가 많아요. 정말 모순적이에요. 공부를 더 하려고 잠을 포기하고 버티면 뭘 하든 졸립고 산만한 상태에서 하게 돼요. 그런데 시간을 내서 잠을 푹 잘 자면 어느 때보다 행복하고 창의적이고 생산적인 사람이 됩니다."

따라서 토머스 에디슨이나 마거릿 대처를 비롯해 내 수강생들 일부의 주장과는 달리, 잠은 소중한 시간을 헛되이 낭비하는 것이 아니다. 잠은 단지 하루의 이런저런 활동 후에 우리의 몸과 마음에 휴식을 주는 것으로 그치지 않는다. 잠은 일종의 역동적 인지 과정이다. 우리가 잠이 들면 뇌는 자신의 일을 시작한다. 신경회로가 열심히 일을 개시해 우리가 익힌 것을 기억 속에 새겨놓는다.[5]

밤샘 공부를 하고 싶더라도, 그 밤 시간 중 얼마간이라도 눈을 붙여 뇌가 그때껏 저장된 기억을 정리할 기회를 주는 편이 훨씬 효과적일 것이다. 밤을 새는 시간이 길어질수록 눈앞의 공부에 집중하기가 더 힘들어지기 마련이다. 집중력을 잃지 않고 새로운 내용을 익히는 데 필요한 주의력이 크게 손상되기 때문이다. 더 생산적이고 효율적인 해결책이 사실은 공부를 그만하고 잠자리에 드는 것일 때도 있다.

하룻밤 자고 나서 생각하기

어떤 수강생은 잠을 만병통치약으로 삼기도 한다. "저는 잠을 절대로 소홀하게 여기지 않아요. 잠을 자면 여러 문제가 치료되는 걸 잘 아니까요. 걱정이 있으면 그냥 자면서 잊어버리면 돼요. 좀 아파도 한잠 자면 개운해져요. 피곤할 때도 잠을 자면 그만이죠!"

'자고 나서 생각해본다(sleep on it)'는 표현은 실제로 과학적으로도 뒷받침되고 있다. 여러 연구를 통해 증명된 바에 따르면 어떤 문제를 해결하거나 결정 시의 통찰력을 얻기 위해 애쓰는 사람들에게 잠이 좋은 효험을 내준다. 독일 뤼베크 대학(University of Lübeck)에서 실시된 한 연구에서는 새내기 성인들에게 추상적 규칙이 숨겨진 논리 퍼즐을 풀어보게 했다. 한번 풀어보고 그 규칙에 대한 통찰력을 얻고 나면 이후엔 훨씬 더 빠르고 쉽게 풀 수 있는 논리 퍼즐이었지만, 대체로 그런 통찰력을 얻기까지는 시간이 좀 걸렸다.[6] 연구 초반에 연구진은 학생들에게 퍼즐의 예제를 내주며 감을 익히게 했다. 또한 잠이 이 논리 규칙에 대한 통찰력을 촉진시켜주는지의 여부를 밝히기 위해 실험이 진행되는 날의 시간을 조정했다. 워싱턴 대학의 기억력 연구와 같은 방식으로 실험 참가자를 반으로 나누어 한 그룹은 잠자기 직전의 밤 시간에 퍼즐을 풀게 하고, 나머지 그룹은 아침에 푼 뒤에 그 이후엔 평소와 같은 일과를 이어가게 했다. 그런 다음 모두들 8시간 후에 연구실로 다시 와서 더 많은 퍼즐들을 풀게 했다. 그 결과 중간 시간에 잠을 잤던 학생들이 숨겨진 추상적 규칙을 간파하는 통찰력을 얻은 뒤에 두 번째 퍼즐부터 훨씬 빠르게 풀어나가는 확률이 다른 그룹의 학생들보다 두 배 이상 높았다.

여기에서 중요하게 주목할 부분은, 퍼즐에 처음 접한 시간과 후속 테스트 시간 사이의 시간 간격이 두 그룹 모두 동일했다는 점이다. 두 그룹 간의 달랐던 점은 실험 참가 학생들이 그 시간에 깨어 있었느냐 잠을 잤느냐는 차이뿐이었다. 따라서 잠을 자는 동안의 뇌의 활동이 논리력과 통찰력을 증진시킬 수 있음이 확실해진 것이다. 이 연구의 논문에서는 "잠은 새로 습득한 과업의 심적 표상(물체, 문제, 일의 상태, 배열 등에 관한 지식이 마음에 저장되는 방식-옮긴이)에 영향을 주어 그 숨겨진 과업구조에 대한 통찰력을 촉진시킨다"고 강조하고 있다. 다시 말해 간절한 '유레카!'나 '아하!'의 순간이 하룻밤 푹 자는 것만으로 찾아올 수도 있다는 애기다.

쐐기돌 같은 친구

어떤 수강생은 잠을 함께 어울려 다니는 무리의 핵심 멤버에 비유했다. "잠은 평상시에는 별 주목을 끌지 않지만 없을 때는 무리의 분위기가 크게 바뀌는 그런 친구와 같아요. 무리의 존재와 지탱을 묵묵히 받쳐주는 쐐기돌 같은 친구요."

지금까지 다수의 연구를 통해서도 묵묵히 정서 건강을 지켜주는 수면의 역할이 간파되어왔다. 한 예로 독일 베를린 소재 막스플랑크 인간개발연구소(Max Planck Institute for Human Development)의 연구진은 잠과 심리적 안정 사이의 연관성을 알아보기 위해 100명이 넘는 새내기 성인 그룹을 대상으로 실험을 벌였다. 실험 참가자들은 9일 동안 연속으로 전날 밤의 수면 시간을 연구진에게 알려주었다. 모바일 기기를 통해 연구진이 보내는 메시지에 답변하는 식으로 하루 동안의 정서 상태도 함께 알려주었다. 이를 토대로 평균적으로 따져보니 전날 밤의 수면 시간이 가장 긴 참가자들이 심리 상태가 가장 좋았다. 다시 말해 밤새 푹 쉰 경우엔 하루 중의 행복, 열의, 에너

지는 더 높아지고 분노, 초조함, 좌절감은 더 낮아졌다.[8]

이번 결과 역시 그 원인을 이해하기 위해서는 우리가 자는 동안 뇌가 하는 일에 주목해보면 된다. 우리는 밤사이에 일련의 수면 단계를 거치는데 각 단계는 특유의 패턴과 기능을 띤다. 그중 한 단계가 이른바 렘(REM)수면이다. REM이라는 명칭은 우리 몸에서 실제로 일어나는 현상인 'rapid eye movement(빠른 눈 운동)'을 따서 붙여진 것이다. 가장 깊은 수면 상태이지만 뇌파가 깨어 있을 때와 비슷한 패턴을 띤다는 이유로 '모순적 수면'으로 불리기도 한다. 아직 확실히 규명되지 않은 점들이 몇 가지 있긴 하지만, 렘수면이 수면 사이클에서 중요한 단계이며 특히 두려움이나 분노 같은 감정에 대한 예민성을 낮춰주는 측면에서 그 중요도가 높다는 점만큼은 과학자들 사이에서 공통된 견해다.[9]

해마와 이웃한 뇌의 또 다른 조직인 편도체(amygdala)도 정서 상태에 중요한 역할을 맡고 있다. 편도체는 우리가 두려운 상황이나 불안 유발 상황에 직면할 때 경고를 보내주는 조직이다. 편도체가 과민해지면 우리는 무해한 일조차 잠정적 위협으로 해석하기 시작해서 불확실한 상황을 실제보다 더 불안하게 받아들이기 쉽다. 이럴 경우의 구제책은 대체로 충분한 숙면이다. 특히 렘수면 시간이 긴 질 좋은 숙면이면 더 좋다. 렘수면은 편도체 활동성의 감소와 연관되어 있어서, 본질적으로 두려움을 억제하고 잠재적 위협에 덜 민감하게 해준다. 렘수면이 부족하면 과민한 편도체의 영향으로 다음 날 더 신경이 날카롭게 곤두서서 다른 때 같으면 그냥 넘어갈 상황

에도 더 예민하게 반응하게 된다.[10]

잠을 쐐기돌 같은 친구로 비유한 학생은 그 중요한 친구인 잠이 길을 잃을 때 어떻게 되는지를 잘 알고 있었다.

"밤에 잠을 제대로 못 자면 부정적이고 냉소적인 불평꾼으로 변해서 말도 못하게 까칠해집니다. 재깍거리는 시계 소리, 도서관 3층에서 누가 과자 봉지 뜯는 소리 같이 뭐든 조금만 신경을 건드려도 화가 치밀어서 금방이라도 폭발할까 봐 그 짜증 나는 곳에서 씩씩대며 나와 버리게 돼요. 잠은 삶이 잘 지탱되게 지켜주는 보약이에요."

비축된 행복이 고갈되어 사사건건 화가 날 때는 대체로 충분한 숙면이 행복을 재충전하는 최선책이다. 대학원 시절의 지도 교수님은 다음 날을 상쾌하게 시작하게 해준다는 의미에서, 잠을 뇌의 리셋 버튼 누르기에 비유했다.

*

지금까지 잠이 선사해주는 효험을 쭉 살펴봤다시피, 수면 시간을 늘리면 결과적으로 명료한 정신과 행복한 정서를 누리게 된다. 하지만 이런 수면 지식을 실생활에 적용하는 것은 그 자체로 만만한 일이 아닐 수도 있다. 잠의 자연적 효험을 활용할 수 있게 의도적으로 습관을 들이는 방법을 알아보자.

수면의 리듬

우리 인간의 체내 시계는 '일주기 리듬(circadian rhythm)'에 따라 돌아간다. 'circadian rhythm'는 라틴어 'circa dies(대략 하루)'가 어원이며, 대략 하루 동안 주기적으로 일어나는 호르몬 변동과 생리적 변동을 뜻한다. 이런 일주기 리듬은 햇빛의 일일 리듬(매일 아침 해가 트고 매일 저녁 해가 지는 리듬)을 비롯한 여러 자연 발생적 일일 리듬들과 조화된다. 특히 우리의 각성 수준은 체온에 따라 조화되며, 체온은 수면 주기와 연계되어 있다. BBC에서 수집 정리한 다음의 도표를 보면 체온은 밤 동안에 가장 낮다. 이때는 각성 수준도 낮다. 그러다 아침이 밝아오면서 체온과 각성 수준 모두 점점 상승하면서 곧 다가올 낮 시간에 필요한 에너지를 북돋워준다. 결과적으로 따져보면 잠은 신체의 자연스러운 일주기 리듬에 대략적으로 맞출 때 가장 생산적이면서 가장 상쾌감을 준다. 오후 11시경에 취침해서 오전 7시경에 기상하는 것이 최적의 표준이다.

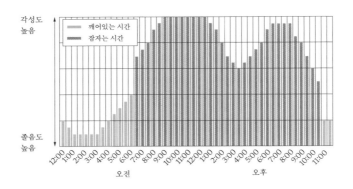

대다수 대학생은 자정도 되기 전에 잔다는 생각 자체에 코웃음을 칠지 모른다. 대학생활이 가하는 압박 탓에 어림도 없다며 비웃을 만도 하다. 많은 학생들은 8시간을 꽉 채워 잔다는 것도 웬만해선 누리기 힘든 사치라고 여길 것이다. 이런저런 할 일로 빠듯한 시간을 생각하면 그럴 여유가 없다고 말이다.

　그렇다면 한 가지 해결책이 있다. 낮잠을 자는 것이다. 다음은 자칭 '아침형 인간'이라는 한 수강생의 얘기다. "저는 눈을 떠서 점심을 먹고 난 다음까지는 기운이 아주 생생하다가 그때부터 좀비로 변해요. 오후 4시쯤 되면 낮잠을 자야 해요. 거의 매일 낮잠을 자요." 이 학생은 혼자만 그런 것이 아니니 너무 걱정할 필요가 없다. 최근의 여론조사 결과에서 밀레니얼 세대(1980년대 초반부터 2000년대 초반 출생한 세대-옮긴이)의 절반 이상이 일주일에 최소한 한 번은 낮잠을 자는 것으로 나타났다.[11]

　앞의 장에서도 했던 얘기지만 「투데이」의 진행자 윌리 가이스트는 매일 아침마다 스튜디오에 늦지 않기 위해 새벽 3시 30분에 일어나야 한다. 그런 그가 말하길, 그런 스케줄대로 생활하는 사람에게는 낮잠이 행복과 건강의 열쇠라고 강조한다. "낮잠이 필요한 데도 지나치게 자만하느라 (또는 아직 젊답시고) 잠깐 눈도 못 붙여서야 되겠는가. 밤에 해야 할 일이 있어서 일찍 못자면 슬쩍 낮잠이라도 자서 부족한 잠을 채우겠다."[12]

　앞의 연구 사례를 다시 떠올려보자. 워싱턴 대학의 연구에 참가한 학생들은 잠의 도움으로 기억력 테스트에서 더 많은 음절을 기억해냈다. 뤼베크 대학의 연구에 참가한 학생들도 논리 퍼즐에 대한 통찰력을 더 용이하게 얻었다. 수면 후에 향상되는 것은 기억력과 통찰력만이 아니다. 피아노 연주나 댄스 안무 익히기 같은 절차적 과제에서도 비슷한 효험이 밝혀졌다. 다수의 연구에서 잠깐의 낮잠만으로도 수행력이 향상되는 결과가 나타났다. 일본 와세다 대학 연구진은 일단의 대학생들에게 저글링 요령을 가르쳐주었다. 우선 연습 시간을 가진 후에 이 학생들을 두 그룹으로 나누어 한 그룹은 2시간 낮잠을 자게 하고 다른 그룹은 그 2시간 동안 책을 읽거나 영화를 보게 했다. 초반의 연습 때 두 그룹 간의 저글링 실력에는 차이가 없었지만 2시간 후에 낮잠을 잔 그룹이 3볼 캐스케이드 저글링(캐스케이드란 오른손으로 던진 공을 왼손으로 받고 왼손은 받은 공을 다시 오른손으로 보내는 방식을 말한다-옮긴이)에서 훨씬 더 좋은 실력을 보였다. 단지 낮잠만으로 저글링을 처음 배운 사람들의 운동 기능이 강화되었다는 얘기다.[13]

물론 경우에 따라서는 낮잠을 잤다가 차라리 낮잠을 안 잔 것보다 못할 때도 있다. 누구나 겪어봤을 테지만 취한 것처럼 멍한 정신으로 낮잠에서 깨기도 한다. 그래도 안심해라. 타이밍만 잘 맞추면 낮잠으로 상쾌하게 기분 전환을 하고 활기를 충전시킬 수 있으니까. 시간을 많이 뺄 필요도 없다. 들어봤을지도 모르겠지만 '파워 냅(power nap, 원기회복 낮잠)'을 자면 된다. 연구로 밝혀지고 있듯 대낮에 한잠자면 실제로 강력한(powerful) 효과를 볼 수 있다. 단 타이밍이 잘 맞아야 한다는 단서가 붙는다. 여기에서의 타이밍이란 언제쯤 낮잠을 자느냐와 얼마나 오래 자느냐의 문제다.

파워 냅의 과학

우선 낮의 어느 시간쯤이 좋은지 살펴보자. 일부 과학자들이 밝혀낸 바에 따라면 잘못된 시간에 낮잠을 자면 사실상 역효과가 나서 득보다는 실이 많을 소지가 있다. 우리의 일주기 리듬을 나타내는 도표를 다시 보자. 이때는 체온이 하루 동안의 각성 수준에 조화를 이룬다는 점도 기억하며 보자. 아침에는 각성도가 아주 높고 활동적이다가, 대체로 점심시간 직후인 오후 중반에는 그래프가 급강하하고 있다.

몇몇 과학자들은 이 급강하의 시점을 오후 중반의 수면 문(mid-afternoon sleep gate)이라고 부른다. 낮잠을 자기에 최적의 타이밍이라는 점을 강조한 명칭이다. 이 타이밍은 각성도가 자연스럽게 급강하하는 것과 조화되지만 여전히 밤 시간까지는 멀어서 체내 시계를 리셋하지는 않는다. 게다가 낮잠에서 깰 쯤엔 체온이나 각성도 모두 다시 자연스러운 상승선을 탄다. 따라서 낮에 낮잠을 자야 할 경우 오후 3시와 4시 사이의 시간대에 자면 신체의 자연스러운 피로 및 각성 리듬을 잘 이용하게 된다.

경우에 따라 하루 내내 공부나 이런 저런 활동을 하다 저녁을 먹은 후 잠의 유혹에 빠지는 사람들도 있다. 하지만 '오후 중반의 수면 문'을 말하는 바로 그 과학자들은 이 저녁 시간(저녁 7시부터 9시)을 수면 금지 시간(forbidden zone of sleep)으로 칭한다. 그 시간에 꾸벅꾸벅 졸다 잠들면 일주기 리듬에 혼란을 일으켜 자칫 그날 밤의 숙면 주기가 방해받기 때문이다. 오후 중반의 수면 문에 맞춰 낮잠을 자면

이 저녁 시간대에 피로가 느껴지지 않도록 완충제 역할을 해주기도 한다.[14] 다행히 대다수 대학생들이 이 수면 문을 이용하기에 특히 유리한 입지에 놓여 있다. 가능하다면 수업이나 공부 스케줄을 오후 3시에서부터 5시까지 비워두는 식으로 짜면 된다.

이번엔 낮잠을 자고 개운한 기분이 될지 말지를 결정하는 두 번째 문제인, 낮잠의 시간을 알아보자. 이번 장에서 살펴본 수면의 모든 효험을 감안하면 스케줄이 허락하는 한 최대한 낮잠을 자야 할 것 같은 생각도 든다. 자유 시간이 30분이나 45분이나 60분 정도 된다면 그 시간 내내 자는 것이 좋지 않을까? 인지력과 기분을 향상시켜주는 신경 연결이 충분히 일어나게, 우리의 뇌에 시간을 넉넉히 주면 좋지 않을까? 결론을 말하자면 그렇게 해선 안 되며, 여기에는 그럴 만한 이유가 있다. 생산적인 낮잠에는 엄격한 시간제한이 필요하기 때문이다.

하루 동안 체온이 변동하는 것과 마찬가지로 뇌파도 우리가 자는 동안 변동이 일어난다. 다음의 그래프를 보자. 자는 사이 뇌파에 일어나는 변화를 보여주는 그래프이다. 그래프의 세로축에 일련의 단계가 표시되어 있는데 각각의 단계에서 뇌파가 점점 느려지고 있다. 그러다 잠에서 깨면 뇌파가 빨라지면서 무엇이든 그 순간의 활동이나 생각에 충분히 집중하게 해준다. 이제는 정신이 명민해지면서 눈앞의 정보를 거뜬히 처리하게 해준다.

우리는 피곤해지면 뇌파가 점점 느려지다 마침내 수면 1단계로

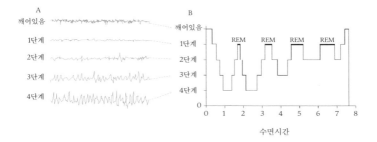

들어선다. 수면 1단계에서 2단계로 옮겨가면 그 뒤에는 서파수면 (slow-wave sleep, SWS)인 3단계와 4단계까지 넘어간다. 뇌파가 느려질 수록 점점 깊은 수면에 빠진다. 이 깊은 수면의 단계는 잠에서 깨기 가 제일 어려운 단계이기도 하다. 시끄러운 소리나 짜증스러운 알람 소리에 가슴이 덜컥하거나 혼미한 정신을 느끼며 깨어본 적이 있다 면 깊은 수면의 단계 중에 깬 것일 가능성이 높다. 이때 뇌는 느닷없 이 3단계나 4단계의 느린 뇌파에서 명료한 의식상태인 각성에 필요 한 빠른 뇌파로 작동해야 한다.[15] 그래서 혼미한 기분을 느끼게 된다.

이 그래프 상에는 수면 사이클을 이해하는 데 중요한 두 가지 특 징이 있다. 그 첫 번째는 깊은 잠에 빠져들수록 뇌파가 점점 느려진 다는 것이고, 두 번째 특징은 주기적인 패턴이다. 잘 보면 약 한 시 간 후에 주기가 바뀐다. 느린 뇌파의 수면에서 더 빠른 뇌파의 수면 으로 되돌아가고 있다. 또 그 뒤엔 다시 뇌파가 느려진다.

이런 사이클을 알면 개운한 기분으로 깨는 데 유용하다. 가능한 한 뇌파가 깨어 있는 상태에 가까울 때 깨도록 맞춰서 자야 한다. 보 다시피 일단 잠이 들면 뇌파가 다시 느려지기까지는 그리 오래 걸리지 않는다. 대략 1시간 내에 가장 깊은 수면 단계에 빠진다. 따라서 1시간의 낮잠은 최악의 선택이 된다. 혼미한 정신 상태에서 멍한 기분으로 깨어나기 십상이기 때문이다. 이런 상태는 현상 과학자들 사이에서는 수면 무력증(sleep inertia)으로 불리는데, 느린 뇌파 수면 중에 깨어났을 가능성이 높다는 징후이다.

수면 무력증은 20분 정도의 낮잠을 잔 후에도 나타날 수 있다. 사람에 따라 차이가 나타나긴 하지만 수많은 연구에서 증명된 바에 따르면, 파워 냅의 최적 시간은 10분으로 추정된다. 10분 정도의 낮잠이 피로감을 줄이고 집중력을 강화시켜서 원기를 회복하기에 유용하다.[16] 10분보다 짧게 자면 낮잠의 효험을 제대로 끌어내지 못하기 십상이고 또 10분을 훌쩍 넘기면 깨어나기 더 힘들어지는 수면 상태로 들어가 버린다. 물론 낮잠에 90분을 할애한다면 애기는 달라진다. 90분 정도 자면 수면의 한 사이클을 마치게 되어, 빠른 뇌파에서 느린 뇌파로 바뀌었다가 다시 빠른 뇌파로 돌아올 테니까.

일부 과학자들의 주장대로라면 느린 뇌파의 수면 중에 깨었다가 수면 무력증을 느끼는 것은 수면 박탈보다도 훨씬 안 좋다.[17] 좀비처럼 혼미한 정신은 명료한 사고를 비롯해 그 외의 인지 활동을 방해한다.[18] 결국 무력증이 가라앉을 때까지 지력이 저하된다. 따라서 낮잠을 잘 만한 여유 시간이 60분뿐인데 10분이나 15분만 자고 깨어날 자신이 없다면, 그냥 건너뛰길 권한다. 차라리 낮잠을 안 자는 편이 훨씬 나을 것이다.

하지만 낮잠을 자다 수면 무력증 상태로 깨어나게 된다 해도 그 영향을 감소시키고 각성 상태를 회복하는 데 유용한 전략이 몇 가지 있다. 이럴 땐 밝은 빛을 쬐면 좋다. 그것도 가능하다면 자연광인 햇볕을 쬐는 것이 좋다. 찬물로 세수를 하는 방법도 혼미한 정신을 깨우는 데 효과가 있다. 미리 낮잠 시간을 맞출 수 있으면 낮잠을 자기 5분 전에 커피를 마시거나 다른 카페인 함유 식품을 섭취해두면 유용하다. 설마 싶겠지만, 이 방법은 정말 유용하다! 카페인이 각성 효과를 나타내기까지는 시간이 얼마쯤 걸린다. 따라서 카페인 섭취 전략은 낮잠을 못 자게 방해하지도 않을 뿐더러 낮잠이 깊은 수면 단계까지 빠져들어 무력증을 유발하기 전에 각성 효과를 내준다.[19]

잠들기

앞의 뇌파 차트를 다시 한 번 보자. 잠에 빠져들기 위해서는 뇌파가 느려져야 한다. 잠이 잘 안 오는 이유는 대체로 자꾸 활동을 유발하는 뭔가가 있기 때문이다. 다시 말해, 불안감이나 할 일, 아니면 대다수의 경우에 IT 기기 때문이다. 노르웨이 베르겐 대학(University of Bergen)의 연구에서는 이 대학 학생의 75퍼센트 이상이 잠을 자러 침대에 누운 후에 스마트폰으로 게임, 웹 서핑, 문자를 하는 것으로 조사되었다. 그리고 잠자리에서 이런 기기를 사용하는 빈도가 많을수록 불면증이나 주간졸림증(낮 시간에 심하게 졸음이 오는 상태-옮긴이) 증상을 나타낼 가능성이 높게 나왔다.[20]

문자에 답하거나 최신 뉴스를 읽으면 뇌파가 계속 활발해지고, 그러면 들기가 더 힘들어질 수 있다. 게다가 얼굴 바로 앞에서 비치는 이런 기기의 빛은 멜라토닌 분비를 방해하기까지 한다. 이 멜라토닌은 뇌에 분비되어 피로감을 느끼도록 유도하는 호르몬이라 수면에 중요하다. 잠이 잘 안 와서 애를 먹고 있다면 주위에 뇌파를 활성화시키고 멜라토닌 분비를 억제할 만한 것들이 없는지 주의 깊게 살펴봐라. 노트북을 닫고, TV를 끄고, 스마트폰을 손이 닿지 않게 멀리 놔둬라.

일관성이 중요하다

질 높은 수면을 보장해주는 또 하나의 방법은 매일 밤마다 대충 비슷한 시간을 자는 것이다. 한 수강생은 밤마다 수면 시간이 아주 들쭉날쭉이었던 2학년 때의 어느 3주를 이렇게 떠올렸다. "시험, 리포트, 프로젝트, 과제를 한꺼번에 하려니 너무 버거웠습니다. 스케줄에 다 짜 넣기가 힘들 정도였어요. 그러다 어느 순간부터는 툭하면 잠자는 시간을 줄이게 되었어요. 대학생들이 흔히 그렇듯 저 역시 겨우 몇 시간 눈을 붙이게 되어버렸어요." 그 주 동안의 수면 결핍을 채우기 위해 이 학생은 토요일과 일요일에 잠을 몰아 잤다. 새내기 성인들 대다수가 신용카드와 학자금 대출로 빚을 늘려가는 것을 예삿일로 여기게 되었다지만 신경과학자들이 한목소리로 말하는 것처럼 수면 빚을 지면 갚을 방법이 세상 어디에도 없다.

실제로 한 수강생은 수면 빚을 갚으려 했다가 혹독한 뒤탈을 맛봤다.

"평일에는 잠이 부족하다가 주말이 되면 평일과 다르게 자다 보니 저 자신이 이상하게 변해갔어요. 몸이 피곤하니까 평균 생산성은 곤두박질치는데 그 와중에도 공부를 계속해야 했어요. 다른 애들과 만나거나 소통을 나누는 일에 통 관심이 안 생기고 적대적인 기분이 되어갔어요."

이 학생의 경험담은 이 주제와 관련된 연구 결과와 일맥상통한다. 위스콘신 대학 매디슨 캠퍼스에서 시행된 연구에서 성인 수백 명에게 액티워치(Actiwatch)를 나누어주었다. 이 액티워치는 손목시계처럼 차는 소형 기기로, 총 운동 활동량을 측정하고 매일 밤의 수면 시간을 기록하는 기능을 했다. 실험 참가자들은 일주일 내내 액티워치를 차고 지내며 연구진에게 수면 패턴과 그 외의 생활 측면들 사이의 연관성을 밝힐 만한 자료를 제공해주었다. 연구진이 수집 자료를 살펴본 결과, 한 사람의 심리 안정을 가늠할 가장 효과적인 예측인자는 매일 밤 거의 같은 수면 시간을 지킬 수 있느냐의 여부였다. 그 주 동안 수면 변화가 가장 심했던 사람들이, 스트레스를 비롯한 부정적 정서에 빠지는 경향이 제일 높게 나왔다.[21]

연구진은 또 다른 측면에도 주목했다. 불규칙한 수면 스케줄이 불면증 같은 또 다른 수면 문제들을 유발할 수도 있다는 점이었다. "밤에 잠을 제대로 못 잔 사람들은 이후의 밤에 더 오래 자는 식으로 '밀린 잠을 자고' 싶어 하기 십상이다. 이런 식의 수면 보충은 피로감과 졸음을 일시적으로 개선시켜줄지 몰라도 결과적으로 그 다음날 밤의 수면의 질을 더 악화시킬 위험이 있다. 너무 긴 잠은 오히려 다음 날 잠을 잘 못 이루게 만들 수 있기 때문이다."

캘리포니아 대학에서 수행한 또 다른 연구에서는 기복이 큰 수면 주기를 가진 십대들이 일정하게 잠을 잘 자는 십대들보다 일상생활에서 부정적 기분에 더 자주 빠지는 경향이 발견되었다. 이 연구의 논문에 따르면 "일상적 심리 안정에서 나타나는 개인별 차이의 원인을 찾는 측면에서는 새내기 성인들의 수면 시간 변동성이 평균 수면 시간만큼이나 중요한 의미를 띤다." 다시 말해, 오늘 밤에 잠을 푹 자는 것만으로는 부족하다. 일정하게 잠을 푹 자야 한다.[22] 일정하게 (밤마다 6~8시간의) 최적 수면을 취하는 성인의 경우 비교적 우울증과 불안감에 빠질 가능성이 낮고 자기주도 목표의 달성 가능성은 높다.[23]

한 수강생은 수면의 일정성이 중요하다는 사실을 알고 나서 일정한 수면 스케줄을 지키기 위한 방법을 찾아냈다. 바로 수면 추적이었다. "저는 '생체시계'라는 생물 수업을 들었는데 이 수업에서는 학기 내내 자신의 수면 스케줄을 도표로 작성해야 했어요. 그런데 도표를 작성하면서 그 신체 징후를 보니 저의 나쁜 수면 습관을 고치고 싶어졌고 그래서 일정한 시간에 자기 시작했어요." 그 뒤로 도표상에 급격하게 꺾이는 선이 거의 눈에 띄지 않게 되었을 뿐만 아니라 심리적으로도 큰 보상을 얻었다. "아침에 정신이 더 말똥말똥해졌어요. 더 잘할 수 있을 것 같은 자신감도 들었어요(실제로도 성적이 팍 올랐어요). 그리고 저 자신에 대해 전반적으로 더 만족감을 느껴요. 아침에 일찍 일어나니까 일찍부터 공부할 수도 있어요."

잠을 우선순위에 두고 매일 밤 일정한 수면을 취하면 다음 날 목표를 계속 달성해가는 데 필요한 활력과 집중력이 생긴다. 일정한 수면 습관을 들이면 행복을 늘려주는 또 다른 활동들(예를 들어, 운동)의 일정한 습관을 세우는 데도 밑거름이 되어준다.

*

수많은 대학생들이 수면, 사회생활, 좋은 성적 사이에 균형을 잡는 일에 힘들어한다. 하지만 대부분은 일련의 시행착오를 거친 끝에 하나의 체계를 궁리해낸다. 참고로, 다음은 내 수강생들 중 세 명이 졸업을 불과 몇 주 앞두었을 때 자신들이 직접 경험한 효과를 바탕 삼아 들려준 조언이다.

1. 공부는 얼마나 많이 해야 하고 잠은 언제 자야 하는지 결정하지 못해 아직까지 애를 먹는 학생들을 위한 조언

"잠을 잔 뒤에 푹 쉬어서 회전이 잘되는 머리로 시험 문제를 더 잘 분석해 바른 답을 고르는 방법과, 머릿속에 외울 내용을 조금이라도 더 꾸역꾸역 밀어 넣는 방법 중 어느 쪽이 더 많은 문제를 맞힐 것 같은가요? 둘다 비슷할 것 같다면 차라리 잠을 자세요. 직접 겪어봐서 하는 얘기지만, 밤에 잠을 잘 자두면 지능적으로나 정서적으로나 얻는 효과가 굉장합니다. 그런데도 학생들이 수면의 효험을 과소평가하는 것 같아 아쉬워요."

2. 너무 바쁘다고 하소연하는 학생들을 위한 조언

"4학년 진학이 다가오던 시기에 1, 2학년 때부터 이어져온 수면 박탈의 경향을 깨고 싶어졌어요. 그래서 지금은 정신없는 대학생이지만 빡빡한 스케줄을 잠을 안 잘 핑계로 삼지 않아요. 공부 습관을 고쳐서 이젠 새벽 1시 전에 자고 일찍 일어나 공부하는 습관을 들이게 됐죠. 그 뒤로 대인관계도 좋아지고, 정신이 더 말똥말똥해지고, 성적도 올랐어요."

3. 그리고 토머스 에디슨이나 마거릿 대처처럼 규칙적인 수면을 취할 만큼 한가하지 않다고 말하는 이들에게 건네주고픈 이야기

"내 친구들은 항상 나를 보면서 놀라워해요. 어떻게 매일 밤 9시간을 자면서도 학교생활을 그렇게 잘 하냐고요. 어떻게 그렇게 시간에 여유를 부리느냐고요. 그 이유는 잠을 더 자면 더 많은 시간을 벌기 때문이에요. 잠자는 시간에 투자하면 깨어 있는 시간에 대다수 친구들보다 훨씬 더 생산적이고 효율적이면서 스트레스는 덜한 상태로 지내게 되거든요. 마음 같아선 옥상에 올라가서 큰 소리로 알려주고 싶어요. '잠에 투자하세요!'라고. 그러면 낮의 그 빠듯한 시간을 훨씬 더 효과적으로 쓸 수 있어요. 그리고 시험 때마다 지금처럼 많은 시간을 시험공부에 매달리지 않아도 돼요. 기억력이 훨씬 좋아질 테니까요(아니면 말똥말똥한 정신으로 수업을 들은 덕분이거나요)."

몇 년 전에 나는 1학년 수강생들에게 그 첫 학기 동안의 매주 수면 시간을 리포트로 써서 내게 했다. 4년 후에 그 학생들을 추적 조사해 봤더니 신입생 때의 수면 시간이 4학년 시기에 느끼는 안정감과 더불어 학점과도 연관성을 띠고 있었다. 대학 입학 초반에 더 잘 자는 것이 대학생활 말기의 더 좋은 수면 및 더 좋은 성적으로까지 이어지고 있었다는 얘기다. 일찌감치 바람직한 수면 패턴을 잡아두면 장기적 성공을 위한 유리한 고지를 확보할 수 있다.

성년기에는 새로운 경험들을 접하고, 이것저것 지식을 쌓아야 하고, 여러 가지 결정을 내려야 하고, 나아갈 방향을 잡기 위한 통찰력을 키워야 한다. 게다가 이 모든 일이 유발하는 스트레스까지 감당해야 한다. 그래서 깨어 있는 동안 이리 뛰고 저리 뛰기 마련이다. 뇌에게 필요한 시간을 좀 줘라. 잠들어 있을 동안 뇌가 해야 할 일을 처리하도록 시간을 줘라. 그러다 보면 대학생활 삼각형의 모든 변 사이에 균형이 맞추어지게 되어 있다. 일정한 숙면으로 휴식을 취하는 것이 정 어렵다면 가능한 한 오후 3시를 파워 냅을 위한 시간으로 비워두길 권한다.

제5장

아무것도 하지 않는
시간의 힘

지난봄에 나는 수강생들에게 과제를 내줬다. 평생 해본 것 중 제일 쉬운 과제로 보일 법한 과제였다. 책의 일정 구절을 읽어오거나, 문제를 풀거나, 뇌 구조를 외우거나, 개인적 견해를 써내지 않아도 되었기 때문이다. 사실, 아무것도 할 필요가 없었다. 그냥 6분 동안 가만히 앉아 아무것도 하지 않고 있으면 되었다. 학생들을 너무 쉽게 풀어준 게 아니냐고? 글쎄, 학생들의 반응을 듣고 나면 생각이 달라질 것이다.

한 수강생은 이 과제를 "별나게 어려운" 일이었다고 말했고 또 다른 수강생은 "고역이 따로 없었다"라고 했다. 그런가 하면 "무진장 힘든" 일이었다고 말한 학생도 있었다. 하지만 그 학기의 다른 과제들과 비교하면 이 과제에서 학생들이 따를 지침은 다음과 같이 지극히 단순했다.

조용한 곳으로 가서 6분 동안 기분 좋은 일을 생각하면서 즐거운 시간을 가져본다. 컴퓨터나 스마트폰같이 주의를 산만하게 할 만한 물건은 다른 곳으로 치우고, TV나 라디오를 끄고, (알람을 설정해놓고) 6분간 조용히 앉아서 머릿속 생각에만 집중한다. (하이킹 떠나기, 좋아하는 식당에서의 외식, 휴가 떠나기 등) 하고 싶은 일을 생각해도 좋다.

규칙은 다음의 두 가지뿐이다.

1) 그 자리에 계속 앉아 있기
2) 졸지 말고 깨어 있기

이 정도면 쉬운 일 아니냐고? 하지만 나는 요즘같이 빠르게 돌아가면서 자극거리가 끊임없이 손짓하는 세상에서 학생들이 스마트폰을 내려놓고 노트북도 끈 채로 그냥 혼자서 조용히 앉아 있으면 어떻게 반응할지 알고 싶었다. 6분 동안, 그러니까 지미 펠런(Jimmy Fallon)이 「투나잇 쇼(The Tonight Show)」의 오프닝 멘트 하나를 말할 정도의 그 시간 동안 학생들이 과연 끝까지 버틸 수 있을지 궁금했다.

결과는 놀라웠다. 30퍼센트가 넘는 학생이 스마트폰을 보거나, 종이에 뭔가를 끄적이거나, 자리에서 일어나지 않으면서 6분간 가만히 있는 데 실패했다. 이 학생들 중에서도 36퍼센트는 그 과제의 수행에 집중하기가 아주 어려웠다고 밝혔다. 그때껏 내가 내준 가장 쉬운 과제처럼 보였던 과제가 결국엔 내가 가르쳤던 수업을 통틀어 가장 낮은 완수율을 나타내고 만 셈이었다. 한 수강생의 말로는, 아무것도 하지 못하게 되자 시공간이 다르게 느껴졌다고 한다.

"2분쯤 되자 컴퓨터를 켜고 싶어 손이 근질거렸어요. 6분은 정말 짧은 시간이데도 그 2분이 굉장히 길게 느껴졌어요. 내가 아무것도 하고 있지 않다는 느낌이 들었어요. 웹 서핑을 하거나 숙제를 하고 있었다면 그 6분은 시간이 가는 줄도 모르는 채로 지나갔을 텐데 말입니다."

과제를 완수하여 6분이 끝날 때까지 조용히 앉아 있었던 학생들 중에서도 98퍼센트는 중간에 무슨 오락거리가 없을지 생각하느라 적어도 한 번은 딴 생각을 했다고 밝혔다. 그리고 절반의 학생들이 딴 생각이 아주 많았다고 했다. 한 학생은 '거의 불가능한' 과제였다고 말하기도 했다.

이런 결과는 나에겐 어느 정도 예상된 바였다. 사실, 이 과제는 그 이전 해에 한 과학자가 버지니아 대학의 재학생들을 대상으로 펼친 비슷한 실험의 연구에서 착상을 얻은 것이었다.[1] 내 수업의 수강생들과 다를 바 없이 버지니아 대학의 연구에 참가했던 이 새내기 성인들도 대다수가 딴 생각을 하지 않으면서 끝까지 그 과제의 수행에 집중하기를 어려워했고 많은 학생들이 그 경험을 즐겁게 받아들이지 않았다. 또한 여러 과학자들이 이와 같은 연구를 수차례 벌이면서 이 점이 신뢰성 있는 사실임을 밝혀냈다. 사람들은 혼자서 조용히 있는 것을 좋아하지 않으며 그렇게 조용히 있는 것만 아니라면 거의 뭐가 되었든 그 일을 하고 싶어 한다.

한편 실험에 참가한 학생들이 6분 동안 조용히 있으면서 전기충격을 받았던 연구도 있었다. 이 실험에서 학생들은 생각을 하며 즐거운 시간을 보내는 것이 최우선 과제라는 지침을 받았다. 하지만 원한다면 자진해서 전기충격을 받을 수 있는 선택권도 주어졌다. 연구 진행 초반에 다들 전기충격을 경험해본 터라 학생들은 이미 그 불쾌한 느낌을 잘 알고 있었다. 학생들은 거의 모두가 전기충격이 불쾌했다고 밝혔다. 심지어 대부분의 학생이 이후 연구 과정에서는 돈을 내고라도 그 전기충격을 다시는 경험하고 싶지 않다고 말하기까지 했다.

따라서 논리적으로 따지자면 자진해서 이 불쾌한 자극을 받을 학생은 한 사람도 없을 것으로 추정할 만하다. 하지만 얼마나 많은 학생이 이 고통스러운 자극을 받을지 관찰하던 연구진은 충격적인 결과를 보게 되었다. 여학생은 4명 중 거의 1명이, 남학생은 3명 중 2명이 조용히 생각하기 시간 동안 적어도 한 번은 자진해서 전기충격을 받았던 것이다. 이런 학생들의 대다수는 그 횟수가 한 번을 넘었다!

실험에서 명백히 드러났듯, 불쾌한 것(전기충격)이 자신의 생각 외에는 아무런 동행도 없는 고독을 이어가는 것보다 선호되었다. 어떤 사람들은 생각을 하면서 혼자 있게 되면 생각이 금세 부정적인 쪽으로 흐르기도 한다.

"아주 힘든 일이었습니다. 하나의 주제에 계속 집중하지 못하고 딴 생각이 자꾸 들었어요. 처음엔 지시받은 대로 즐거운 주제 하나를 떠올려 자주 가는 식당에 가서 밥 먹는 생각을 했어요. 친구들과 그 식당에서 치즈 퐁뒤를 맛있게 먹는 상상을 했어요. 하지만 얼마 지나지 않아 그 식당이 제가 정말로 좋아하는 그 치즈 퐁뒤 판매를 중단했다는 게 기억났어요. 그래서 다른 즐거운 주제를 생각해보다가 지난번에 세인트루이스 코믹콘(만화박람회)에 갔던 일을 떠올렸어요. 안타깝게도 이번에도 또 안 좋은 쪽으로 생각의 초점이 빗나갔어요. 올해의 세인트루이스 코믹콘이 졸업식 일주일 후에 열려서 못 가겠다는 생각이 들었던 거예요. 6분이 이런 식으로 지나갔어요. 저는 아주 긍정적인 주제에 집중하려 애썼지만 저도 모르게 생각이 자꾸 부정적인 쪽으로 흘러갔어요."

또 어떤 사람들은 그런 식의 생각하기만 아니라면 무슨 일이든 다하겠다는 심정을 갖기도 한다.

"엄마 생각을 하면서 엄마와 즐겁게 했던 일들을 떠올려보기로 했어요. 같이 잼 만들었던 일이나, 영화 보러 갔던 일이나, 손으로 직접 물건을 만들었던 일 등등을요. 그런데 힘들었어요. 엄마 생각에 집중할 수 있었던 시간은 한 30초뿐이었고 어느새 그 시간에 하고 싶은 일들을 생각하기 시작했어요. '차라리 지금 간단한 운동이라도 하고 싶네.' 가장 처음 들었던 잡생각이 이거였어요. 딱히 그럴 마음도 없으면서 정말 쓸데없는 생각을 한 거였죠."

그다음 주에 학생들에게 여론조사를 해서 하루중 (이를테면 수업 중간이나, 토론회 중간에) 5분의 여유 시간이 생기면 뭘 더 하고 싶은지 물어봤더니 89퍼센트가 숙제, 독서, 스마트폰 확인 같은 뭔가를 더 하고 싶다고 답했다. 생각을 하면서 조용히 보내고 싶다고 응답한 학생은 11퍼센트밖에 되지 않았다. 이런 결과를 보고 '생각을 하면서 조용히 앉아 있는 시간을 즐겁게 보내는 게 뭐 그리 중요한 일이라고 그래요?'라고 물을지도 모른다. 이런 생각하며 시간 보내기를 많은 사람들이 시간 낭비라고 여긴다. 그리고 대다수 사람들은 그런 식으로 시간 보내기를 힘들어하고 거북해하는 편이다. 그러니 그냥 하지 말자고들 한다. 외적인 일이나 활동에나 신경을 쓰자고. 하지만 생각은 우리가 언제, 무엇을 하고 있든 간에 오지랖을 부리며 끼어들게 되어 있다. 아무리 스마트폰, 컴퓨터, 피젯스피너(손가락으로 살짝 튕겨 회전시키는 간단한 장난감-옮긴이) 같은 것에 한눈을 팔아도 계속해서 모든 생각을 차단시킬 수는 없다.

　행동유전학 연구에서 밝혀진 바에 따르면, 우리의 전반적 행복에서 유전자가 중요한 역할을 띠고 있긴 하지만 우리의 행복을 끌어내는 요인의 40퍼센트는 바로 의도적 행동이다.[2] 이런 의도적 행동에는 누구와 시간을 보내고 자유 시간에 무엇을 할지 등 하려는 활동을 선택하는 일이나, 그냥 생각의 대상과 생각의 초점 등 생각할 거리를 선택하는 일도 포함된다. 생각의 확실한 통제는, 특히 생각과 단 둘이 있을 때의 통제는 행복을 늘리는 하나의 방법이다.

떠도는 마음은 불행한 마음이다

하버드대의 과학자들이 실시한 한 연구에서 2,000명 이상의 성인을 대상으로 하루 동안의 사고 패턴을 추적 조사했다. 조사는 하루 중 무작위의 시간에 스마트폰으로 보낸 메시지에 응답을 받는 식으로 진행되었다.[3] 조사 참가자들은 일련의 질문을 통해 그 순간에 하고 있는 활동(가령 TV 시청, 일, 급한 용무 처리 등)만이 아니라 그 순간에 하고 있는 생각이 무엇인지도 알려주었다. 연구진은 조사 참가자들의 주의력이 실제의 활동 자체에 완전히 몰입되어 있는지[심리학계에서 마음챙김(mindfulness)이라고 부르는 상태에 있는지], 아니면 마음이 현실과 동떨어진 세계에 빠져 멀리 딴 데로 가 있는지를 알아보고 싶었다. 조사 결과 거의 절반의 시간 동안 사람들의 정신은 그 순간의 일 자체가 아닌 다른 뭔가에 가 있었다. 몸은 직장의 임원회의 자리에 있었지만 정신은 연장전까지 갔던 지난밤의 야구 경기로 돌아가 있거나 이번 주에 친구와 나누어야 할 곤란한 대화를 걱정하는 식이었을 터이다. 생각이 바로 눈앞의 일이 아닌 딴 데로 떠나 있으면 전반적 행복에 어떤 차이가 발생할까?

그 답을 찾기 위해 연구진은 각 참가자에게 행복도를 평가하는 질문의 메시지를 보냈다. 장기적으로 진행된 연구의 특징 덕분에 연구를 펼친 과학자들은 어느 시점의 마음챙김이 (떠도는 마음과 대비해서) 또 다른 시점의 행복에 어떤 영향을 미치는지 살펴볼 수 있었다. 아니나 다를까 무슨 일 중이었건 마음이 전적으로 현재에 머무른 사람들이 다음번에 스마트폰 메시지로 전송된 행복도 측정에서

월등히 더 행복해하고 있었다. 반면 다른 뭔가를 생각하고 있었던 이들의 경우엔 행복이 줄어 있었다. 이런 영향은, 친구와 같이 점심 먹기 같은 기분 좋은 활동이건 교통 체증으로 차 안에서 오도 가도 못 하고 있기 같은 불쾌한 활동이건 가릴 것 없이 똑같이 나타났다. 그러니 우리의 마음을 꼬여내는 방해거리에 굴복하는 대신 현재 무엇을 하고 있건 간에 그 일에 완전히 집중해 그 모습과 소리와 느낌에 우리의 감각과 의식을 몰입하는 편이 낫다.

하지만 어떤 활동 중에 마음이 떠도는 이런 경향이 다소 자동적으로 나타나는 경우인 사람들이 많다. 6분 동안 조용히 앉아 있기 과제에 대한 수강생들의 반응을 더 살펴보자.

"솔직히 말해서 저에겐 어려운 일이었습니다. 평소에 제가 생각하면서 조용히 앉아 있지 않으려고 온갖 애를 쓰는 편이라 정말 어려웠습니다. 전반적으로 제 생각은 부정적인 측면으로 기우는 경향이 있습니다. 더 구체적으로 말하자면 생각과 단 둘이 있게 되면 해야 할 일을 걱정하거나 예전의 실수를 되짚어보는 식이 됩니다. 제가 평소에 자꾸만 부산하게 구는 이유도 자꾸 그런 생각이 드는 게 싫어서입니다."

많은 사람들이 이 학생처럼 떠도는 마음의 꺼림칙한 영향을 의식한다. 마음의 배회는 목표의 성취를 자꾸 꾸물거리면서 무관심해지게 부추기기도 한다. 책상 앞에 앉아 프로젝트를 구상하거나 중요한 논문을 쓰려고 했지만 금세 자동적 충동이 일어나 즐겨 들어가는 소셜미디어 사이트로 마음이 끌리고 마는 식이다. 다음 학생의 경우처럼.

"저는 사람들이 뭘 하고 있고 무슨 말을 하는지 확인하는 게 습관이 되어버렸어요. 어떤 때는 페이스북을 열면서 이런 생각을 해요. '내가 이러고 있을 때가 아니야.' 그런데 그렇게 생각해놓고도 어느새 다시 페이스북을 열게 돼요."

과제를 하지 않고 페이스북을 열게 되는 것은, 마음이 진득하니 현재 순간에 머물지 않고 이리저리 떠돌게 내버려두는 정신 작용이 낳는 결과이다. 이 모두가 집중력이 부족한 것과 맞닿아 있다. 사실, 대다수 새내기 성인들이 이런 집중력의 부족을 아쉬워한다.

"그때는 둘 중 선택하라면 차라리 전기충격을 받겠다고 했을 것 같아요. 그러고 앉아 있으려니 좀 거북했어요. 자리에 앉기도 전부터 할 수 있는 한 안 하려고 꾸물거렸어요. 50분 정도를 그렇게 쓸데없이 시간을 질질 끌었던 것 같아요. 심지어 온라인에 들어가서 괜히 탑승 가능한 수하물이 뭔지 찾기까지 했다니까요.
그러다 더 이상 미룰 만한 구실도 없게 돼서 요거트를 들고 자리에 앉아서 이번 겨울의 봉사 여행 계획을 생각했습니다. 그 순간의 생각에 몰입할 수 있었던 시간은 아마 1분 정도였을 거예요. 마음이 순식간에 떠돌기 시작했어요. 아무래도 저는 명상을 더 잘하려면 노력을 해야 할 것 같습니다"

그래도 다행이라면 집중력은 배우고 익히면 향상시킬 수 있는 능력이다.

현재를 살기

내가 처음 마음챙김을 알게 된 것은 대학원 때였다. 마음챙김에 대해 얘기할 때 지니(Ginny)의 얘기를 빼놓을 수 없다. 그녀는 성인이 된 후 삶의 대부분을 새내기 성인들이 삶의 기복을 잘 헤쳐 나가도록 돕는 일에 전념해왔다. 수년간 대학의 의료센터에서 일하면서 환자들의 치유에 마음챙김 개입 치료를 병행하기도 했다. 명상이 불안감 치료와 스트레스 감소에 아주 효과적이라는 점을 발견한 후에는 무료 명상 강습을 열어 훨씬 더 많은 학생들이 명상을 통해 효과를 체험할 기회를 열어주기로 결심했다. 대학생들 사이에서 불안감과 스트레스가 만연하다는 점을 감안해보면 강습 소식이 알려지자마자 강습장이 미어터질 줄로 예상했지만 막상 강습이 시작되자 절반도 겨우 찼다. 아마도 이런 결과가 나타난 것은, 다음의 수강생이 그랬듯 많은 사람들이 명상에 대해 잘못 알고 있는 오해 탓이었을 것이다.

"저는 명상과 마음에서 생각을 비우는 것이 건강을 증진시키고 회복시키기 위한 여러 목적을 띠고 있다는 것은 알지만 제 식대로 표현해서 '아무것도 하지 않으며 시간을 낭비하는' 일에 그렇게 많은 시간을 낼 수 있는 사람이 과연 얼마나 될까 싶어요. 이렇게 말하는 게 명상에 대한 환원주의적 관점이라는 것은 알지만 저로선 비생산적인 데

다 유감스럽게도 별 활동거리도 없는 것 같은 일에 할애할 만한 시간
이 별로 없어요.”

명상에 대한 가장 흔한 오해 중 하나는 명상이 단순히 마음 어수
선한 일상에서 벗어나 휴식을 취하며 긴장을 풀면서 평온을 얻는
일로만 여기는 것이다. 이것은 명상의 부수적 효험일 뿐이며, 위의
수강생이 처음 생각했던 것처럼 명상을 단순히 ‘아무것도 하지 않
는’ 것으로 치부해선 안 된다. 명상은 특정 과제에 주의를 집중시키
는 능력을 키우는 연습이다.

지니는 명상이 자신이 상담 치료해준 개개인 학생들에게 얼마나
효과가 있었는지를 감안하면 강습을 계속 이어가야 한다고 생각했
다. 게다가 명상의 효과를 입증해주는 수많은 증거를 감안하더라도
그럴 필요가 있다고 여겼다. 다만, 학생들의 마음을 끌어당길 만한
최선의 방법을 찾아야 했다. 명상을 홍보할 더 좋은 마케팅 전략이
필요했다. 그렇게 몇 번의 학기가 지났을 때 묘안이 떠올랐다. 지니
는 강습 자체에는 단 하나의 변화도 주지 않았다. 매 강습을 이전까
지 늘 해오던 그대로 진행하되 명칭만 새롭게 바꾸기로 했다. 명상
이라는 말을 아예 빼버리고 그냥 ‘주의력 훈련(Attention Training)’이라
고 이름 붙였다. 그러자 학생들이 줄지어 수강신청을 했다. 한 학기
의 수강생 수가 급등해서 예전의 8명이던 수가 65명을 넘어섰다.

상담 치료를 하는 이라면 누구나 공감할 문제로 행복을 방해하는
주된 장애물은 쉽게 주의가 산만해져서 금세 다른 잡생각이 끼어드

는 것이다. 그러니 지니의 '주의력 훈련' 강습 프로그램이 공고되기가 무섭게 수강신청이 밀려들었던 것도 놀랄 일은 아니다. 의대조차 의대 1년생들을 대상으로 강습을 해달라는 요청을 해왔을 정도다. 나는 대세에 편승해 주의력 훈련을 긍정심리학 강의의 수업 주제에 짜 넣기 시작했다. 그러자 수강생들이 아주 좋아했다. 처음엔 미심쩍어 했던 수강생조차도 그 가치를 깨달았다.

"지난주까지만 해도 '현재를 사는' 것의 참된 의미를 몰랐습니다. 그저 이런 생각이 들었어요. '현재를 사는 거야 당연한 거잖아. 지금도 난 주변상황을 또렷이 의식하고 있는데. 그건 그렇고, 오늘밤에 무슨 과제를 해야 하더라…?' 솔직히 명상 얘기가 나왔을 때 의구심부터 들었어요. 하지만 수업 중의 그 명상 강습을 들으면서 수긍하게 되었어요. 지도에 따라 명상 시간을 가지고서 눈을 떴을 때 뭔가가 달라져 있었어요. 누군가 스위치를 눌러서 제 머릿속 생각의 불협화음을 꺼버린 듯한 기분이었어요. 어느새 저는 현재 순간에 완전히 집중하고 있었어요. 강의실의 여러 색깔이 더 생생해 보였고 소리도 더 선명하게 들렸어요. 여러 면에서 마음이 느긋해졌어요. 살아 있다는 기분이 들었어요."

그냥 봐주는 연습

이제는 여러분도 관심이 생겨 직접 6분 명상의 시간을 가져보고 싶지 않은가? 6분 정도면 별로 긴 시간도 아니지 않은가? 또 필요한 것이라 봐야 조용한 장소와 타이머밖에 없다. 편안한 자세로 앉아서 지금 있는 그곳에서 여러분의 몸에 주의를 기울여 보라. 근육의 긴장을 풀고 서서히 호흡으로 주의를 모아라. 코로 들어오고 나가는 공기를 느껴보라. 폐에 공기가 차면서 가슴이 팽창하는 순간의 느낌에도 주의를 기울여보라. 그것들이 바로 그 순간의 경험이자, 명상 시간 동안 온전하면서도 개인적 판단을 피하는 무비판적인 주의력을 쏟아보기에 알맞은 경험이다.

이런 패턴의 마음챙김을 그 6분 동안 쭉 이어가면 된다. 하다 보면 필히 어느 순간부터 마음이 떠돌기 마련이다. 그래도 괜찮다. 그럴 때 마음이 여러분을 길을 잃게 하고 있다는 사실에 주의를 기울여라. 그런 길 잃게 하는 생각들은 떠나보내고 지금 해야 할 그 일로, 호흡과 그 공간에서 느껴지는 몸의 느낌으로 주의를 다시 데려와보라.

물론 말처럼 쉬운 일은 아니다. 대개는 끼어든 그 생각들이 '떠나지' 않으려 반항하기 마련이다. 하지만 명상은 그런 생각들을 그대로 놔두는 요령을 배우는 데도 유용하다. '떠나보낼 수 없다면 그대로 내버려두라'는 식의 이런 마음가짐은 마음챙김의 근본 원칙 중 하나이다. 부정적 생각이나 감정이 생겨났다가 스스로 없어지지 않으려 하면 그냥 함께 앉아 있으면 된다. 억지로 내보내려고 해봐야 북극곰을 생각하지 않으려 애쓰는 것과 같아진다. 그 생각과 감정이 자꾸만 되돌아오면서 훨씬 더 강하게 저항한다. 차라리 기분을 불쾌하게 하는 그 부정적 감정이나 끼어드는 잡생각을 무비판적으로 의식해봐라. 그런 감정과 생각이 떠나려 하지 않을 때는 그냥 놔두는 편이 안 좋은 기분에 빠져서 기분이 안 좋은 것보다 훨씬 낫다. 명심하기 바란다. 긍정심리학은 '언제나 늘 행복하기'에 초점을 두는 분야가 아니다. 슬픔, 불안감, 두려움, 분노를 제압당하지 않으면서 받아들일 줄 아는 요령을 익히는 것도 심리 건강을 위해 중요한 일이다.

명상을 하는 거의 모든 사람들이 명상 중 어느 시점이 되면 마음이 배회하다 다른 뭔가로 떠나버린다고 말한다. 마음이 집중하려고 정한 대상이나 호흡에 신경 쓰기보다 이리저리 배회하는 시간이 더 많다고 말하는 사람들도 있다. 그래도 결국엔 배회하던 마음을 잡기 위해 끼어드는 잡생각을 그만 붙잡고 마음을 명상의 대상으로 되돌려놓기 위한 몇 단계를 거치게 된다.

그리고 이것이 바로 여러분이 바라는 것이자, 명상이 주의력을 훈련시키는 효과적인 방법인 이유이다.

마음을 산란하게 만드는 생각을 떠나보내고 다시 호흡으로 주의를 돌리다 보면, 지니의 말마따나 '주의력 근육'이 단련된다. 시간이 지나면서 명상이 더 쉽고 자연스러워지는 이유도 이 주의력 근육이 강해진 덕분이다. 주의력 근육이 강해지면, 마음이 떠돌기 시작할 때 더 쉽게 감지해서 의도한 집중 대상으로 더 쉽게 데려올 수 있게 된다. 사실, 마음의 배회를 알아채는 일과 마음을 살살 달래서 호흡으로 다시 데려오는 일은 명상 연습 전반에서 가장 중요한 과정으로 꼽힌다. '마음을 다시 데려오는' 순간이 주의력 근육을 강화시키기 때문이다.

주의력 근육 키우다 보면 행복으로 자연스럽게 이어진다. 하루 종일 강해진 주의력 근육으로 무장하고 다니기 때문이다. 예를 들어 토론회 자리에 와 있는데 그 전날 친구와 벌였던 말다툼으로 생각이 흘러가기 시작하면, 바로 이때 강한 주의력 근육이 나서서 그런 생각의 배회를 인지해 다시 토론회로 마음을 되돌려준다. 리포트를 쓰려고 책상에 앉았는데 어느새 손이 페이스북을 열고 있거나 즐겨 찾는 온라인 쇼핑 사이트의 주소를 치고 있다면 이때도 강한 주의력 근육이 브라우저 창을 닫고 다시 리포트 쓰기에 집중하도록 다잡아준다.

일상적 마음챙김

인파로 북적거리는 거리를 걷다 보면 고개를 숙인 채 걷고 있는 사람을 흔히 보게 된다. 문자와 스마트폰 알림을 보느라 똑바로 걷지 못하는 사람도 간혹 보인다. 그 일이 다른 행인들이나 자전거 탄 사람들, 심지어는 다가오는 차량을 피하는 것보다 더 중요하다는 듯 스마트폰에서 눈을 못 떼고 그렇게 삐뚤삐뚤 걷고 있다. 이제 스마트폰 중독은 크게 만연한 데다, 위험한 지경에 이르러 있기까지 하다. 2017년에 호놀룰루시는 길을 건너면서 모바일 기기를 보는 행위를 불법으로 규정하는 법을 통과시켰다.[4] 주의 산만한 보행을 금지한 이 법은 스마트폰 화면에 빼앗긴 주의력 때문에 도로를 건너다 무방비 상태에서 차에 치이는 보행자 사고를 줄여보려는 의도로 제정된 것이다. 법을 반복적으로 어긴 사람에게는 횡단보도에서 인스타그램을 보거나 페이스북에 게시물을 게시한 죄로 최대 99달러까지 벌금을 부과할 수 있도록 처벌 규정까지 마련되어 있다.

우리는 지하철을 기다리거나 패스푸드점에서 주문길 기다리거나, 심지어 길을 걸어가면서까지 가만히 있는 것이 너무 불편해져서 우리의 정신을 즐겁게 해주느라 반사적으로 호주머니 속의 모바일 기기를 꺼내 들여다보기 일쑤다. 하지만 이는 신체 안전에 위협이 가해지지 않는 경우조차 최소한 심리적 해를 가하게 된다. 한 연구에서 밝혀진 바에 따르면 스마트폰 알림으로 수행 중인 일에 중간중간 방해를 받으면 부주의(주의력 결핍)나 과잉행동같은 ADHD 증상이 늘어날 가능성이 있다고 한다.[5] 또 다른 연구에서 밝혀낸 바로는, 화면을 바닥으로 가게 뒤집어놓거나 묶음으로 해놓더라도 스마트폰이 옆에 있는 것만으로도 주의력이 저하될 수 있다. 스마트폰을 보고 싶은 마음이 앞서서 스마트폰이 없었다면 수행 중인 일로 쏟았을 정신 에너지를 그런 흔들리는 마음으로 소모시키기 때문이다.[6] 이런 주의력 결핍은 때때로 식당의 회전 속도에도 영향을 끼친다. 손님들이 들어오는 문자와 이메일을 일일이 읽고 나서야 메뉴판을 보고 소셜미디어에 올릴 마음에 쏙 드는 사진을 찍기 전까지 나온 음식에 손도 안 대면 어쩔 수 없이 그렇게 된다.

하루 중 조용하거나 지루하거나 따분한 시간을 모바일 기기 활동으로 채우고픈 유혹이 들더라도 그 시간을 마음챙김 실행의 기회로 대신 활용해보길 추천한다. 강의실이나 토론회장으로 걸어가는 동안 주위를 둘러보며 나무의 색깔, 주변 도로를 지나가는 자동차의 소리 등등에 주의를 기울여보라. 식당에서 자리에 앉아 음식을 기다릴 때도 벽의 장식과 바로 옆 테이블로 갓 조리되어 나온 음식의 냄새에 주목해보라. 이 책을 들고 있는 동안에도 표지와 내지를 잡고 있는 손가락의 촉감을 온전히 느껴보라. 무슨 일이든 간에 그 특정 순간에 하고 있는 일에, 오감을 (아니면 상황에 따라 최대한의 감각을) 모두 몰입하면서 마음에서 우선시해보라. 그러다 생각이 다른 쪽으로 흘러가는 느낌이 오거든 그냥 받아들여라. 무비판적으로 받아들이며 주의력을 현재 순간과 현재의 경험으로 다시 끌어오면 된다. 그래야 주의력 근육이 예리하게 단련된다.

지니가 강습을 통해 강조하고 있듯, 운전 중 빨간불 신호에 멈춰선 순간조차 마음챙김의 실행이 가능하다. 그녀는 이 아이디어를 불교 수도승 틱낫한(Thích Nhất Hạnh)의 지혜를 통해[7] 처음 깨달았다며 다음과 같이 말한다.

"빨간불 신호에 걸리면 바로 멈춰서서 미소를 띠고 심호흡을 해보세요. 간단하죠? 차를 세운 다음, 잠깐 마음챙김 호흡을 해볼 작은 기회를 선물받았다고 받아들이며 웃으세요. 그런 다음 길게 숨을 들이쉬었다가 길게 내뱉으세요. 운 좋게 번잡한 교차로에서 신호에 걸리면 마음챙김 호흡을 여러 차례 제대로 해볼 수 있어서 좋아요.

이 방법은 빨간불에 걸리면 짜증내기 일쑤인 저 같은 사람에게 아주 유용해요. 신호에 걸리면 정말 미칠 것 같아요, 안 그런가요? 이런 반응은 일반적으로 일어나는 어떤 일을 감정적으로 받아들이는 셈이죠. 바로 이때 마음챙김 명상을 통해 변하려는 결심을 의도적으로 하면서 감정을 추스를 수 있어요. 저는 이 방법을 터득한 이후로 교통신호에 걸려 짜증내는 일이 부쩍 줄었어요."

이 방법은 어딘가를 급하게 갈 때도 유용하다. 예전에 모임에 늦어서 서둘러 갔던 적이 있다면 그때를 떠올려보라. 아마도 가는 도중에 머릿속에 별의별 생각이 떠올랐을 것이다. '어쩌다 이렇게 됐지? 얼마나 늦을까? 갔는데 나 때문에 분위기가 엉망이 되면 어쩌지? 내가 늦는 걸 다른 사람들도 눈치챌까? 다들 짜증내면 어쩌지? 가면 사과를 해야 하나? 늦는 바람에 초반에 나온 중요한 뭔가를 놓치는 거 아니야?' 급하게 서둘러 가느라 아드레날린이 마구 분출되는 그 와중에 이런 생각까지 더해지면 어떤 영향을 낳을까? 어렵사리 모임 장소에 도착하고 난 뒤에, 마음을 가라앉히고 현재 순간으로 주의를 끌어오려면 시간이 필요해지게 된다. 서둘러 가는 중에 마음챙김을 했다면, 즉 도착했을 때 있을 법한 거북한 상황들이 아니라 빠르게 지나가는 경치와 소리에만 주의를 기울였다면 이미 마음은 그 모임의 자리에서도 좀 전과 같은 마음챙김에 들어설 자세가 되어 있었을 것이다. 어딘가로 서둘러 갈 때 으레 동반되는 이런 조급함과 걱정으로 마음을 어지럽히면 자기 자신을 혹사시킬 우려가 있다. 이렇게 마음이 미친 듯이 날 뛸 때는 흥분을 식히고 침착함을 찾을 시간을 가지고 나면 현재 순간에 온전히 머물면서 곧 닥칠 다음 상황에도 몰입할 수 있다.

불안감은 미래에 초점을 둔 생각에서 비롯되는 것이다. 이때는 마음챙김이 완벽한 해독제다. 졸업을 앞둔 다음의 4학년생도 그런 사실을 직접 깨달았다고 한다.

"저는 지금까지 굉장한 스트레스와 불안감에 시달려 왔어요. 내년에 취업할 준비를 하는 동시에 워싱턴 대학의 마지막 해를 즐기려고 애쓰다 보니 더 그랬어요. 시기상으로 힘겨운 전환기이고 생소한 일들 투성이지만 그래도 명상을 하면 저 자신을 다시 현재의 순간으로 데려오면서 미래의 불확실성을 너무 심각하게 생각하지 않게 되어 좋아요. 45분간의 유도 명상 강습을 들을 시간이 없는 주에는(어쩌다 보니 거의 매주 그렇게 시간이 안 나고 있는데), 마음챙김을 일상화하려고 합니다. 그냥 심호흡을 몇 번 한 다음 하루를 시작하거나 머릿속으로 긍정적 명언을 되뇌는 식의 간단한 방법으로라도 현재 순간에 머물고, 신중하게 반응하고, 말하기 전에 생각하려 애쓰고 있어요. 가끔은 초조하거나 버거운 느낌이 들 때는 심호흡으로 그런 생각을 떠나보내면서 마음챙김의 방법을 활용하려고도 해요. 방법이 아주 간단하고 쉬워서 대체로 아주 유용해요."

지니가 강습회에서 지도하는 명상 연습 중 최고 인기거리 하나는 초콜릿 캔디 감싸 쥐고 있기다. 대학생들은 보통 이런 캔디를 손에 쥐기가 무섭게 먹어치우기 바쁘지만 이 명상 연습에 참여한 학생들은 그냥 초콜릿을 손에 쥔 채로 지니의 마음챙김 지침을 따라 가만히 주목해서 살펴봐야 한다. "초콜릿이 어떻게 보이죠? 느낌은 어떤가요? 무게가 얼마쯤 될까요? 귀에 가져다 대고 흔들어보세요. 소리가 나나요?" 그다음엔 천천히 포일 포장지를 벗기면서 바스락거리는 금속성 소리에 귀를 기울이다가 달콤한 초콜릿 향을 맡게 된다.

그리고 드디어 깊이 숨을 들이쉬며 냄새를 맡았다가 한입 깨물어 맛보고 씹으면서 모든 감각에 주의를 기울인다.

학생들 중에는 이 초콜릿 하나를 먹는데 그날의 점심 식사보다 더 많은 시간을 할애하게 되는 경우도 있었다. 식사는 마음챙김을 수행하기에 아주 좋은 기회다. 그 음식이 만들어지기까지의 노고, 그 특유의 맛을 내준 재료들의 조합 등을 찬찬히 생각해볼 만하기 때문이다. 많은 사람들이 밝히고 있듯, 식사 중에 마음챙김을 수행하면 음식을 더 즐겁게 먹게 되고, 만족감도 더 높아지는 데다, 더 천천히 먹게 돼서 먹는 양도 줄게 된다. 따라서 음식과 더 건강한 관계를 맺고 싶다면, 또 여기에 더해 체중도 좀 빼고 싶다면 마음챙김 식사는 그 목표에 한 발짝 다가서는 방법이 되어줄 것이다.

명상의 이점 하나는 장소의 구애가 거의 없다는 점이다. 찾아보면 잠깐 명상에 유용한 무료 앱이 많다. 내 경우엔 'Insight Timer'라는 앱을 쓰고 있는데 명상 시간을 자유롭게 설정할 수 있고 매 명상 때마다 시작하고 끝날 때 마음을 편하게 해주는 벨소리가 나온다. 뿐만 아니라 명상의 빈도가 기록되는 데다 전 세계에서 '여러분과 함께' 명상 중인 사람이 누가 있는지도 알려준다[나는 오늘 아침엔 아이다호폴스(Idaho Falls)에 사는 라이언과 명상을 했다]. 나는 유도 명상도 듣는데, 특히 dhammatalks.org 사이트에서는 이브닝 토크쇼도 들어볼 수 있다. 캘리포니아 밸리센터(Valley Center) 외곽에 있는 메타포리스트 사원(Metta Forest Monastery)의 미국인 불교 수도승이 주 진행자인 이 토크쇼는 매번 명상 수행에 눈을 뜨게 해주고 마음을 차분히 가라앉혀 번민을 최소화하는 요령을 알려주어 유용하다.

회의론자들에게 들려주고픈 말

물론 마음을 가라앉히고 생각의 통제력을 지키는 이런 명상 분야는 숱한 비난에 시달려왔다. 루스 휩맨(Ruth Whippman)은 최근의 「뉴욕 타임스」 기사에서 마음챙김을 "자기수양 지옥의 특수계"로 폄하하며 부당한 비난을 가했다.[8] 그녀는 이 기사에서 장광설을 늘어놓으며 "언뜻 생각해도, 우리의 삶은 대체로 현재가 아닌 현재를 벗어나 살아갈 때 훨씬 더 충족감을 안겨준다"라고 한탄하며 이렇게 덧붙였다. "누가 뭐래도 인간의 뇌에서 가장 위대한 재주는 과거, 현재, 미래와 더불어 끊임없이 상상 속 대체 상황까지 담아낼 수 있는 능력이다. 설거지를 하면서 동시에 머릿속에서는 방콕이나 돈 드레이퍼(미국 TV 시리즈 「매드맨」에 나오는 주인공으로, 천재 광고맨이자 매력적인 바람둥이 캐릭터-올긴이)의 침대에 가 있는 식으로 설거지의 지루함을 날릴 수 있지 않은가." 휩먼의 이 글에는 명상에 대한 가장 흔한 오해가 담겨져 있다. 명상 수행은 어떤 식으로든 예전의 휴가를 재생하거나 또다른 세계를 상상하지 못하게 억제시키려 한다는 오해다. 확실히 밝혀두지만, 명상은 태국으로 배낭여행을 떠나는 꿈을 꾸거나 홀딱 빠져 있는 유명인과의 밀회를 상상하지 못하게 막으려는 것이 아니다. 제10장에서 자세히 다룰 테지만 (그것이 실제의 일이든 상상 속의 일이든 간에) 미래의 일을 꿈꾸고 과거의 일을 상상 속에서 다시 체험하는 것도 큰 행복을 얻는 방법이다.

하지만 자기주도적 사색과 억제되지 않은 마음의 방랑 사이에는 결정적 차이가 있다. 문제는 (그곳이 과거든 현재든 미래이건 간에) 생각의 도착지가 아니라 그곳에 다다르는 방법이다. 생각을 스스로 그곳으로 이끌어 간 것인지, 아니면 원래 다른 곳으로 가려 했다가 갑자기 어떤 시공간이 생겨난 것인지 그것이 중요하다. 자신의 의식적 결정에 따라, 다음 달에 친구를 위해 열어줄 파티나 아직까지 해결이 안 난 지난밤의 말다툼으로 주의를 이끌고 있는 경우라면, 그것은 유용한 정신 활동이 된다. 하지만 프로젝트 작업 중이거나 수업에 주의를 모으려는 중일 때 그런 생각이 불쑥 저절로 일어난 경우라면 전반적 행복에 이롭지 못한 영향이 미칠 수도 있다.

말하자면, 부엌 싱크대 앞에서의 마음챙김 수행은 오븐 접시 바닥에 눌어붙은 라자냐 찌꺼기에 과도한 주의를 쏟아붓는 일이 아니라 마음을 다스리는 일이다. 피부에 묻은 세제 거품으로 주의를 되돌려주는 바로 그 주의력 근육이 우리의 마음을 혼란스럽게 만드는 심란한 생각들로부터 주의를 되돌려 주기도 한다. 이 점을 명심해야 한다. 우울증과 불안감의 징표인 부정적 사고 패턴은 예고도 없이 어느 순간 불쑥 끼어들어 스스로 세를 불리면서 악순환의 소용돌이를 일으킬 위험이 있다. 부정적 사고 패턴이 작동하기 시작하면 그 기세를 누그러뜨리기 위해 마음을 다스리는 능력이 필요하다. 단지 집안 허드렛일을 하는 동안에 바로 지금 여기에 집중하면서 마음이 다른 데로 배회하지 못하게 하면 이후의 부정적 사고 사이클에 제동을 걸 수 있는 기량이 길러진다. 이 기량 역시 다른 기량과 마찬가지로 실행하면 할수록 실행하기가 더 쉬워진다.

이 기량의 강화가 바로 지니의 강습에서 핵심이자 강습이 큰 인기를 끌게 된 이유이기도 하다. 명상에 대한 현시대의 오해만 벗어나면, '주의력 훈련'은 삶의 여러 면이 개선되는 데 유용한 역할을 해준다. 실제로 불과 몇 년 전에 진행된 대대적 규모의 연구에서는 불안감[9], 우울증[10], 폭음[11], 섭식장애[12], 강박신경증[13], 수면장애[14], 꾸물대는 버릇[15] 등 새내기 성인들이 겪는 여러 문제들을 치료하는 데 마음챙김 명상이 효과적일 수 있다는 점이 밝혀졌다.

자기용서의 연습

명상이 아무리 유용하다 해도, 자신이 제대로 명상을 하고 있는지 자신 없어하는 사람들이 많다. 지니는 그런 걱정을 가라앉혀주기 위해 강습을 시작할 때마다 이 분야의 선도주자로 꼽히는 존 카밧 진(Jon Kabat-Zinn)의 마음챙김 정의를 인용한다. "목적을 가지고 현재의 순간에 주의를 기울이되, 어떠한 판단도 하지 않는 것"이라고. 듣기에는 간단한 일 같지만 앞에서 소개한 연구에서 밝혀졌듯, 우리 마음은 현재의 순간이 아닌 다른 곳을 떠돌기 일쑤다. 게다가 현재의 순간에 머물고 있다고 해도 어떠한 판단도 하지 않을 가능성이 희박하다. 어느새 자신의 노력, 대인관계, 외모 등의 부족한 점들을 잡아내게 된다. 판단에서 벗어나는 것이 세상에서 가장 힘든 일인 사람들도 있다.

"명상에서 가장 힘든 부분은 지침대로 따르는 일이었습니다. 마음을 가라앉히는 목소리로 인도해주는 지침대로, 생각이 떠돌면 떠도는 대로 놔두되 어떤 판단을 가하거나 그 생각에 집중하지 않으려고 애써봐도 '그 연습문제 풀이를 열심히 했어야 했는데'나 '유기 반응 메커니즘을 확실히 외워놓았어야 했어' 같은 생각에서 벗어나기가 불가능한 일처럼 힘들게만 느껴졌어요."

어떤 기량이든 마찬가지일 테지만, 명상도 처음 입문할 때는 자기불신에 맞닥뜨리기 쉽다. 많은 사람들이 머리로는 명상의 효험을 수긍하면서도 실제로 실행해보려고 하면 생각보다 만만치 않아한다. 하지만 대부분의 일이 그렇듯 명상의 기량을 향상시키는 방법은 바로 연습에 있다.

한 수강생은 수업 중에 명상 훈련 지도를 받고 나서 혼자 명상을 해봤던 이야기를 다음과 같이 털어놓았다.

"생각보다 어려웠습니다. 연습 중에 너무 쉽게 마음이 산란해져서 쩔쩔맸습니다. 하지만 시간이 다 되어가던 어느 순간, 어떤 깨달음에 이르렀습니다. 명상의 참된 목적은 마음의 흐트러짐을 막으려는 훈련이 아니라 애초에 마음이 흐트러진 것에 대해 자신을 용서해주는 것이구나, 하는 느낌이었습니다. 다음번에 앉아서 명상을 하던 중에는 생각을 빨리 놓아줄수록 마음이 호흡으로 더 빨리 되돌아올 수 있다고 깨달았어요. 명상은 실행하기가 어려운 게 아니라 이해하기가 어려운 일인 것 같습니다."

이 학생의 깨달음은 명상 연습의 핵심을 포착한 것이다. 잡생각을 완전히 비우기란 결코 불가능할 테지만 그런 생각을 다루는 방법을 터득하는 일은 가능하다. 주의력 근육의 강화가 목표라는 점을 명심해야 한다. 주의력 근육을 강화시키는 방법은 일반적인 근육 강화 방법과 똑같다. 근육을 쓰면 된다. 헬스장에서 웨이트 운동을 하면 이두근이 강화되어 더 무거운 웨이트를 들어 올릴 수 있게 되듯 마음을 집중 대상으로 다시 데려오는 연습을 하면 주의력 근육이 강화되어 더 오래 집중할 수 있게 된다. 연습을 많이 할수록 주의력 근육이 그만큼 강해져 이후의 쓰임새가 더 높아진다.

"연습을 하면 할수록 침착한 상태에 이르는 속도도 빨라졌습니다. 이제 명상 시간을 줄여도 더 빨리 침착한 상태로 들어서서, 한결 편안해진 상태에서 공부를 계속할 수 있어요. 그런 상태에서 공부하면 머리에 더 쏙쏙 들어오고 만족감도 더 높아집니다."

연습의 이점은 명상 시간만으로 그치지 않는다. 앞에서 소개했던 남학생의 경험담을 이어서 들어보자. 처음엔 명상 연습을 못 미더워하다가 수업 중의 강습 이후 살아 있다는 느낌에 눈을 떴던 그 남학생은 얼마 뒤부터 명상을 매일의 습관으로 삼게 되었다.

"어떤 일을 집중해서 할 수 있게 되면 시간이 절약되어 정말 좋습니다. 저는 오늘밤에도 과제를 하기 전에 명상을 할 생각입니다. 지금도 여전히 소셜미디어를 훑어보고 웹 서핑을 하고 싶은 충동이 일지만 웹브라우저를 열려고 손이 갔다가도 스스로 억제를 하면서 다시 숙제에 집중합니다. 명상을 하고 나면 1시간 만에 과제를 뚝딱 끝낼 수 있어요. 평상시에는 1시간 만에 그렇게 끝낸다는 게 정말 힘든 일인데, 정말 신기해요!

명상은 수면이나 운동과 아주 비슷하다. 많은 사람들이 시간 낭비라고 여기며 많은 시간을 할애하길 내켜하지 않지만, 이후 시간을 더 효율적으로 쓰게 해주어 장기적으로 보면 생산성을 더 높여준다.

시험에 유용한 명상 연습

주의력 훈련은 일과에서도 요긴하지만, 집중력을 지킬 줄 아는 능력은 특히 결정적인 시기에 더욱 더 유용해진다. 확실히, 연습 시험을 치르고 개인교사에게 배우면 도움이 되긴 한다. 하지만 다른 전략도 있다. 지문 이해력을 높이는 데 특히 유용한 것으로 입증되었을 뿐만 아니라 우리가 숨 쉬는 공기처럼 공짜인 전략, 바로 명상이다.

지문 읽고 이해하기는 까다로운 문제다. 시험 응시생들은 짧은 시간 안에 생소한 문장을 보고 이해한 다음 해당 지문의 개념이나 주제와 관련된 질문에 답해야 한다. 이런 지문 이해 문제를 잘 풀려면 시험 시간 내내 주의력을 단단히 붙들어 매고 가장 의미 있는 문장에 집중해야 한다. 시간의 압박을 감안하면 잡생각에 빠졌다간 점수에 타격이 생기기 마련이다. 내가 긍정심리학 강의 주제에 명상을 집어넣었던 어느 학기에, MCAT(의과 대학원 진학 준비 시험)을 준비하며 명상을 시작한 의예 과정 수강생이 있었다. 다른 수강생들과 마찬가지로 이 학생도 처음엔 회의적이었지만 연습을 하면서 주의력 근육이 강해지는 체험을 했다.

"아주 어렸을 때부터 엄마가 명상을 해보라고 말씀하셨었어요. 그때는 우스운 소리로 흘려들으며 이렇게 생각했어요. '아무것도 안 하고 가만히 앉아 있으라니, 대체 왜?' 하지만 매일 밤 명상을 하기 시작하면서부터 제 마음챙김에 미묘하지만 중요한 변화가 감지되었어요. 처음 시작하고 이틀은 1분 동안 몇 번이나 집중력이 흐트러졌고 그때마다 잡생각에서 벗어나 다시 집중력을 모으려고 애쓰느라 쩔쩔맸어요. 하지만 그 뒤로 하루하루 지나는 사이에 산만해지는 횟수가 점점 줄더니 어젯밤에는 10분 동안 두 번밖에 집중력을 잃지 않았어요. 그 덕분에 집중력이 더 잘 통제되고 있다는 느낌이 MCAT 연습 시험을 치르면서 확실히 느껴졌어요. 수업 토론 시간에 들었던 것처럼 지문 이해의 문제를 풀기가 좀 더 쉬워졌어요. 생각이 훨씬 술술 풀리면서 글에서 말하려는 주장이 별 노력 없이도 파악되었어요."

이 학생이 MCAT 준비를 하면서 명상을 시작해보자는 착상을 얻게 된 계기는 우리가 수업 중에 샌타바버라(Santa Barbara) 소재의 캘리포니아 대학 재학생들을 대상으로 실시된 지문 풀기 테스트 연구를 주제로 토론을 했던 일이었다. 이 연구에 참여한 대학생들은 GRE(대다수 박사 과정 대학원에 입학하기 위해 치러야 하는 표준화 시험)에 출제된 지문 이해 문제를 풀었는데, 이 중 절반은 마음챙김을 같이 병행하면서 최소한 10분간의 명상을 일상화했다. 이렇게 명상을 병행한 학생들은 2주라는 짧은 기간 사이에 점수가 크게 올랐다. 명상을 통해 머리에서 효율적인 정보 처리를 위해 필요한 능력인 작업기억(정보들을 일시적으로 보유하고, 각종 인지적 과정을 계획하고 순서 지으며 실제로 수행하는 작업장으로서의 기능을 수행하는 단기적 기억-옮긴이)이 강화된 것이었다. 명상과 마음챙김은 시험 중에 불쑥불쑥 일어나는 잡생각도 줄여주었다.[16] 명상은 통제 불능으로 감정이 소용돌이치지 못하게 막아주는 것만이 아니라 주의력 지속 시간을 끌어올려주기도 한다.

명상과 우울증

불안감과 우울증에 시달리는 사람들은 대체로 반추에 빠져드는 특징을 보인다. 불쑥 끼어든 잡생각으로, 자신을 비난하며 지난 시간의 안 좋았던 일들을 되짚어보거나 앞으로 일어날 만한 안 좋은 일들을 미리 걱정하는 경향이 있다. 그래서 우울증과 불안감 같은 심리적 고통의 치료에서는 이런 부정적 사고의 사이클에 제동을 거는 것을 중심으로 삼는 경우가 많다.

명상은 부정적인 생각과 쓸데없는 잡생각이 미치는 영향을 줄이는 데 유용한 한 방법이다. 그런 의미에서 볼 때 불안감에 시달리는 사람들이 명상의 시도를 가장 꺼려하는 편이라는 사실은, 안타까운 아이러니다. 다음 수강생도 그런 경우였다.

"저는 예전엔 '생각을 하며 조용히 앉아있는 시간을 어떻게든 피하려고' 하던 부류였어요. 그래서 불안감 치료법으로 명상을 해보라는 권고를 처음 들었을 때 저항감이 상당했어요. 명상은 아주 반직관적인 일로 생각되었어요. 제가 일상 기능을 방해하는 부정적 생각에 시달리고 있으니까 조용히 앉아서 아무것도 안 하고 생각만 하며 한참을 있으라니, 납득이 가질 않았어요."

우울증을 앓거나 불안감이 심한 사람들은 그런 부정적 생각이 통제 불능의 지경으로 치닫기 쉽다. 명상을 하면 부정적 생각을 의식하며 어떠한 판단도 없이 받아들인 다음 놓아준 후에 나머지 하루를 계속 이어갈 수 있는 요령을 터득하게 된다. 아주 잠깐의 명상만으로도 심리 건강에 이르는 길을 열 수 있다. 걸핏하면 불안감에 사로잡히던 수강생도 마침내 하루를 시작하고 마무리할 때마다 5분간의 명상 시간을 갖기로 했다.

"처음엔 그 5분이 견딜 수 없이 길게 느껴져서 오히려 불안한 생각이 더 늘겠다는 생각이 들었지만 시간이 지나면서 차츰 긍정적 영향이 나타났습니다. 어수선한 잡생각에 시달리며 그런 생각을 실패의 조짐으로 해석하지 않고, 그냥 인정하고 받아들이면서 다시 집중력을 되돌리다 보니 어느새 그런 생각이 사라지게 되었어요.

저는 강물 위에 떠다니는 나뭇잎으로 상상해봤어요. 강 한가운데에 들어가 서서 혼자 힘으로 강물의 흐름을 막으려고 애쓸 것이 아니라 물이 흘러서 지나가게 내버려두자고 마음먹었어요. 어수선한 생각 하나하나를 나뭇잎으로 상상하면서 강물을 따라 잔잔히 떠내려가는 모습을 지켜봤어요. 그 일로 저는 중요한 깨우침을 얻었어요. 이제는 명상에 '실패'할 일이 없을 것이라는 자신감이 들면서, 명상에서 필요한 것은 마음에서 모든 생각을 몰아내는 것이 아니라 단지 그런 생각들에게 더 이상 휘둘리지 않는 일임을 알게 되었어요.”

현재는 명상을 개입 치료법으로 추천하는 임상의들이 점점 늘고 있으며 그 효과도 상당하다. 기분장애에 미치는 명상의 영향을 연구해온 한 팀의 심리학자들과 뇌과학자들이 집필한 『우울증을 다스리는 마음챙김 명상(The Mindful Way through Depression)』에는 부정적 감정이 기분장애에 주는 영향을 완화시키기 위한 첫 번째 단계로 다루고 있다. 이 책의 공동 저자들이 지적하고 있듯 “우리가 불행에 반응하면 잠깐의 지나가는 슬픔이 될 만한 일을 끝날 것 같지 않은 불만과 불행으로 바꾸어놓을 우려가 있다”.[17] 이 개념은 고통을 두 개의 화살에 비유한 고대 어느 불교 수도승의 가르침과 일맥상통한다. 우리는 무슨 일이나 누군가로부터 상처를 받으면 화살에 맞은 듯한 고통을 느끼게 된다. 이 첫 번째 화살만으로도 이미 고통스러운데 분노, 앙심, 두고두고 곱씹기로 반응을 하면 처음의 그 고통에 더해 스스로 자초한 번민까지 더해질 뿐이다. 첫 번째 화살에 그런 식으로 반응해봐야 스스로에게 화살 하나를 더 쏘는 격이다.

명상은 마음을 가라앉혀 불안감과 우울증이 유도할 법한 감정적 혼란을 멈추어준다. 수강생 한 명도 심리 건강을 위해 이런저런 개입 치료법을 시도했지만 그중에 명상이 가장 효과적이었다고 인정했다.

"저는 대학생활 내내 불안감, 스트레스, 우울증 증상으로 힘들어하다가 명상 덕분에 좋아졌습니다. 명상은 안정을 찾고 생각을 다잡는 데 (상담 치료를 비롯한) 그 어떤 방법보다도 효과가 좋았어요. 사실 처음엔 별 기대도 안했습니다. 하루에 30분씩 조용히 앉아 생각을 유도해보는 시간을 갖는 것이 이후의 삶에 얼마나 큰 영향을 미칠 수 있는지를, 그때는 미처 몰랐어요. 명상을 하면 그날이나 혹은 그다음 날까지도 기분이 한결 좋아지고, 저 자신이 세상에게나 친구들에게 더 쓸모 있는 사람인 것처럼 느껴져요. 어느 순간부터는 명상이 제 행복을 위해 꼭 필요한 일처럼 느껴지기 시작했어요."

『우울증을 다스리는 마음챙김 명상』에서 강조한 것처럼 "문제는 슬픔 자체가 아니라 우리의 마음이 그 슬픔에 반응하는 태도이다."[18] 뭔가를 신경 쓰지 않고 내버려둘 줄 아는 요령을 터득해두면 또 하나의 화살(번민)에 맞을 일이 없어진다.

명상, 건강 활력소

명상은 치유 효과도 내준다. 뇌에 신체 건강과 심리 건강을 두루 두루 개선해줄 만한 변화를 일으켜준다. 대학생활 중의 시련기에 명상을 개입 치료법으로 활용했던 다음 학생의 경험담을 들어보자.

"저는 말도 못 하게 끔찍한 학기를 보낸 후인 지난여름부터 명상을 시작했습니다. 그때는 의예과 공부가 잘 풀리지 않아서 힘든 데다 사귀던 사람과 꼬일 대로 꼬여서 결국 헤어진 뒤였어요. 그러다 우울증이 심하게 왔고, 술에 빠져 있다 이대론 안 되겠다 싶어서 우울증 치료제를 처방받았어요. 하지만 우울증에 빠져 있던 그 와중에도 느꼈어요. 약물 의존은 일시적 미봉책일 뿐이고 진짜 문제는 제 사고 패턴에 있다고요. 그래서 우울증을 이겨낼 방법을 찾다가 명상에 관심을 갖게 되었어요. 저는 약물 대신 명상에 몰입해보기로 했어요. 해보니 정말 자유로워지는 느낌이었어요. 저 자신에 대해 다시 알게 되는 기회였어요. 그동안 잊고 살았던 저의 여러 모습을 재발견하면서 제 내면에 꽁꽁 숨겨놓았던 감정에 새롭게 눈뜨게 되었어요. 저에게 명상은 자기애 특강이었어요."

명상이나 명상의 신체적·심리적 행복에 미치는 영향에 관련된 연구 분야에서 선도적 주자로 꼽히는 과학자이자 위스콘신 대학 매디슨 캠퍼스의 교수인, 리처드 데이비드슨(Richard Davidson) 박사는 여러 차례의 획기적 연구를 벌여왔는데 그중에는 일단의 성인들에게 마음챙김 명상을 훈련시키는 과정이 들어가는 연구도 있었다. 연구에 참가한 성인들은 명상 훈련을 받고 나서 8주 동안 매일 1시간씩 스스로 명상을 수행했다. 연구 과정을 마친 결과, 참가자들 사이에서는 불안감을 비롯한 여러 부정적 감정이 줄어들어 있었고 면역 체계가 강해진 증거마저 나타났다. 다시 말해, 명상의 효험이 심리적 측면과 신체적 측면에 두루두루 미쳤던 것이다.[19]

이 연구에서는 주목할 만한 데다 인상 깊은 사실이 더 밝혀졌다. 명상이 참가자들의 뇌의 물리적 구조까지 변화시켰다는 것이다. 1990년대 말 이후로 과학자들의 연구를 통해 신경가소성(뇌가 반복된 행동이나 사고 과정에 대응하여 물리적으로 변하기도 한다는 개념)을 뒷받침하는 증거는 꾸준히 축적되어왔다. 행복 연구가들이 특히 관심을 두는 뇌의 영역은 바로 전두엽 피질이다. 이 전두엽 피질은 인간 고유의 특징을 띠게 하는 측면, 즉 추상적 추론, 복잡한 의사결정, 충동 통제 등을 관장한다. 정서적 행복에서도 중요한 역할을 맡고 있다. 전두엽 피질은 다시 두 부분으로 나뉘는데, 바로 좌반구와 우반구이다. 지금까지 과학자들이 (이른바 뇌파기록이나 뇌파도를 통해) 실험 참가자들의 뇌에서 일어나는 전기 활동을 측정하여 밝혀낸 바에 따르면 가장 행복한 군에 속하는 사람들은 전두엽 피질의 왼쪽이 오른쪽에 비해 활동성이 더 높은 경향을 띠는 편이다.

놀랍게도, 데이비드슨의 연구에서 밝혀진 바에 따르면 전두엽 피질에서 오른쪽에 비한 왼쪽의 활동성 비율을 높이는 방법 중 하나가 바로 명상이다. 연구 결과, 단 8주 만의 명상 수행만으로도 뇌의 기능이 심신의 행복과 이어지는 방식으로 변하기에 충분했다. 명상을 자기애 특강으로 삼았던 수강생도 이런 효험을 직접 체험했다고 한다.

"제 우울증이 차츰 없어지기 시작한 것은 옛 아픔에 연연하지 않고 저 자신이나 감정에 판단을 가하지 않는 법을 터득하면서부터였어요. 호흡에 집중하며 소리, 감정, 생각을 그저 관찰하는 요령을 배우면서부터 저 자신만이 아니라 제 주변의 세상에 대해서도 더 감사할 줄 알게 되었어요. 깨우침을 얻게 되었어요.

예전에만 해도 저는 그냥 하루하루를 마지못해 살아갔어요. 사실상 좀비나 다름없었어요. 예전엔 명상 없이 기존의 기준대로 구제책을 찾았다면 요즘엔 가능한 한 자주 명상을 해요. 명상을 하면 중심이 잡히고 마음이 가라앉아서 그날의 계획을 잘 세울 수 있기 때문이에요. 또 더 행복하고 더 나다운 모습을 보이게 돼요. 활력의 충전이 느껴지니까 이제는 명상 시간이 기대될 정도예요."

삶에 대한 새로운 고마움

내가 지난봄에 방학 숙제로 수강생들에게 6분 동안 생각을 하면서 조용히 있어보라는 과제를 내주었을 때는 놀랄 정도로 많은 학생들이 잘 안 된다고 밝혔다. 그런가 하면 명상이 모닝콜처럼 정신을 차리게 해주어 방랑하는 마음이 안정을 흩뜨릴 가능성에 눈을 뜨게 된 학생이 여럿 있었다. 또 어떤 학생들은 명상을 아예 일과로 삼기 시작하기도 했다.

"봄 방학 동안 공부를 하나도 안 하고 빈둥거리다가 학교에 다시 나왔을 때 그렇게 게으름피웠던 타격을 맞아 위축감에 빠져버렸습니다. 그래서 이 수업 시간 중에 들었던 마음챙김과 명상의 긍정적 효과를 믿고 명상을 습관으로 들여보기로 마음먹었어요. 처음 시작할 땐 기대감이 아주 낮았어요. '6분 동안 생각을 하면서' 가만히 있어보려고 했지만 너무 안 돼서 제가 명상 생활을 할 기질이 못 되는 모양이라는 생각이 들려고 했어요. 그러다 유도 명상 3분째로 접어들면서 아주아주 긴장이 풀리고 집중이 되면서 몇 달 만에 처음으로 평온감이 느껴졌어요. 다행히도 좀 전의 생각이 틀렸던 겁니다.

그 뒤부터는 매일매일 명상을 하려고 노력 중인데 대체로 그 목표를 꾸준히 지키고 있습니다. 이제 겨우 몇 주밖에 되지 않았지만 벌써부터 효과가 느껴져요. 중간고사 기간 중에 정신이 없을 때조차도 스트레스를 덜 느끼고 있어요. 믿기지 않을 만큼 차분하고 행복하게 하루하루를 이어가고 있어요. 제 삶과 인생관에 나타난 이런 긍정적 변화를 계기로 앞으로도 명상을 계속하고픈 의욕이 자극되기도 합니다. 게다가 이제는 명상 시간이 정말로 즐겁습니다. 제 몸이나 주변 환경과 깊은 교감을 나누는 기분을 느끼며 그 몇 분을 음미하고 있습니다. 제가 이렇게 낯간지러운 말을 게 될 줄은 생각도 못했지만 정말로 명상을 통해 예전엔 느껴보지 못했던 삶에 대한 고마움을 새롭게 알게 되었어요."

6분 과제가 이렇게 장기간의 효험으로 이어질 수 있다니, 놀랍지 않은가?

제6장

더 잘 실패하기

몇 년 전 경제 미디어 「포브스(Forbes)」에서는 아이들이 꿈꾸는 직업 순위를 보도했다.[1] 우주비행사가 되어 우주 여행하기, 프로 선수가 돼서 결승골 기록하기, 소방관이 돼서 사람들의 생명 구하기, 콘서트 표가 매진될 정도로 인기 가수 되기 같은 꿈을 꾸는 아이들이 많았다. 물론 아이들은 나이를 먹으면서 차세대 테일러 스위프트나 데이비드 베컴이 될 가능성은 말도 못하게 낮다는 사실을 점점 자각한다. 그러면서 어릴 때 품었던 포부도 분별을 갖춘다. 마침내 자신의 장점을 살릴 만한 분야를 현실적으로 찾아간다.

하지만 여기에서 최상위권을 차지한 꿈의 직업만큼은 순진한 어린 시절이 지나서까지도 그 꿈이 희미해지지 않는 모양새다. 바로 의사가 되어 다치고 병든 사람들을 고쳐주고 싶다는 꿈이다. 고등교육연구소(Higher Education Research Institute)에 따르면 해마다 대학에 진학하는 150만 명 중에 약 20퍼센트가 의대 예비 과정의 학생이다.[2] 다시 말해 매년 가을마다 의사를 꿈꾸며 대학에 들어오는 학생 수가 약 30만 명에 이른다는 얘기다. 이들 중 실제로 의예 과정을 수료한 후 의대에 지원하는 수가 몇 명이나 되는지 아는가? 약 5만 명에 불과하다. 또 이들 중 입학 허가를 받는 수는 몇 명이나 될까? 2만 명 정도이다.[3] 의예 과정 입학생 전체 중 그토록 선망하는 흰 가운을 입게 될 비율은 8퍼센트에 불과하다. 미국 대학 농구 선수들이 NBA의 신인 선수로 선발확률보다도 낮다.

의예 과정 신입생으로 입학한 해에서부터 졸업일까지 중퇴자 수가 급격히 늘어나는 것도 의예 과정 커리큘럼의 압박이 얼마나 심한지를 뚜렷이 시사한다. 의예 과정은 수업이 어렵고 공부량도 어마어마하다. 예전에 수재로 이름 날리던 학생들조차 어려움을 겪는다. 마침내 의대에 진학하는 8퍼센트에 들었던 내 수강생 중 한 명은 얼마나 험난한 출발점을 거쳐 그 고지에 이르렀는지를 이렇게 털어놓았다. "1학년부터 2학년 초반까지 성적이 잘 나오지 않았어요. 하필이면 강의 선택이 서툴렀던 데다 전공과 비전공 과목의 균형을 잘 맞추지 못해서 애를 먹었어요. 하루도 안 빼먹고 열심히 공부했지만 기대만큼의 좋은 성적을 얻지 못했죠." 아무리 열심히 공부해도 성적은 기껏해야 중간 수준에 그쳤다고 한다. "이해가 안 됐어요. 고등학교에 다닐 때는 더 열심히 공부하면 언제나 더 좋은 성적을 받은 것 같았는데 왜 성적이 안 오르는지 이상했어요."

수많은 학생들이 직면하게 되는 이런 힘겨운 현실을 헤치고 성공적인 대학생활을 해내기 위해서는 고등학교에서 잘 통했을 만한 방법과는 다른 식의 접근법이 필요하다(특히 의예 과정의 살인적인 커리큘럼에 맞닥뜨린 경우라면 더욱더 그렇다). 이 의예 과정 학생도 좋은 학업 성과를 내게 해줄 만한 접근법을 바꾸어야만 했다.

그런 현실의 직시는 대학원이나 전문학위 과정에 지원하려는 학생들에게만 해당되는 얘기가 아니다. 2학년 때 여름 인턴십에 지원했던 한 수강생도 현실 직시에 따른 비슷한 어려움을 치러야 했다. 100개도 넘는 직종에 지원했지만 면접을 받으러 오라고 연락해 온 곳은 단 두 곳뿐이었다. 그나마도 두 곳 모두 떨어졌다. "실망감이 이루 말할 수 없었어요. 왜 저를 채용하려는 사람이 한 사람도 없는지 도저히 이해가 되질 않았어요. 시험 성적으로 보나 명문 대학에 다니는 사실로 보나 저는 정말 똑똑한 편인데 왜 어디에서도 채용되지 못한 걸까요?"

얼마간 자기성찰의 시간을 갖고 아버지와 진지한 얘기를 나눠본 이후에야, 이 학생은 성공이란 것이 자신이 (그리고 자신과 같은 수많은 새내기 성인들이) 예전까지 생각해왔던 것처럼 그렇게 쉽게 오는 것이 아니라는 사실을 이해하게 되었다. "저는 그전의 수년 동안 별 노력 없이 머리만 믿고 별 노력하지 않고 잘해온 것에 자부심을 품고 있기도 했습니다. 그런데 평생 처음, 제 꾀가 통하지 않는 도전 앞에 놓이게 되었어요. 구직이라는 도전이었죠. 열심히 노력하지 않고 성공했던 경험 때문에 그때의 저는 왜곡된 기대에 빠져 있었어요."

하지만 이런 기대는 어디에서 비롯된 것이었을까? 이런 기대의 방향을 돌려 성공의 길로 향하게 하려면 무엇이 필요했을까? 애초에 이렇게 기대를 왜곡시켰던 근원은 무엇이었을까? 기대와 현실이 일치하지 않으면 살금살금 절망이 파고들어올 여지가 생긴다. 또 일이 계획대로 되지 않으면 그것을 궁극적 패배로, 즉 완전히 포기해야 한다는 암시로 해석하기 십상이다. 이 세상에 실패를 좋아할 사람은 아무도 없지만 누구나 언젠가는 실패를 맛보게 마련이다. 하지만 그 실패를 꼭 파멸이나 마지막 평결로만 받아들일 필요는 없다. 잘 실패하는 방법도 있다. 다시 말해, 우리를 더 강하게 단련시켜 흰색 가운이나 일자리 제안 같은 장기적 성공을 위한 준비가 잘 갖추어지도록 해주는 실패도 있다.

'가득 찬' 연료탱크

기대치를 검토해보는 한 방법은 그런 기대치를 갖게 된 과정을 살펴보는 것이다. 세상에서의 자신의 위치나, 미래의 성패를 따져볼 때 어떤 암시나 징후를 기준으로 삼는가를 보면 된다. 나는 수강생들이 쉽게 이해하도록 하기 위해 나 자신의 사소한 대학생활 경험을 하나의 비유로 들려주곤 한다.

나는 대학생활의 마지막 2년 동안 대학생 기숙사 사감으로 있으면서 조용히 시키고, 열쇠를 잃어버린 학생들을 도와주고, 중간고사 기간에 스터디 브레이크(시험 전에 시험공부를 할 수 있는 일주일 간의 방학-옮긴이) 계획을 짜는 등의 책임을 맡아 했다. 모든 사감생은 학기가 시작되기 몇 주 전에 14일간의 집중 교육을 받는다. 향수병의 치유

법, 경미한 화재에 대처하는 법, 자살 충동에 사로잡힌 신입생을 도와주는 법 등 앳된 얼굴의 스물한 살이 확실히 해낼 수 있을 만한 여타 모든 책무에 대해 배웠던 이 2주간의 교육은 정말 힘들었지만 정확히 중간쯤에 일시적 구제 기간도 마련되어 있었다. 그래서 3일 동안 캠퍼스 밖으로 사감생 캠프를 떠나, 조용히 사색에 잠겨도 보고 서로 유대를 다질 만한 기회도 가졌다. 숨 가쁘게 이어지는 교육에서 제대로 휴식을 갖도록 캠프장 장소는 언제나 캠퍼스에서 서쪽으로 2시간 정도의 거리에 떨어진 농촌이었다.

아무튼 예정상으로는 2시간이 걸리는 거리였다. 그런데 신이 나서 들뜬 60명의 대학생을 태운 낡은 노란색 스쿨버스가 미주리주 농촌 지역의 바람 부는 길을 따라 달리던 중에 갑자기 멈춰 섰다. 우리 모두는 어리둥절한 표정으로 서로를 쳐다봤다. 인솔자들도 어리둥절해하긴 마찬가지였다. 모두들 같은 생각이었다. '여긴 캠프장이 아닌데. 왜 차가 여기에서 선 거지?' 잠시 후 우리의 관심은 버스 운전사에게 쏠렸다. 운전사가 신경질적으로 액셀러레이터를 밟다가 시동키를 돌렸다. 엔진에서 기운 없이 덜덜거리는 소리만 몇 번 나고 시동이 걸리지 않았다. "안 되겠는데 어쩌죠." 기사가 미안해하며 말했다.

알고 보니 그 사태의 주범은 주행 내내 바늘이 'Full'을 가리키고 있었던 연료계였다. 모든 신호상으로 보면 (아니, 적어도 가장 중요한 신호상으로 보면) 연료탱크에는 휘발유가 가득 있었다. 하지만 그 신호는 잘못된 것이었다. 실제로는 가장 중요한 요소(연료)도 없이 목적지로 향해 가고 있었다. 근처의 농부가 도와준 덕분에 기름을 채워 목적지에 닿을 수 있었지만 어떤 의미에서 보면 고장 나서 꿈쩍도 하지 않던 연료계 바늘은 그 버스가 태워 나르고 있던 사람들에게 적절한 비유였다. 버스를 타고 있던 우리 자신의 바늘도 유치원에서 글을 배워 '나는 특별해'라는 말을 읽을 줄 알게 된 순간부터 'Full'에 고정되어 있었다. 그리고 부모, 선생, 감독관 들은 우리의 연료탱크에 일종의 기름을 넣어주는 대신 우리 바늘이 'Full'에서 고정되어 꼼짝하지 못하도록 떠미는 쪽에 열중했고 그 결과 우리는 스스로가 미래의 성공이라는 목적지까지 순탄하고 쉽게 이르는 데 필요한 모든 자질을 갖추고 있다고 믿게 되었다. 우리는 우리 앞에 놓인 그 길이 얼마나 울퉁불퉁한지 잘 몰랐다.

모두를 위한 트로피

나 자신을 포함해서 그날 버스에 탔던 사감생들 모두는 1980년대에 정부 관료들로부터 지지받은 자존감 운동이 한창이던 시대에 자랐다. 이 운동의 목표는 아이들의 자존감을 북돋워주려는 것이었다. 당시의 정치인과 교육자 들은 십 대의 임신, 마약 남용, 범죄 등의 사회적 문제가 그 반대되는 양육 방식에서 기인되었다고 판단했다.[5] 아이들을 키울 때 기를 살려주고 칭찬해주면 일탈 행위를 자제할 줄 아는 성인으로 자라게 될 것이라고 믿었다. 그런 목표에 따라 우리는 우리가 아주 특별한 존재이고 우리가 마음에 정한 것은 뭐든지 해낼 수 있다는 식의 메시지를 잔뜩 주입받으며 자랐다. 교실 벽에 붙은 포스터들도 꿈을 크게 꾸라고 격려하며 우리 앞을 가로막는 것은 아무것도 없다고 응원했다. 선생님들은 숙제를 꼬박꼬박 잘 내기만 해도 표창장을 주었다. 운동 코치님들은 경기에 나오기만 해도 트로피를 나눠줬다.

지금도 부모님 집의 지하실에는 내가 받아온 학업성적 우수상들이 수년째 먼지만 뒤집어쓰고 있다. 학창 시절에 학업성적이 뛰어났던 건 사실이다. 하지만 내가 운동경기에서 받은 트로피와 메달도 정말로 내 운동 실력을 증명해주는 상징이었을까? 꼭 그렇지는 않다.

나는 형제들과 뒷마당에서 캐치볼을 하며 놀 때면 공을 던지는 일보다도 야구공을 이리저리 살펴보며 공 둘레의 바늘땀 수를 세보느라 더 바빴다. 그 바람에 형제들은 나한테 같이 캐치볼하자는 얘기를 잘 하지 않았다. 유치원 시절에 축구 코치 선생님이 왼쪽 풀백을 맡기며 내 자리를 지정해주었을 때는 시합 내내 운동장의 그 자리를 지키고 서서 주변의 12제곱인치 밖으로는 절대로 벗어나지 않았다. 다른 애들이 공을 드리블하며 내 바로 옆을 지나가면 공을 향해 몸을 움직이긴 했지만 시합 시간의 나머지 99퍼센트는 득점 게시판을 뚫어져라 응시하며 머릿속으로 남은 시간을 계산하고 있었다. 어서 빨리 시합이 끝나서 매점에 들러 나초나 펀딥을 사 먹고 싶은 마음만 간절했다. 중학생 때는 100야드(91.44미터) 단거리 경주를 뛰었다 하면 어김없이 꼴찌로 들어왔다. 적어도 어느 날 경주 전까지는 그랬다. 원래는 여덟 명이 한 조를 이루는데 그날만은 나를 포함해서 아직 안 뛴 아이가 딱 세 명 남아 있었다. 나에겐 굉장한 일이었다. 8등이 아니라 3등으로 들어왔다고 모두에게 떠들고 다닐 절호의 기회였으니까!

어린 시절의 나는 어떤 운동을 하든 대체로 다 이런 식이었다. 그런데 그런 내가 어떻게 운동 실력을 인정해주는 트로피와 메달 들을 그렇게 수두룩하게 받아올 수 있었냐고? 축구 경기장에서 골을 넣거나 육상 트랙에서 결승 테이프를 끊으며 들어오는 아이들이나 손에 그런 쇠붙이를 들고 집에 가야 정상일 텐데 어떻게 된 거냐고? 그러니까… 운동장에서 실제로 좋은 성과를 올리지 않고도 그런 표창을 잔뜩 받아온 이유는 모든 아이들이 트로피와 메달을 들고 집에 갔기 때문이었다. 누가 이기고 졌는지는 중요하지 않았다. 득점을 얼마나 올렸는지도 중요하지 않았다(다시 말해, 득점을 아예 내지 않아도 상관없었다). 중요한 것은 딱 하나, 이기지 못해서 패배나 좌절의 고통을 겪는 아이들이 단 한 명도 나와서는 안 된다는 것뿐이었다.

그런 코치님의 표창들은 (교실 포스터나 선생님들의 상장과 마찬가지로) 당시에는 기분을 좋게 해주었을지 모르지만 우리의 자존감 바늘을 'Full'을 가리키도록 밀어붙이고 있었다. 그리고 우리 사감생들을 캠프장으로 실어다준 버스 운전사가 증명해주었듯 그 위치에 바늘이 꼼짝없이 고정되어 있으면 위험하다.

누구나 알고 있듯 역경은 불쾌한 일이다. 뉴욕주립대학 버펄로 캠퍼스의 마크 시리(Mark Seery) 박사가 이끈 연구에서 확실히 밝혀진 바에 따르면, 당연한 결과일 테지만 평생의 역경 수준이 가장 최악에 속한 사람들이 가장 비참하다. 이들 계층이 성인기의 삶에서 스트레스가 가장 심하고 만족도가 가장 낮은 것으로 나타났다.[6] 이런 사람들은 신체나 정서의 건강에 문제가 생기면 일상 생활에까지 지장을 받는다. 다시 말해, 어린 시절에 극심한 수준의 역경을 겪으면 훗날의 삶에까지 안 좋은 영향을 미친다.

그렇다면 아이들의 삶을 최대한 안락하게 해주려는 목표를 내세웠던 1980년대의 자존감 운동이 일리 있어 보인다. 당시엔 팝 스타들조차 시류에 편승해 아이들이 언제나 스스로에게 만족감을 느끼길 바란다는 내용의 노래를 불렀다. 바로 그 무렵인 1985년에 휘트니 휴스턴이 불러 히트를 친 「The Greatest Love of All'」의 도입부 가사를 한번 보자.

난 믿어요. 아이들은 우리의 미래라는 걸…
아이들 안에 잠재된 아름다움을 모두 꺼내 보여주세요
아이들이 더 편히 살 수 있게 자부심을 심어주세요

이 가사에는 당시의 부모님, 교사, 코치 들이 품었던 목표가 그대로 담겨 있다. 아이들에게 내면의 아름다움을 의식하게 해주고, 자부심을 갖게 해주고, 자존감 바늘이 'Full'을 가리키도록 밀어붙이는 식의 당시의 목표가 온전히 가사 속에 녹아 있다. 이런 목표는 언뜻 생각하면 멋진 구상 같기도 하다. 아이들이 자부심을 갖는 것을 싫어할 사람이 누가 있겠는가? 그런데 트로피와 표창을 한 아름 안겨주는 식으로 자부심을 과시하게 해준다고 해서 아이들의 삶이 더 수월해질까?

　너무 지나쳐서는 안 된다. 사실, 소위 극성스러운 '헬리콥터 부모'들은 아이들이 걷는 길에 자갈을 전부 다 치워주려는 바람이 지나쳐 때로는 중학교, 심지어 고등학교까지도 계속 아이들의 일에 나선다. 대학에 입학해서까지 개입하려는 부모들도 많다. 카렌 레빈 코번(Karen Levin Coburn)과 매지 로렌스 트리거(Madge Lawrence Treeger) 공저의 『놓아주기(Letting Go)』에 보면 이런 경우의 사례들을 소개해놓았는데 "일부 학부모는 기숙사 방을 변경해주려 하거나, 학생들과 지도교수의 면담 자리까지 참석하거나, 기숙사 사감을 찾아가 아이를 잘 돌봐달라고 신신당부하기까지" 한단다.[7]

　이런 부모들의 편을 들며, 그저 학생들이 '더 편히 살아가게' 해주라는 휘트니 휴스턴의 조언을 새겨 듣고 그러는 것인데 뭐가 나쁘냐고 주장할 수도 있다. 하지만 삶이 더 편해지면 정말로 더 좋은 것일까? 코번과 트리거는 절대로 그렇지 않다고 답한다. "이런 행동들은 그 의도가 아무리 좋아도, 대학 신입생들이 따로 떨어져 나와 독립심을 세우기 더 힘들어지도록 내몰 뿐이다."

　게다가 자립감 형성에 방해가 되는 장애물로 말하자면 이 정도는 빙산의 일각일 뿐이다.

자존감 운동의 의도치 않은 후유증

　다음은 자존감 운동이 개시되고 몇 년 후에 「타임」지에 실린 기사다.[8]

"지난해 6개국의 13세 학생을 대상으로 치러진 국제 수학 시험에서 한국이 최고의 성적을 냈다. 미국은 스페인, 영국, 아일랜드, 캐나다 에까지 뒤처지며 꼴찌를 했다.

정말 난감한 문제는 따로 있다. 학생들은 삼각형과 방정식 문제 외에 '나는 수학을 잘한다'는 지문에도 답했는데 한국 학생들이 이 부문에서 가장 하위에 들어 23퍼센트만이 그렇다는 답변을 달았다. 반면 미국 학생들은 무려 68퍼센트가 그렇다고 답하며 1위로 등극했다.

미국 학생들은 수학 실력은 떨어질지 몰라도 자부심을 갖도록 가르치는 최신 유행의 그 자존감 커리큘럼 교육만큼은 확실히 소화한 듯하다."

부정할 여지가 없는 사실이다. 그리고 여러분이 1980년대나 1990년대에 특히 미국에서 자란 세대라면 누구나 다 여기에 해당된다. 당시의 세대는 자부심을 갖도록 배웠다. 자존감 바늘이 'Full'에 탄탄히 고정되어 있었다. 하지만 어느 때든 항상 자부심에 차 있다간 언젠가 타격을 입게 마련이다. 그것도 아무 예고 없이 갑자기.

심리학자 진 트웬지(Jean Twenge)가 수세대에 걸쳐 수천 명의 새내기 성인들을 대상으로 인성 특성 검사를 진행한 결과, 1970년대에서부터 현재까지 나르시시즘이 크게 높아진 것으로 나타났다. 그녀가 이 조사 결과를 정리해서 담아낸 책이, 베스트셀러 『나 세대 : 현재의 미국 젊은 층이 과거의 어느 세대보다도 자신감이 넘치고, 자기주장과 특권의식이 강한데도 더 불행한 이유(Generation Me:

Why Today's Young Americans Are More Confident, Assertive, Entitled, and More Miserable than Ever Before)』다.

책 제목 자체에 모든 얘기가 함축되어 있다. 요즘 젊은 층은 칭찬을 듬뿍듬뿍 받으며 자랐지만 오히려 그 칭찬이 성인기에 들어와서 부정적 결과를 낳았다. 트웬지가 이 책의 자매 웹사이트에서 잘 설명해놓았듯 "요즘의 젊은 층이 세상의 주인공인 것처럼 길러진 때는 시기상으로 대학 입학, 취직, 집 장만이 그 어느 때보다 힘들어진 시대다. 그에 따라 세상은 점점 경쟁이 치열해지는 와중에 젊은 층의 기대는 아주 높다 보니, 기대와 현실 사이에 격차가 크게 벌어지고 있다."[9] 이런 격차를 감안하면 힘든 노력 없이 취업이 잘되길 기대했던 학생이나, 과학 과목에 고전했지만 그냥 더 열심히 노력하기만 하면 더 잘되리라고 기대한 의예 과정 학생이 왜 그런 왜곡된 기대를 품게 되었는지 수긍이 간다.

이런 기대와 현실 사이의 차이는 자존감 운동이 불러온 또 다른 불행을 특징짓기도 한다. 앞의 두 새내기 성인은 어린 시절에 그냥 나오기만 해도, 즉 최소한의 노력만 기울여도 트로피를 받거나 특별한 존재로 추켜세워졌을 가능성이 높다. 이런 메시지는 새내기 성인들에게 언젠가 문제를 일으키게 될 만한 사고방식을 부추겼다. 이들은 생물학 실험실과 면접장이 축구 경기장과는 다르다는 것을 깨달아야 했다. 이제는 그냥 나오는 것만으로는 바라는 상을 가지고 집에 갈 수 없다고.

자존감 운동은 의도는 좋았지만 성공과 행복의 핵심 요소인 다음

세 가지를 간과했다.

1. 역경에 맞설 끈기
2. 좌절 속에서도 지혜를 끌어낼 능력
3. 삶의 도전에 적극 응하려는 의지

내 수강생들의 경우엔 다행스럽게도 위의 세 요소 중 첫 번째를 스스로 터득해냈다. 두 학생 모두 첫 구직 시도에서 물을 먹거나 화학 시험에서 형편없는 성적을 받고 나서 쉽게 포기할 만도 했다. 실제로 그런 상황에 놓인 수많은 학생들이 그렇게 한다. 하지만 두 학생에겐 포기하지 않고 계속 나아가도록 자극한 뭔가가 있었다. 바로 비판적 견해였다. 그리고 그것이 두 학생을 궁극적인 성공으로 이끌었다.

실패를 정면으로 응시하기

워싱턴 대학의 교수 조나손 브라운(Jonathon Brown)과 키이스 더튼(Keith Dutton)은 바로 이 비판적 견해를 중심으로 연구를 진행한 바 있다.[10] 좋은 피드백을 받을 때의 기분은 말 안해도 다들 알 테지만, 넘어져서 그만 포기해버리고 싶은 유혹이 고개를 들 때의 기분은 어떨까? 두 교수는 이런 의문을 바탕으로, 사고방식이 실패에 대한 반응에 어떤 영향을 미치는지 알아보기 위해 300명이 넘는 대학생들에게 일련의 낱말 퍼즐을 풀게 하는 실험을 진행했다. 이때 퍼즐의 난이도는 절반의 학생은 쉽게 승리감을 즐길 만한 수준으로,

나머지 절반은 쓰라린 패배감을 맛볼 만한 수준으로 따로따로 구성해놓았다. 또 각각의 낱말 퍼즐은 3개의 단어를 보고 그 3개의 단어와 연관된 단어를 알아맞히는 방식이었다. 예를 들어 'duck-fold-dollar'라는 문제에 'bill'이라고 답하는 식이었다[duckbill(오리너구리), billfold(지갑), dollar bill(달러 지폐)].

자, 그러면 여러분도 다음의 낱말 퍼즐을 한번 풀어보라.

1: cream-skate-water

2: home-sea-bed

답은 아래에 있다.* 여러분이 대다수 사람들과 같다면 첫 번째 문제를 두 번째 문제보다 더 쉽게 풀었을 것이다. 이번엔 여러분이 이런 식의 낱말 퍼즐 문제 전체를 풀어야 하는 상황인데 모든 문제가 첫 번째 문제만큼 쉽거나 아니면 두 번째 문제만큼 만만치 않다고 상상해보라. 브라운 교수와 던튼 교수는 바로 그런 식의 방식으로 실험을 진행했다. 실험 참가 학생의 반은 쉬운 문제를 받아 힘들이지 않고 성공을 즐기게 해주었다. 그리고 나머지 반의 학생은 상대적으로 까다로운 문제를 받아 거의 실패를 눈앞에 둔 기분이 들도록 했는데, 관찰 결과 아주 흥미로운 반응을 나타냈다.

지금까지 살펴봐왔듯 자존감 운동은 기분을 좋게 해주고, 삶을

* ice : ice cream - ice skate - ice water, 2) sick : homesick - seasick - sickbed

수월하게 살게 해주고, 성공을 이미 예정된 것으로 만드는 식이었다. 하지만 어떤 사람의 자존감은 그 사람이 뭔가에 실패한 순간에 제대로 판가름 난다. 다시 말해, 자존감은 (그러니까 진짜 자존감은) 언제나 기분 좋게 지내는 차원만으로 갖춰지지 않는다. 바늘을 'Full'에 고정시켜놓는 것만으로는 안 된다. 아이에게 아이의 실제 재능과 상관없이 무조건 잘한다고 칭찬해주기만 하면 인위적인 자존감을 키워주게 된다. 수년간 수많은 교육자, 정치인, 학부모 들이 자신도 모른 채로 이런 인위적인 자존감을 만연시켜왔다. 그리고 이런 인위적 자존감이 나르시시즘의 팽창을 낳은 근원이다. 또 미국의 학생들이 자신들이 수학을 잘한다고 믿게 된 이유이자, 어린 시절의 내가 운동을 제법 잘하는 줄로 착각했던 이유이기도 했다(어쨌든 집에 트로피 케이스가 버젓이 있으니, 그렇게 착각할 만도 하지 않을까?).

반면에 진짜 자존감은 역경에 부딪쳤을 때 다시 일어설 줄도 알게 해준다. 바늘이 가리키는 신호와는 달리 실제로는 자신의 연료가 비어가고 있다는 그런 가혹한 현실에 직면해도 포기하지 않고 나아가게 해준다.

연구 결과, 쉬운 문제를 받은 학생들은 하나같이 자신의 수행도에 기분 좋아했다. 잘하면 기분 좋은 것은 당연한 일이다. 상대적으로 어려운 문제를 받아 풀지 못한 문제가 잔뜩 있는 채로 문제지를 내게 되었던 학생들의 경우엔 거의 전부가 행복감과 자존감이 하락했다. 이 역시 당연한 결과이다. 실패하면 기분이 안 좋아지기 마련이다. 하지만 실패한 학생 중 일부는 참담한 반응을 보이면서 유독 더 큰 타격을 받았다.

문제를 다 풀지 못한 학생들 사이에서 이런 타격 강도의 차이를 불러온 예측인자는 무엇이었을까? 진짜 자존감이었다. 진짜 자존감이 낮은 학생들은 좌절감에 빠졌고, 높은 학생들은 좀 속상해하기는 했지만 실패에 끌어내려지지 않을 만한 심리적 수단을 갖추고 있었다. 다시 말해, 진짜 자존감은 자아에 입은 타격을 진정시켜줄 수 있는 심리적 완충제가 되어주기도 한다. 상황과 상관없이 무조건 잘한다고 칭찬받는 것으로는 한계가 있다. 그래봐야 인위적 자존감만 키우고 자신의 재능에 대한 비현실적인 관점을 갖게 된다. 진짜 자존감이란 일이 잘 풀리지 않을 때도 자신을 다시 일으켜 세울 줄 아는 것이다.

브라운과 던튼 교수의 설명처럼 "부정적 결과에 처했을 때 자아와 연관된 감정적 반응을 유도하는 측면에서는 자존감의 역할이 가장 중요하다. 따라서 실패나 좌절, 또는 거부에 대한 반응에 관한 한 행동을 좌우하는 가장 밀접한 요소는 바로 자존감이다."[11] 수십 년 전부터 진행된 이 운동은 성인기의 고통을 완화시키기 위해 아이의 자존감을 키우는 것에 관심을 두었지만 결과적으로 아이들이 실패를 정면으로 마주하지 못하도록 막았다. 실패를 정면으로 마주하지 않으면 그런 부정적 결과를 극복하도록 감정을 이끄는 법을 끝내 배우지 못한다. 성공과 행복의 3대 핵심을 다시 떠올려보자. 그 첫 번째는 삶이 여러분에게 시련을 줄 때, 즉 이 경우처럼 풀 수 없는 낱말 퍼즐을 내밀 때 적절히 반응하는 요령을 아는 것이다.

분발하기

대학생활 초반에 고전을 면치 못했던 의예 과정 수강생의 경우, 상황을 반전시켜준 궁극적 계기는 진짜 자존감이었다. "처음엔 그러기 힘들었어요. 그냥 자기연민에 빠지거나 진짜 원인이 아닌 다른 원인의 탓을 하는 편이 더 쉬웠어요." 이런 식의 첫 반응은 브라운과 더튼 교수의 연구에서 낱말 퍼즐을 다 푸는 데 실패했던 낮은 자존감의 학생들이 나타낸 반응과 비슷하다. 이 학생들은 실험이 끝났을 즈음 자부심과 전반적 행복감에 큰 타격을 입었다. 다행히 내 수강생의 경우엔 마침내 진짜 자존감을 회복하면서 타격에 대한 완충제를 얻게 되었다. 성적이 낮아서 대학원 진학의 꿈이 물거품이 되도록 다 포기하는 대신, 계속 분발했다.

"어렵사리 저 자신을 다잡으며 내면을 들여다보며 제 실력을 제대로 분석해봤어요. 의예 과정 지도교수님들과 면담 약속도 잡고, 대학생활을 잘하고 있는 동기생들과도 이야기해보고, 과중한 공부량에 대처할 더 효과적인 방법도 생각해봤어요." 교수와 행정관, 그리고 의예 과정 커리큘럼에서 자신보다 몇 발짝이라도 더 앞서 있는 동기생들과 이야기를 나누며 지혜를 얻은 덕분에 이 남학생은 그동안 자신의 문제가 무엇이었고 이제부터 어떻게 해야 될지를 찾아냈다. 그리고 이 새로운 접근법으로 성과를 거두었다. 다음 학기부터 성적이 올라갔고 어렵기로 악명 높은 과목들에서도 꾸준히 뛰어난 실력을 보여주었다. 하지만 무엇보다 뜻깊은 결실은, 대학생활 이후

에도 유용하게 활용할 만한 사고방식을 키운 것이었다. "이젠 공부
관과 수업 적응력이 자리 잡혀서 어려운 과목도 잘해낼 자신감이 생
겼어요." 괴로운 자기평가 과정을 거치고 개선될 여지를 찾아낸 결
과 더 세게 밀고 나갈 동기를 얻은 것이었다. 이전까지의 접근법이
더 이상 효과가 없는 이유를 몰라 갈팡질팡하고만 있지 않았다.

100곳 넘게 일자리 지원서를 냈다가 떨어졌던 학생 역시 높아진
진짜 자존감에 힘입어 끈기를 갖게 되었다. 이 남학생은 아버지와
대화를 나누다가 캘빈 쿨리지(Calvin Coolidge, 미국의 제30대 대통령-옮긴
이)가 남긴 다음의 명언에서 큰 울림을 얻기도 했단다.

"이 세상에서 끈기를 대신할 수 있는 것은 없다. 재능으로도 안 된다.
재능이 있으나 성공하지 못한 사람들이 흔하디흔하다. 천재성으로도
안 된다. 아무리 천재라도 이룬 것이 없으면 웃음거리밖에 더 되겠는
가. 교육으로도 안 된다. 세상은 교육받은 낙오자로 넘쳐난다. 오직
끈기와 결단력만이 무엇이든 이룰 수 있는 힘이다. '계속 분발해라!'
이 말이야말로 지금까지 그래왔듯 앞으로도 꾸준히 인류의 문제를
해결해줄 슬로건이다."

정말로 이 학생에게 꼭 필요했던 말이었다. "저는 새로운 패기를
얻어 다시 인턴십 지원에 도전했어요. 그러다 4학년 때 드디어 꿈꾸
던 일자리를 얻게 되었어요."

가장 성공한 축에 드는 사람들이 흔히들 하는 말이 있다. 그런 성

과를 거두는 과정에서 위험과 실패의 가능성을 감수해야 했다고. 일이 잘 풀리지 않을 때조차, 그 가치를 나중에서야 알게 되었지만 값진 교훈을 배웠다고. 또 이런 사람들에게서 특히 주목할 부분은, 실패를 당연한 과정으로, 여정 중의 예상되는 과정으로 여기게 되었다는 점이다.

이쯤에서 J. K. 롤링이 2008년에 하버드 대학 졸업생들에게 전해 준 인상적인 졸업식 축사의 메시지를 몇 대목만 들어보자.[12] "실패 없이 사는 건 불가능합니다. 단, 실패하지 않으려 지나치게 조심하느라 살아도 사는 게 아닌 듯한 삶을 살며 실패를 피한다면 예외일 테지만, 그런 삶 역시 그 자체로 실패입니다." 그녀는 자신의 새내기 성인 시절을 스스로 대실패작이었다고 회고하며, 이혼녀에 직업도 없고 싱글맘이었던 데다 "노숙자만 아니었을 뿐, 현대의 영국에서 극빈층으로 살았다고" 털어놓았다. 하지만 그녀는 자신을 보호해줄 완충제로서, 진짜 자존감을 갖추고 있었다. 그 무시무시한 실패를 정면으로 응시하면서 계속 밀고 나갔다. 그녀의 말마따나 맨 밑바닥은 제 삶을 다시 세울 탄탄한 토대가 되어주었을 뿐만 아니라 출판 역사상 가장 성공한 시리즈물의 토대가 되어주기도 했다.

진짜 자존감 키우기

지금까지 살펴본 의예 과정 학생, 일자리 구직생, 아동 소설 작가 이 세 사람 모두의 행동 방식은 진짜 자존감을 살펴본 연구를 통해서도 증명된 것이다. 자존감이 높은 사람들은 처음의 방법이 효과가 없으면 또 다른 방법을 찾는다. 끈기 있게 매달린다. 자존감이 낮은 사람들과는 달라도 아주 다르다. 자존감이 낮은 사람들은 패배의 고통에 짓눌려 다시 일어날 기회에는 관심이 없다. 낮은 자존감의 사람들에게 이런 영향을 미치는 것은 단지 그 순간에 입은 자존심의 타격만이 아니다. 더욱더 안타까운 노릇이지만, 실패 역시 위험을 감수하고 미래로 나아가려는 의욕을 떨어뜨려놓는다. (낱말 퍼즐 연구의) 브라운과 더튼 교수가 설명한 것처럼 "성공을 위한 위험을 각오하는 쪽보다는 실패의 고통으로부터 자신을 보호하려는 쪽에 더 열중하게 된다… 낮은 자존감의 사람들이 높은 자존감의 사람들과 같은 행동에 나서지 않는 이유는 그렇게 했다가 부정적인 결과를 맞으면 너무 싫을 것 같은 (틀리지 않은) 예감 때문이다."[13]

실패는 삶의 불가피한 과정이다. 실패하지 않으려 애써봐야 어차피 부질없는 노력으로 끝날 뿐이다. 따라서 중요한 것은 실패의 회피가 아니라 실패에 반응하는 방법이다. 브라운과 더튼 교수가 상대적으로 어려운 낱말 퍼즐 문제를 받은 학생들을 아주 흥미롭게 관찰했던 이유도 그 때문이다. 누군가의 진짜 자존감을 가늠하고 싶다면, 햇빛이 반짝반짝 빛나고 바늘은 'Full'을 가리키고 있고 모든 일이 순조롭게 돌아갈 때 그 사람이 어떻게 행동하는지를 봐선 안 된다. 뭔가에 실패한 이후의 반응에 주목해야 한다. 성공 후에는 누구나 기분이 좋아하기 마련이다. 따라서 어떤 사람의 심리적 힘을 제대로 분별해볼 적기는 넘어지거나 추락한 이후이다.

물론 진짜 자존심을 세우는 개념 자체에 문제점을 지적하는 사람들도 있다. 젊은이들에게 실행 가망도 없는 꿈을 좇게 부추긴다고 우려하는 것이다. 어떤 학생이 재차 화학 시험에 낙제점을 받는데도 계속 밀고 나가라는 높은 자존감의 (분별없는) 부추김을 받아 의사의 꿈에 매달리면 어쩌냐고.

하지만 끈기와 오기를 구분하는 좋은 기준이 있다. 진짜 자존감의 또 한 가지 특징인, 현실감각이다. 풀어서 말하자면 바라는 결과를 이루기 위해 밟아나가야 할 단계를 잘 헤아리고, 자신에게 그 단계들을 수행할 능력이 있는지를 따져볼 줄 아는 신중함이다. 즉, 진짜 자존감이란 바늘이 항상 'Full'을 가리키거나 항상 '계속 분발하라'는 신호를 보내는 것이 아니다. 그보다는 현실적인 목표를 향해 끈기를 발휘하고 넘어져도 다시 일어나면서, 필요할 경우엔 계획을 조절해 자신의 실질적 잠재성에 맞춰 조율하는 것이다.

하지만 자존감 운동을 전개했던 교육가와 정치인 들의 취지는 옳았다. 자존감은 정말로 젊은이들이 키울 만한 소중한 자질이다. 자존감은 역경 앞에서 끈기 있게 나아가기 위해 꼭 필요할 뿐만 아니라 목표의 수정 필요성을 분간하는 데도 유용하다. 하지만 바늘을 억지로 'Full'에 맞추는 식으로 얻어지는 것은 아니다. 다른 자질들과 마찬가지로 경험을 통해 길러지는 것이다. 바로 이 대목에서 성공과 행복의 두 번째 핵심 요소인, 역경의 본질 이해하기가 필요해진다. 역경은 일이 훨씬 더 잘될 기회를 선사해준다는 사실을 이해해야 한다. 자존감 운동은 커리큘럼에 이런 메시지를 미처 담아내지 못했다. 그래도 다행이라면, 그 부족함은 팝 음악 무대를 통해 벌충

되기도 했다.

*

오디션 프로그램 「아메리칸 아이돌(American Idol)」 첫 번째 시즌의
우승자인 유명 가수 켈리 클락슨(Kelly Clarkson)은 대인관계와 개인의
역량강화를 주제로 다룬 히트곡들로 수차례 빌보드 1위를 차지하면
서 전 시즌을 통틀어 「아메리칸 아이돌」에서 가장 성공을 거둔 우승
자로 인정받고 있다. 지금까지 수천만 장의 앨범과 싱글곡 판매를
기록했고 콘서트를 열었다 하면 표가 금세 매진될 정도다. 전미 레
코드예술과학아카데미(National Academy of Recording Arts and Sciences), 빌
보드, 컨츄리뮤직협회(Country Music Association)를 비롯해 그녀의 음악
장르에서 음악적 재능이 뛰어난 사람들에게 상을 수상하고 있는 거
의 모든 기관으로부터 온갖 상을 휩쓸기도 했다.

클락슨의 인기는 음악을 통해 다양한 감정을 전달하는 능력에서
비롯된 것이라고 할 만하다. 그만큼 그녀는 연인의 꿈을 꾸거나 이
별의 아픔을 극복하거나 힘든 시기를 딛고 다시 일어날 때 등의 감
정을 잘 전달해준다. 그녀의 최고 인기곡인 「Stronger (What Doesn't
Kill You)'」가 수록된 앨범은 전 세계적으로 500만 장이 넘게 팔렸다.
이런 엄청난 성공의 원인을 어떻게 설명할 수 있을까? 듣는 이들에
게 노래의 가사가 쉽게 와닿기 때문일지 모른다.

이 고통을 견뎌내면 더 강해질 거야. 좀 더 당당히 서게 될 거야…

이 고통을 견뎌내면 파이터처럼 강해지겠지. 발걸음은 더 가벼워지고…

감정을 자극하는 호소력 있는 가사이지만 정말 그럴까? 이 히트곡에 담긴 가사 이상의 뭔가가 더 없을까? 치명적 위험을 감수하지 않는 한에서 어려운 도전에 맞서면 단순히 더 당당히 서게 되고, 발걸음이 더 가벼워지면서 훨씬 더 강해질 수 있는 것을 넘어서서 뭔가가 더 있지는 않을까?

이쯤에서 마크 시리 박사의 연구를 다시 한 번 들여다보자. 이 연구에서는 어린 시절 극단적 역경을 겪었던 사람들이 훗날 성인이 되어서 심리적 빈곤에 시달리게 되는 것으로 나타났다. 이것은 그다지 놀랄 만한 결과는 아니다.

하지만 이 연구에서는 극심한 고난이 부정적 결과를 낳는다는 점 외에도 많은 사실을 밝혀냈다. 짐작했을지 모르겠지만 연구에 참여한 사람들은 역경 경험치가 아주 다양했다. 온갖 극심한 역경을 치르며 평생 고생을 달고 살아온 사람들도 있었고 성인이 될 때까지 이렇다 할 만한 불행 없이 살아온 사람들도 있었다. 나머지 상당수의 사람들은 그 중간쯤으로, 평생 동안 어느 정도의 역경을 겪었지만 그 정도가 감당할 만한 수준이었다. 얼핏 생각하면 이전까지 아무런 역경 없이 살아온 사람들이 이 중에서 가장 행운아일 것 같다. 그동안 심각한 병이나 금전난에 시달리거나 사랑하는 사람을 잃은 적이 없이 살아온 이들을 보면, 어른이 될 때까지 아무 고생 없이 곱게 자랐으니 정말 운이 좋다고 느낄 법도 하다.

정말 그럴까?

시리 박사는 분석의 첫 번째 단계에서 아주 높은 역경치가 아주 낮은 심리적 행복으로 이어진다는 사실을 발견했다. 앞에서도 말했다시피 이것은 놀랄 만한 결과도 아니다. 또한 이런 결과를 보면서 역경은 적을수록 좋다는 추정을 하는 사람들도 더러 있을 것이다. 물론 맞는 추정이긴 하지만, 그것은 어느 정도까지만 맞다. 이번에는 대다수 사람들에게 반직관적으로 느껴질 만한 연구 결과를 이어서 살펴보자.

가장 바람직한 결과를 얻은 사람들, 그러니까 어른이 되어 가장 만족스러운 삶을 누리면서 대인관계에서나 일에서나 가장 잘 처리해나가고 있는 그룹은 역경을 전혀 겪지 않으며 자란 사람들이 아니었다. 어느 정도의 역경을 겪으며 자란 사람들이 가장 바람직하게 자랐다.[14] 조금은 골디락스(『골디락스와 세 마리 곰』에 나오는 금발의 소녀. 이 소녀가 곰들이 집을 비운 사이에 그 집에 들어갔다가 탁자에 있는 음식을 보고 너무 뜨겁지도 너무 차갑지도 않은 딱 적당한 온도의 수프를 맛본 데서 따온 말로, 과하지도 않고 모자라지도 않은 딱 맞는 것을 찾는다는 점에 빗대어 많은 비유의 대명사로 쓰이고 있다-옮긴이)처럼, 평생의 역경에 관한 한 너무 과한 것도, 너무 모자란 것도 좋지 않다. '중간' 정도가 가장 좋은 결과를 가져다준다. 게다가 이 말은 근거 없이 그냥 하는 말이 아니다. 수많은 연구에 따르면, 실제로 '중간' 정도의 고생을 겪어야만 했던 사람들이 훗날에 이르러 '가장 행복해지는' 것으로 증명되었다.

살면서 약간의 역경을 겪을 경우의 장점은, 훗날에 심리 건강이 더 좋고 제구실을 더 잘하는 사람이 되는 차원에서만 그치지 않았다. 어린 시절의 역경치는 성인기의 역경 대처 능력을 가늠하는 예측인자이기도 했다. 이 연구는 연구 참여자들을 수년 동안 추적 조사하는 방식이었고 덕분에 연구진은 참여자들이 조사 당시에 처한 역경에 어떤 식으로 반응하는지를 살펴볼 수 있었다. 그렇게 살펴보니 이혼을 한 사람들도 있었고, 회사에서 해고당하거나 가까운 친구나 친척을 잃고 괴로워하는 사람들도 있었다. 조사 기간 내내 참여자들이 자신들의 행복과 관련해서 제공해준 정보를 바탕으로, 연구진은 참여자들이 최근에 닥친 고통으로 어떤 영향을 받았고 그 고통에서 얼마나 빠르게 회복하는지의 동향도 엿볼 수 있었다.

그렇다면 최근에 닥친 역경에서의 회복 능력을 가늠할 만한 예측인자는 뭐었을까? 첫 번째 분석에서 밝혀진 심리 건강의 예측요소와 동일했다. 바로 이전에 겪은 역경이었다. 분석 결과, 이전에 역경을 겪고 회복했던 사람들이 과거가 역경으로 전혀 얼룩지지 않은 사람들에 비해 더 빠르게 회복했다. 과거의 역경이 회복에 유용한 심리적 수단을 갖추어주었던 것으로 증명되었다. 시리 박사에 따르면 "살면서 적당한 정도의 역경을 겪으면 회복력을 키우는 데 도움이 된다".[15] 말하자면 역경은 우리에게 한 줄기 희망도 비춰준다. 지금의 그 역경이 대처 능력을 길러주어 앞으로 또 다른 역경이 오더라도 더 강해져 있을 것이라고.

배울 수 있는 기량

피아노 연주, 신발 끈 묶기, 새로운 언어 말하기와 크게 다를 바

없이, 역경에 대처하는 요령 역시 연습과 반복적 노출을 통해 얼마든지 키울 수 있는 기량이다. 피아노로 음계를 연습해본 적이 없는 아이는 베토벤 소나타를 마스터하는 데 필요한 기량을 키우지 못한다. 이와 마찬가지로 이전까지 한 번도 역경을 극복해야 할 일이 없었던 사람은 대인관계로 인한 심한 괴로움이나 직업상의 스트레스를 끈기 있게 헤쳐 나갈 심리적 힘이 길러지지 못한다.

시리 박사에 따르면 우리의 전반적 행복을 위해서는 역경의 극복 요령도 알아야 한다.

"낮은 편이되 0은 아닌 수준의 역경치는 효과적인 대처 능력을 길러주고, 사회적 지지망(환경에 의하여 제공되는 사회적 연결로서 가족, 친구, 교사, 이웃, 직장동료, 지역사회, 개인에게 도움을 주는 전문가 등을 말한다-옮긴이)의 형성을 더 원활히 해주고, 과거의 역경에 대한 정복감을 느끼게 해주며, 앞으로도 잘 대처해낼 수 있다는 자신감을 북돋워주고, 정신생리학적 강인함을 끌어내준다. 이렇게 형성된 이 모든 기질들은 이후에 큰 역경이 닥쳐서 회복이 필요할 때 유용하기 마련이다. 또한 일상의 사소한 골칫거리들을 버겁게 받아들이기보다 처리할 수 있는 일로 더 가볍게 여기게 되어 전반적 정신 건강과 행복에도 이바지할 것이다."[16]

J. K. 롤링도 2008년의 하버드대 졸업식 축사에서 이와 비슷한 말을 했다. "실패는 저 자신에 대해 제대로 알게 해주었어요. 그것도 다른 식으로는 알지 못했을 법한 면들을 일깨워주었죠. 여러분

자신이 정말로 어떤 사람이고, 또 여러분이 맺은 인간관계가 얼마나 끈끈한지는 역경의 시련을 겪어보기 전에는 알 수 없습니다. 이런 깨우침을 얻는 것은 말 그대로 선물입니다. 고통 속에서 힘겹게 얻어낸 것이지만 저에겐 이런 깨우침이야말로 제가 지금껏 얻은 그 어떤 자질보다도 소중합니다."

따라서 켈리 클락슨의 말이 맞는 것 같다. 정말로 적당한 정도의 고통을 견뎌내면 우리는 더 강해진다. 물론 클락슨의 가사에는 미처 담아내지 못한 말도 있다. 역경을 통해 강해지려면 사회적 지지망을 형성하고 그 역경을 곰곰이 짚어보면서 미래에 대비할 힘과 자신감을 끌어모으기도 해야 한다. 하지만 지금 그대로도 이 노래는 중요한 교훈을 전해준다. 역경을 포용하도록 마음을 열어준다. 시험을 망치거나 일자리를 지원했다 퇴짜 맞으면 다음번 시험에서의 공부 요령이나 다음번 면접에서의 답변 요령을 배울 수 있다.

실패에서 깨우침의 기회를 끌어내는 것은 성공과 행복의 두 번째 핵심 요소다. 다시 한 번 강조하지만 건강한 삶은 언제 어느 때나 행복한 것을 뜻하지 않는다. 심리 건강의 핵심은 부정적인 일에 대한 대응 요령을 깨우치는 것이다. 우리는 누구나 이따금씩 실패를 한다. 다시 일어서기 위한 대처법을 알고 있으면 실패의 타격을 최소화하는 데 유용하다.

물론 아무리 그래도 한 가지 엄연한 사실에는 변함이 없다. 실패를 좋아할 사람은 없다는 것. 하지만 이런 사실은 성공과 건강한 삶의 세 번째 핵심 요소를 부각시켜준다. 첫 번째와 두 번째의 핵심 요소가 난관을 다루는 차원에 맞춰져 있었다면(끝까지 밀고 나갈 심리적 힘을 끌어내는 것과 가능한 한 무엇이든 교훈을 끌어모으는 것이었다면) 세 번째는 삶의 도전을 적응 수용하려는 차원의 문제다. 가장 성공한 축에 드는 사람들은 난관이 발생하면 그때그때 대응하는 게 아니라 사실상 도전을 찾아 나선다.

*

지난봄에 나는 수강생들에게 도전에 직면했던 때의 체험담을 써내게 했다. 그중 한 수강생은 물리학 수업의 얘기를 써냈다. 초반에만 해도 그 물리학 수업이 도저히 희망이 보이지 않는 어려운 도전이었다고 했다. 이 학생은 처음 강의실에 들어섰을 때부터 이미 물리학이 자신의 적성에 맞지 않는다는 식의 결론을 짓고 있었다. "뉴런이나 산화 환원 반응 같은 내용은 머리에 잘 들어오는데 회로니 전자기니 하는 단어가 나오면 뭐가 뭔지 헷갈리기만 했어요. 제 머리는 물리학과는 잘 맞지 않았고, 그래서 물리학 수업 때는 어떻게든 그 시간을 넘기는 게 유일한 목표였어요."

다른 대다수 학생들이 그렇듯 이 학생도 수업에서의 도전을 자신이 그 과목에 소질이 없다는 신호로 해석해버렸다. 하지만 이 학생의 얘기에서 내 흥미를 끈 대목은 따로 있었다. 자신에게 소질이 없다는 생각 자체가 아닌, 자신에게 소질이 없다고 생각하게 된 이유였다. 이 학생의 관점에서 보면 물리학 문제를 잘 푸는 소질은 둘 중

하나에 해당되었다. 그 문제를 잘 풀만큼 똑똑하냐, 똑똑하지 못하냐의 둘 중 하나였다. 이 학생은 수업의 첫 몇 주 동안 문제의 답을 이해하지 못해서 친구들에게 물어가며 겨우겨우 수업을 따라갔다. 그러다 첫 번째 시험에서 형편없는 성적을 받아들자 완전히 멍해졌다. 그 두 일이 수업 첫날 느꼈던 생각을 확실히 증명해주는 것 같았다. 정말로 물리학은 자신의 적성이 아닌 것 같았다.

다행히 이 학생은 학기 말에 전환점을 맞았다. 자신감을 갖고 물리학 공부에 다가가면서 시험 성적이 껑충 오르게 되었다. 이 학생이 전환점을 맞은 계기는 열심히 공부해서 회로나 전자기의 기초를 다졌기 때문만이 아니었다. 진짜 자존감에 의지해 도전에 적극 응했을 뿐만 아니라, 대성공을 거둔 사람들이 불리한 상황에 처했을 때 보여주는 또 하나의 중요한 특징인, 올바른 사고방식을 발휘한 덕분이기도 했다.

성공으로의 도약

스탠퍼드 대학의 저명한 심리학자 캐롤 드웩(Carol Dweck) 박사는 사람들이 도전적 상황에 어떤 태도로 접근할지를 좌우하는 사고방식을 두 가지로 구분했다.[18] 그중 하나는 고착형 사고방식(fixed mindset)이다. 이런 사고방식을 가진 학생들은 어떤 일의 결과와 그 일의 성공 여부에 주된 관심을 두면서 그 상황에 이르게 된 과정에 대해서는 그만큼 덜 신경 쓴다. 고착형 사고방식의 학생에게 중요한 문제는 A 학점을 받는 것뿐이다. 게다가 A학점을 쉽게 취득하면 그것은 지능이나 재능이 그대로 반영된 결과라고 여긴다. 말하자면 재능이 있는 사람은 열심히 노력하지 않아도 된다는 식의 생각이다. 또 결과가 좋지 않으면 그 사람이 똑똑하지 못한 탓이며, 앞으로도 시도해봐야 헛수고라고 단정 짓는다. 대학에 입학해서 첫 번째 과제나 시험에서 낮은 점수를 받은 학생이 있다고 가정해보자. 이 학생이 고착형 사고방식을 가진 경우라면 이렇게 말하기 십상이다. "나는 이 수업을 따라가기엔 머리가 모자라나 봐.", "난 리포트를 쓰는 데 소질이 없어.", "점수가 이렇게 나온 걸 보니 대학원에 가긴 글렀어." 이런 낮은 점수가 자신의 능력을 그대로 반영해주는 것이라고 여기며, 바뀌거나 개선될 잠재력이 없다고 체념한다. 이런 학생은 꾸준히 좋은 점수를 받을 만한 쉬운 과목을 선택하면서 자신은 '똑똑하다'는 자아상을 지키려는 경향을 보인다.

반면에 성장형 사고방식(growth mindset)도 있다. 이런 사고방식을 가진 사람들은 성공하려면 노력과 근면함이 필요하다는 사실을 인정한다. 결과가 좋지 않으면 자신의 접근 방법을 반성해보는 한편 더 바람직한 결과를 이루기 위해서 다음번엔 어떤 식으로 바꿔서 해볼지 고심한다. 이런 사람은 도전에 직면하면 열의가 생긴다. 도전을 배움의 기회로 삼기 때문이다. 영어 시험에서 낮은 점수를 받으면 교사, 과외 선생님 같은 사람들에게 도움을 구하는 식으로 적극적으로 행동하면서 공부 방법을 다잡을 계기로 삼는다. 이런 학생은 아주 어려운 과목을 선택해서 그 과목의 지식은 물론 그런 어려운 내용을 다루는 데 필요한 공부 체계로까지 폭을 두루두루 넓히려는 경향이 있다.

물리학 과목에 쩔쩔매던 그 수강생은 학기 초반까지만 해도 고착형 사고방식을 가지고 있었다. 둘 중 하나라는 식의 사고를 했다. 자신의 머리가 '물리학에는 맞지 않는다'고 생각하며 다른 동기생들에게 의지해 겨우겨우 수업을 들었다. 수업의 내용에 주눅 들어하며 자신에게는 그런 내용을 통달하는 데 필요한 재능이 없다고 여겼다. 하지만 첫 번째 시험에서 형편없는 성적을 받고 여러 번이나 과제 중에 어쩔 줄 몰라하며 헤매는 일을 겪고 나서, 교수 면담을 신청해보자고 마음먹었다. "원래는 몇 가지만 여쭤보고 금방 나오려고 했어요." 하지만 막상 들어갔을 땐 어려운 상황을 극복하고 도약할 만한 여러 가지 유용한 교훈을 듣게 되었단다.

이 학생은 교수실 안에서 여러 문제 중 하나를 몇 분째 상의하던 중 언젠가 당황해서 쩔쩔맸던 순간을 더듬더듬 털어놓았다. "교수님에게 미분계수 구하는 법을 까먹었던 그 일을 말씀드려야 했어요." 미분계수 공식은 이 과목에 등록하기 위한 선행 조건인 만큼, 그렇게 말을 하면서도 강의에서 쫓겨날지 모른다는 불안감에 조마조마했다. 교수는 미분계수도 제대로 못 구한다는 그 말을 문제 삼기는커녕 이 학생을 다시 제도판으로 데려가 기운을 되찾게 격려해주었다. 연습 문제를 잇달아 풀어주며 잘 이해할 때까지 가르쳐주었다. 이때 그가 학생에게 가르쳐준 것은 물리학만이 아니었다. 더 중요한 교훈, 바로 역경에 대응하는 방법도 가르쳐주었다. 난관에 막혀 쩔쩔매는 상황은 감수할 만한 과정이자, 심지어 필요한 과정이기도 하다는 사실을 깨우쳐주었다. 본질적으로 따지자면, 성장형 사고방식을 가르쳐준 셈이었다. "저는 그때 깨달았어요. 좀 더 공부하고 집중 지도를 약간 받으면 혼자서도 물리학 문제를 풀 수 있겠다고요."

그 이후부터는 풀 수 없는 문제가 나와도 자신이 물리학에 소질이 없는 신호로 받아들이지 않게 되었다고 한다. 오히려 다시 제도판 쪽으로 가서 다른 식으로 풀어봐야 한다는 의미로 해석했다. "저는 그때부터 교수 면담을 자주 신청하고, 조교에게 과제 문제의 도움을 부탁하고, 관련 내용을 확실히 익힐 만한 스터디 그룹을 찾아다녔어요. 포기하고 마는 게 아니라 문제를 풀 새로운 방법과 아이디어를 시도해보게 되었어요. 풀다가 정말로 꽉 막혀버려도 그대로 단념하지 않았어요. 그 문제를 옆으로 치워뒀다가 나중에 다시 풀어봤어요. 강의가 종강될 때쯤엔 C에서 A-로 학점이 올랐어요. 그 모든 게 사고방식을 바꾼 덕분이었어요. 처음엔 부족한 물리학 실력을 변화시킬 가망이 없다고 생각했던 제가 시험에서 높은 점수를 받고 혼자서 문제를 풀게 되었어요."

기량 끌어모으기

진짜 자존감이 삶의 도전을 극복하는 데 유용하다면 성장형 사고방식은 도전이 단순히 극복의 대상만은 아니라는 지혜를 깨닫게 해준다. 성장형 사고방식을 가진 사람들은 이 점을 잘 간파하고 있다. 그래서 도전을 많은 것을 배우게 해주는 대상으로 의식하며 도전을 고대한다. 드웩에 따르면 이런 사람들은 도전을 모색하는 것만이 아니라 잘해내기까지 한다. "큰 도전일수록 능력을 더 한껏 펼친다"고 한다.[19]

이번엔 대학 재학 중 인턴 자리를 찾다가 거듭 고배를 마셨던 또 다른 수강생의 얘기다. 이 학생은 일자리를 얻지 못했지만 성장형 사고방식 덕분에 그 시간 동안 자신이 빈손으로 지나온 것만은 아님을 깨닫게 되었다. "하도 많이 떨어지다 보니 면접에서 어떤 식으로 말해야 맞는 대답인지 틀린 대답인지 알겠더라고요. 어떻게 준비해야 잘하는 건지 틀린 건지 감이 왔어요. 작년에 그렇게 많이 떨어진 덕분에 훨씬 더 중요한 면접에서 같은 실수를 반복하지 않을 요령을 터득했다는 생각이 들자 미칠 듯이 감사했어요. 이번에 지원한 일자리에 합격한 것은 거의 전적으로 작년의 그 숱한 불운과 실수 덕분이었어요."

물리학 강의에 고전했던 수강생 역시 고착형 사고방식("난 물리학에 소질이 없어.")에서 성장형 사고방식("다른 방법으로 시도해봐야 겠어.")로 바꾼 덕분에 물리학 실력에서 전환점을 맞을 수 있었다.

어떤 과제를 끝냈을 때는 여러분 자신이나 다른 사람들의 반응에 주의를 기울여보라. 우리는 일이 잘되면 자축을 하며 그 정도에서 만족하고 싶은 유혹에 빠지기 쉽다. 또 상황이 힘들어지면 아주 그만두고 자신의 부족함을 곱씹고 싶은 유혹이 일어난다. 하지만 어떻게 거기까지 갔는지 (아니면 어쩌다 실패했는지) 그 과정에 초점을 집중할 수 있으면 성장형 사고방식이 길러져서 앞으로는 끈기를 더 잘 발휘할 수 있게 된다. 또한 성공과 건강한 삶의 세 번째 핵심 요소인 삶의 도전에 적극 응하는 의지를 갖출 수 있게 된다.

심리학자 매튜 리버만(Matthew Lieberman) 박사는 「사이콜로지 투데

이(Psychology Today)」에 기고한 논문에서 자존감을 자동차의 연료계에 비유한 바 있다.[20]

"자동차에 기름이 다 떨어져간다고 가정해보자. 이때는 계기반의 유리를 깨고 손으로 연료계 바늘을 돌려 'empty'에서 'full'로 옮겨놓아서는 안 된다. 그런다고 연료탱크에 기름이 더 채워지는 것도 아닐뿐더러 다음에 그 차를 운전할 사람이 연료탱크에 기름이 거의 바닥났는데도 기름이 있는 줄로 착각하게 될 수도 있다. 이때의 올바른 행동은 연료탱크를 채우는 일이다. 연료계의 본분은 연료탱크에 있는 기름의 실제 양을 가리켜주는 것이다. 그러지 못하는 연료계는 아무 짝에도 쓸모없다.

이는 자존감의 경우에도 마찬가지다. 우리 사회는 지난 25년 동안 자존감의 연료계 바늘을 옮기려 막대한 노력을 쏟아왔다. 존중력(esteemability)이 없는 자존감은 잘못된 눈금 매기기나 다름없다. 그래서 위험하다. 사람들이 (모두가 그 사람들의 평범한 실력을 비범하다고 칭찬하며 추켜세우니까 정말로 자신들이) 힘든 일도 쉽게 정복할 수 있다고 생각할 우려가 있기 때문이자, 그 개개인들에게 중요한 기회, 즉 자신이 아직은 비범한 수준이 못 되지만 열심히 노력하면 비범해질 수 있을지 모른다고 깨우칠 기회까지 박탈하기 때문이다."

리버만이 여기에서 말하는 '존중력'은 내가 이번 장에서 계속 얘기해온 진짜 자존감에 해당된다. 진짜 자존감, 그러니까 '존중력의 연료탱크' 채우기를 강화하려면 역경을 딛고 다시 일어나는 능력을 키우면 된다.

여러분이 주눅이 들 만큼 살인적인 강의 일정에 지친 의예 과정 생이든, 수십 번이나 구직 퇴짜를 받은 4학년 졸업생이든, 아니면 제대로 풀 자신이 없는 문제 앞에서 쩔쩔매는 물리학 수강생이든 간에, 도전은 삶의 한 과정이다. 단지 자신에 대한 만족감만으론 끈기를 발휘할 수 없다. 축구 경기에 나가 참가 트로피를 받거나, 페이스북 게시물에 수백 개의 좋아요를 받고 인스타그램 계정에 수천 명의 팔로워를 거느리는 것만으로는 삶의 도전을 헤쳐 나가기 힘들다. 아이에게 (성인에게도 역시) 무조건 칭찬 세례를 퍼부어봐야 인위적 자아감만 형성될 뿐이다. 정작 중요한 일은 자신의 능력에 대해서나, 성공과 삶의 질에 이르는 길을 착실히 걸어갈 힘에 대해 현실적인 감각을 갖는 것이며 그러려면 다음의 세 가지 핵심 요소를 키워야 한다. 1) 역경 앞에서도 끈기를 발휘하는 능력 2) 역경을 극복하고 더 강해지는 능력 3) 도전을 선뜻 택하는 의지력의 발휘로, 앞의 두 능력을 더욱 더 강화시키기.

이런 교훈은 쉽게 깨달아지는 게 아니다. 대체로 이전의 역경들을 곰곰이 생각해보아야만 비로소 깨닫게 된다. 언제나 쉬운 선택만 따르거나 다른 사람들이 대신 문제를 해결해줄 때까지 의존하면 살기는 편할 테지만, 진짜 자존감을 높이려면 삶의 역경을 뚫고 나가야만 한다. 자신이 삶의 도전을 헤쳐 나가는 데 필요한 자질을 갖추고 있다고 섣불리 자만해선 안 된다.

제7장

비교하지 않고,
나답게 사는 의지력

2016년 1월 25일, 마크 저커버그는 딸 맥스가 태어난 후 두 달간의 육아 휴직을 마치고 페이스북에 복귀했다. 복귀 첫날부터 수많은 결정 사항이 산적해 있었다. 관심을 가져볼 만한 프로젝트는 무엇이며 면담을 해야 할 직원은 누구인지, 언제까지 일을 하다 퇴근해서 가족이 있는 집으로 돌아가야 할지 등등 한두 가지가 아니었다. 다른 것들보다 신중을 더 기해야 하는 사항까지도 따로 챙겨야 했다.

하지만 이에 비해 훨씬 쉬운 결정이 하나 있었다. 입을 옷 정하기였다. 그런데 베르사체의 맞춤 정장에 프라다 가죽 구두로 한껏 빼입고 다녀도 될 만큼 갑부인 31세의 이 억만장자가 고른 옷은 회색 티셔츠에 청바지였다. 말이 나왔으니 말이지만, 이 결정은 결정이라고 할 것도 없었다. 거의 매일 입는 똑같은 옷이었으니 말이다. 심지어 그날 아침에 저커버그는 자신의 옷장 사진을 게시해 그 옷을 자신의 일상적 유니폼으로 공개적으로 인정하기까지 했다.

육아휴직 후 복귀하는 첫날. 뭘 입어야 할까요?

1년쯤 전에 저커버그는 공개 Q&A 자리에서 이 문제를 꺼낸 적이 있다.

"저는 정말 단순하게 살면서 어떻게 하면 이 사회에 최선의 공헌을 할 수 있을 것인가의 문제 외에는 가능한 결정거리를 줄이고 싶습니다." 이 말에 이어 에너지를 소모시키고 지치게 하는 사소한 결정에 시간을 낭비하지 않고 싶다고도 덧붙였다.[1]

일할 때 같은 옷만 입는 것으로 유명한 사람은 저커버그 말고도 또 있다. 작고한 애플의 공동창업자 스티브 잡스도 맨날 검은색 터틀넥 셔츠에 청바지를 입고 출근했다. 알고 보면 이렇게 항상 같은 옷을 입는 것은 패션 센스가 없어서가 아니라, 누구보다 생산적인 사고방식을 가지고 있으면서 우리 시대를 이끌고 있는 사람들 중 일부가 실천하는 라이프 핵[life hack, 핵은 컴퓨터의 해커(hacker)와 마찬가지로 '침입하여 마음대로 개조한다'는 의미로 여러 신조어의 합성어로 등장하고 있으며, 그중 라이프 핵은 복잡하게 뒤얽힌 생활을 간단명료하게 해결한다는 뜻으로 사용되고 있다-옮긴이이다. 삶의 한 영역에서 정신 에너지를 잘 간수하면 다른 영역에 사용할 정신 에너지가 더 늘어난다는 사고방식인 셈이다. 다행히 이런 사고방식의 실천법은 매일 같은 옷을 입는 것 말고도 얼마든지 있다.

유한한 자원

새내기 성인치고 공짜 음식을 싫어할 사람은 없다. 한 심리학의 연구진이 이를 활용해, 미각 인지 연구를 위한 실험이라며 원 없이 먹을 수 있는 자리를 마련해놓고 대학생들을 초대했다.[2] 학생들을 배고픈 상태에서 오게 하려고 실험에 참여하기 전에 한 끼를 굶으면서 적어도 3시간 전부터 아무것도 먹지 말고 와달라고 미리 당부하기도 했다. 실험 당일, 학생들이 연구실로 들어서는 순간 갓 구운 초코쿠키의 냄새가 진동했다. 맛있는 간식이 눈앞에서 학생들을 기다리고 있었다. 학생들은 까맣게 몰랐지만 이날의 연구를 위해 연구진이 차린 것은 초코쿠키만이 아니었다. 의지력의 이해에 혁명을 일으킬 만한 실험을 준비해놓고 있었다.

아직 따뜻하고 군침 도는 쿠키 옆에는 다른 종류의 간식거리가 있었으니, 바로 무였다. 그것도 쓰고 차가운 생 무였다. 연구진은 학생들을 반으로 나눠 한 그룹은 초코쿠키를 마음껏 먹도록 했고 나머지 그룹은 쓴 무를 먹게 했다. 그러면서 모든 학생에게 앞의 음식을 적어도 2개씩 먹되 상대방 쪽 음식을 건드리지 말라고 했다.

양쪽의 그룹이 쿠키나 무를 먹기 시작한 지 5분이 지나자 실험 진행자는 다음 단계로 넘어가기 전에 15분간 기다리라면서 먹은 음식에 대한 감각기억이 흐려지게 하려는 목적이라고 설명했다. 이때 기다리는 동안 시간도 보낼 겸 풀어보라며 퍼즐 문제를 나누어주었다. 주어진 도형을 따라 종이에서 펜을 떼지 않은 상태에서 같은 선을 또 지나가지 않고 한 번에 그려보는 퍼즐이었다.

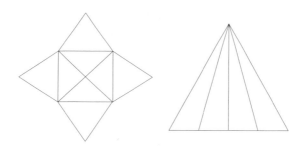

의욕을 최대한 부추기기 위해 그 지역 고등학교 학생들의 수행 결과와 비교해볼 예정이라고 말하기도 했다. 하지만 여기에는 함정이 있었다. 이 퍼즐은 도저히 풀 수 없는 문제였다. 혹시 두 도형 중 하나라도 따라 그려봤는가? 같은 선을 다시 지나거나 펜을 떼지 않은 채로 따라 그리기가 불가능했을 것이다. 이 퍼즐에는 답이 없다. 연구진이 좀 전에는 배고픈 실험에 참여한 대학생들의 절반에게 전혀 먹을 마음도 들지 않는 채소를 먹게 하더니 이번에는 풀 수 없는 기하학 문제를 풀게 해서 골리고 있는 셈이었다.

지금쯤은 여러분도 눈치챘을 테지만, 연구진은 처음부터 진짜 연구 목적을 숨기고 있었다. 이 연구는 미각 인지와는 전혀 상관이 없었다. 연구진은 학생들이 쿠키와 무를 어떻게 생각하는지에 대해서는 아무 관심도 없었다. 퍼즐 문제 수행 점수를 그 지역 고등학교 학생들의 수행 점수와 비교할 계획도 없었다. 이 15분간의 퍼즐 풀이는 시간 보내기용도 아니었다. 사실, 전체 연구에서 가장 중요한 과정이었다. 더 구체적으로 말하자면 그런 불가능한 과제에서 참가자들이 얼마나 오래 끈기를 보이는지를 알아보려는 것이었다.

어려운 문제를 푸는 데는 의지력이 필요하다. 포기하고 싶은 생각이 들 때 의지력이 나서서 붙잡아줘야 한다. 학생들이 퍼즐 문제 풀이에 매달린 시간과 더불어, 풀다가 막힐 때마다 다시 시도해보려고 한 횟수는 이런 자발적 의지력이 어느 정도나 되는지 가늠해보기에 좋은 척도이다. 하지만 실험에 참가한 학생들의 절반은 불리한 조건에 있었다. 운 나쁘게 무를 먹은 학생들은 눈앞에서 맛 좋은 초코쿠키를 보면서도 먹지 못하고 참으면서 이미 의지력을 어느 정도 소비한 상태였다. 그런 상태에서 어려운 퍼즐 문제를 받자 좀 전에 쿠키를 먹은 학생들에 비해 의지력 발휘 시간은 절반 이하였고 반복 횟수도 43퍼센트 더 낮았다.

이 연구는 의지력의 본질을 이해하는 데 중요한 사실을 밝혀주었다. 의지력이 유한한 자원이라는 사실이다. 우리가 어느 하나의 일에 의지력을 소비하면 다른 일들을 위해 남겨진 의지력은 그만큼 줄어든다. 쿠키를 먹은 학생들은 무를 먹은 학생들에 비해 의지력의 보유량이 온전히 보존된 상태에서 퍼즐 문제에 임했고, 그런 이유로 퍼즐 풀이에 더 많은 시간과 노력을 할애할 수 있었다. 쉽게 생각해서 의지력은 근육의 신체 에너지와 같다. 달리기 선수들은 마라톤 훈련을 할 때 대체로 큰 대회를 하루나 이틀 앞두고부터는 쉬엄쉬엄한다. 42.195킬로미터를 달리기 전에 이사하는 친구를 도와주기라도 했다면 에너지가 이미 어느 정도 소모된 탓에 훨씬 더 빠르게 지친다. 반면에 미리부터 에너지를 잘 간수해 놓으면 에너지 저장탱크를 가득 채운 상태에서 대회에 참가하게 된다.

마크 저커버그는 매일 마라톤을 뛰는 사람은 아니지만 하는 일의 성격상 고도의 몰입이 필요하다. 그런 상황에서, 옷을 고르는 문제같이 사소하고 번거로운 결정거리를 없앰으로써 업무 문제에 쓸 의지력의 저장탱크를 잘 간수하고 있는 것이다. 하지만 그렇다고 해서 사소한 일들에 아예 의지력을 쓰지 않는 것도 아니다. 잠시 후에 살펴볼 테지만 장기적으로 의지력을 쌓아올리기 위해서는 단기적인 의지력 훈련을 해야 한다.

장기적 의지력

다음은 어느 대학 4학년생이 나에게 털어놓은 얘기다. "대학에 들어오고 나서부터 점점 게을러지고 의욕도 떨어졌어요. 고등학생 때는 의욕이 넘쳐서 해야 할 공부를 미루지 않고 미리미리 해두고, 숙제도 잘하고, 과외 활동도 이것저것 많이 했어요. 그런데 요즘엔 할 일을 미룰 수 있을 때까지 미루고, 친구들과 놀러갈 건수가 생겼다 하면 공부를 건너뛰고, 달리기를 하고 싶은 마음도 별로 안 생겨요. 평생 크로스컨트리를 그렇게나 좋아했던 제가 말이에요." 예전에만 해도 그렇게나 빈틈없이 생활했던 이 학생이 어쩌다 이제는 미루다 제때 시간을 못 맞춰서 애를 먹고 좋아하던 달리기마저 하기 힘들어졌을까?

사연을 잠시 살펴보고 나자 이 학생의 의욕이 급추락한 이유가 분명해졌다. "전공 공부 외에는 삶의 다른 영역에 의욕을 기울이려 억지로 애쓰지 않고 있습니다." 이 학생은 크로스컨트리팀의 활동을 그만두면서 식단, 수분 섭취, 수면 등의 조절이나 철저한 훈련 일정의 조정에도 더는 신경 쓰지 않았다. 또 공부가 힘든 과학 과목에는 아예 수강신청을 하지 않았다. 수강 일정에 기본으로 넣어 도서관에서 죽치고 지내야 했던 예전과는 대조적이다. 그런가 하면 학생 클럽의 지도부 자리에서도 내려와 학생 클럽의 활동을 위한 별도의 시간과 노력을 뺄 필요가 없어졌다. "삶의 다른 영역에 태만해지고 나니까 생활의 모든 면에서 점점 게을러지게 되었어요."

이 학생은 고등학생 시절엔 살인적인 공부량과 운동팀 훈련을 소화하느라 철저한 스케줄과 라이프스타일이 필요해서 삶의 또 다른 측면들까지 연장되는 의지력을 발휘해야 했다. 그러다 대학에 들어오면서 일과가 느슨해지자 예전만큼 맹렬한 의지력은 필요 없어졌다. 그에 따라 학업과 운동 활동을 위한 의지력 보유량이 보통이 되면서 결과적으로 마감일을 맞추고 달리기 같은 좋아하는 활동을 위한 시간을 내는 역량도 보통의 수준이 된 것이었다. 이 학생의 체험담은 의지력이 또 다른 면에서도 근육과 비슷하다는 사실을 잘 보여준다. 의지력도 근육처럼 많이 쓸수록 강해지고, 적게 쓸수록 약해진다.

의지력을 근육에 비유하는 것은 초코쿠키와 무로 실험을 벌인 앞의 연구를 떠올리면 반직관적으로 들릴지 모른다. 앞에서는 지금 의지력을 쓰면 나중에 쓸 여분이 그만큼 줄어든다더니, 이건 또 무슨 얘긴가 싶을 것이다. 학생에게 더 여유가 생겼다면 다른 모든 활동을 충분히 할 만큼 의지력이 넉넉해져야 맞지 않느냐고 따질 만도 하다. 하지만 초코쿠키와 무 연구에서 다룬 대상은 단기적인 의지력이다. 힘든 일을 하고 나서 바로 다른 일을 하면 더 힘들어지기 마련이다. 헬스장에서 운동을 하는 것과 비슷하다. 40분 동안 웨이트 운동을 하고 난 직후엔 몸이 피곤해져서, 단기적 시점 내에서는 신체적으로 많은 힘이 드는 다른 활동을 이어서 할 수가 없다.

하지만 장기적으로는 다르다. 헬스장에서 몇 달 동안 운동을 하고 나면 몸의 근육이 더 강해져서 보다 격렬한 활동도 거뜬히 해낼 수 있게 된다. 예전에는 버거워했을 법한 힘든 활동을 훨씬 더 쉽게 해낼 수 있다. 의지력도 이와 비슷하다. 정오까지 마쳐야 하는 리포트를 끝내느라 상당량의 자기조절력을 빼앗겨야 했다면 점심에 초코

케이크보다 당근 스틱을 고르기가 더 힘들어지기 마련이다. 하지만 연속해서 리포트 제출 마감 시간을 맞추려고 애쓰며 거듭해서 의지력을 쓰다보면 장기적 의지력이 강해져서 나중에는 훨씬 더 어려운 일에도 집중력을 잘 모을 수 있게 된다. 헬스장 중독자가 벤치프레스를 하면 할수록 이두근이 더 발달되는 것과 똑같다.

게다가 삶의 한 영역에서 의지력이 강해지고 나면 그 외의 거의 모든 활동 영역에까지 그 의지력이 이어진다.

의지력 근육 키우기

호주 매쿼리 대학의 심리학자 메건 오튼(Megan Oaten)과 켄 쳉(Ken Cheng)은 연구를 위해 대학 재학생들에게 러닝머신, 웨이트 운동, 에어로빅 강습을 이용할 수 있는 무료 헬스장 회원권을 나눠주었다.[3] 회원권에는 이용횟수의 제한이 없었다. 아래의 그래프에 표시된 바와 같이, 학생들이 헬스장을 찾은 횟수는 처음엔 일주일에 딱 한 번 정도에 그쳤지만 마지막엔 일주일에 서너 번으로 늘었다. 학생들은 헬스장에 가는 일이 갈수록 쉬워졌다고 답변했다. 몸 근육이 점점 강해지면서 더 무거운 웨이트를 들어 올릴 수 있었고, 그와 함께 의지력 근육도 강해져서 집에 오면 소파에 붙어 있고 싶은 충동을 뿌리칠 수 있었다고 한다.

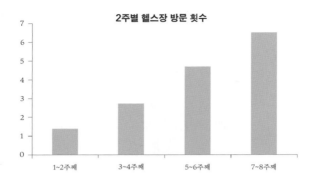

2주별 헬스장 방문 횟수

하지만 학생들이 이 과정에서 얻은 의지력은 단지 헬스장에 가는 데만 도움이 된 것이 아니었다. 연구진이 연구 내내 유심히 살펴본 결과, 학생들은 헬스장 자체와는 아무 상관없는 자기조절적인 행동들에서도 변화를 보이고 있었다. 정크푸드를 덜 먹고, 담배를 덜 피우고, 술을 덜 마시고, 충동구매가 줄고, 만날 약속을 못 지키는 경우가 줄고, TV 시청 시간이 줄고, 공부를 더 많이 하고, 성질을 덜 부리고, 싱크대에 그릇을 쌓아두는 일도 줄었던 것이다. 뿐만 아니라 연구실에서 컴퓨터로 진행한 과제 수행에서는 집중력이 더 높아지고 주의산만함이 더 낮아진 것으로 나타나기도 했다.

이런 행동들 모두 헬스장에서 키우고 있던 신체적 힘이 필요한 것이 아니었지만, 30분 정도 러닝머신에서 뛰기 위해 소파에서 일어나면서 키운 의지력의 힘이 발휘된 것이었다. 의지력은 구역이 한정되어 있지 않다. 삶의 한 영역에서 의지력을 단련하면 그 강해진 의지력의 효능이 그 외의 여러 영역에까지 골고루 미친다. 오튼과 쳉에 따르면 이 연구 결과에는 중요한 시사점이 담겨 있다. "우리를 현혹하는 먹거리와 비활동적 취미거리가 널려 있는 과도 소모적인 사회에서 건강을 지키기 위해 자기조절력을 높이는 것이 가장 중요할지 모른다. 자기조절력은 우리 시대의 가장 귀한 '보약'이 될 수도 있다."[4]

또 다른 연구에서도 삶의 한 영역에서 자기조절력을 단련하면 그 외의 여러 영역에서의 자기조절력도 강화된다는 것이 밝혀졌다. 올버니 대학에서 실시한 연구에서는 실험에 참여한 성인들에게 2주 동안 디저트를 최대한 적게 먹도록 했더니 그 뒤에 실험실에서 진행된 자기조절력 테스트에서 자기조절 정도가 예전과 변동 없이 식사를 했던 그룹의 사람들에 비해 훨씬 뛰어난 테스트 결과를 보였다.[5] 2주 동안 하루에 두 번씩 할 수 있는 한 오랫동안 악력기 운동을 하게 했던 실험 참가자들의 경우에도 비슷한 결과를 보였다. 거듭해서 식후의 케이크를 물리고 힘든 신체적 과제의 불편함을 견디려면 그러고 싶지 않은 유혹을 극복해내야 한다. 이런 식의 자기조절은 단기적으로는 힘이 들지만 장기적으로는 의지력을 키워준다.

찾아보면 의지력을 키울 기회는 널려 있다. 다음번에 또 사탕을 건네받으면 거절하기. 최근에 올린 인스타그램 게시물에 얼마나 많은 사람들이 좋아요를 눌렀는지 확인하고 싶어져도 참기. 시험공부 중이거나 헬스장에서 운동 중일 때 시간을 늘려 몇 분 더 해보기. 하루 종일 자세를 바르게 하려고 신경 쓰면서 앉을 때 허리를 똑바로 펴고 걸을 때 가슴을 펴려고 애쓰는 것조차도 의지력을 키워준다.[6] 감기 시럽은 먹기 좋은 맛이 아닐 때도 있지만 장기적으로는 몸에 이룹다. 의지력 근육 키우기도 지금 당장은 힘이 들어도 이후에 생산성을 높이고, 스트레스를 줄이고, 성적을 끌어올리고, 더 나은 선택을 하기 위한 효과 쏠쏠한 방법이다.

의지력이 달릴 때

의지력을 늘리기 위해 해볼 만한 모든 방법을 써보며 아무리 해봐도 하던 일을 계속 이어가려는 마음이 도저히 생기지 않을 때가 있다. 지치거나, 좌절에 빠지거나, 무관심해지는 그런 때가 있다. 하지만 이런 상황에 놓인다 해도 희망이 아주 사라지는 건 아니다. 과학자들은 의지력의 샘물이 말라가는 것처럼 느껴질 때조차 끈기력을 끌어모을 수 있는 두 가지 방법을 찾아냈다.

첫 번째 방법은 하고 있는 일에 대한 자율감을 키우는 것이다. 자신이 그 일을 하기로 스스로 마음먹은 이유를 상기해보는 것이다. 잔인했던 쿠키와 무 실험을 변형시킨 한 실험에서는 실험 참가 학생들을 반으로 나눠 한쪽 그룹에게 선택의 여지가 있다고 느껴질 만한 투의 지침을 줬다. "쿠키는 되도록 먹지 말아달라고 부탁드려요. 아셨죠?" 그리고 다른 그룹에게는 단호한 지침을 주었다. "쿠키는 먹으면 안 됩니다." 각 지침이 일으킬 법한 뉘앙스의 차이를 제어한 이 실험에서는, 선택할 여지가 있다고 느낀 학생들이 더 높은 의지력을 유지하며 뒤이어 진행된 자기통제가 요구되는 테스트에서 통제당한 그룹보다 뛰어난 테스트 결과를 보였다.[7]

이 연구의 논문 저자들은 이 결과를 바탕으로 다음과 같이 조언

했다. "다이어트나 금연, 또는 그 밖의 자기통제 활동은 스스로 원해서 하거나 그 일의 성과에 확신을 가지고 하는 경우가 억지로 떠밀려서 하는 경우보다 더 쉽고 덜 소모적이다."[8] 따라서 의욕이 밑바닥까지 떨어진 기분이 드는 순간이 오면 그 일을 해내려고 마음먹은 이유와, 그 일이 왜 중요한지를 상기시켜보라. 그 일을 스스로 정한 선택으로서 다시 마음에 새기면 계속 밀고 나가는 데 필요한 의지가 더해질 것이다.

물론 해내야 하는 모든 일이 사실상 자신이 원한 것이거나 확신을 가진 것이 아닌 경우도 있다. 그 일이 단지 강의의 필수 이수과정이거나 상관의 흔한 지시 업무여서 하고 있는 일이라면 어떻게 해야 할까?

이때는 두 번째 방법인, 장기적 목표 상기하기가 필요하다.

내 수강생 중에는 의사를 꿈꾸는 학생이 있다. 이 학생이 공부중인 의예 과정 커리큘럼에는 마냥 흥미롭지만은 않은 과제들이 잔뜩 있다. 하지만 슬슬 의욕이 빠져나가려고 할 때도 끝까지 해나가는 방법을 찾아냈다. 공부를 마쳤을 때 자신을 기다리고 있는 미래를 떠올리는 방법이었다. 이 학생의 꿈은 소아과 의사가 되어, 시설이 낙후된 지역에서 의료구호 활동을 벌이는 단체인 '국경없는의사회'에 들어가는 것이다. 그래서 힘든 생물학 시험공부를 하거나 유난히 까다로운 유기화학 문제를 풀 때면 그 목표를 마음 깊이 새기며 공부를 계속한단다.

수많은 연구에서 밝혀진 바에 따르면 자신에게 가장 소중한 가치관과 가장 중요한 목표를 성찰해보는 대학생들이 자기통제가 필요한 테스트에서 더 뛰어난 테스트 결과를 보여주고 있다. 그런 지침을 상기시키면 사실상 의지력 고갈을 막아주는 완충제가 생기게 된다고 한다.[9] 점점 더 많은 연구를 통해 증명되고 있듯, 적절한 동기만 있으면 누구든 의지력 저하를 극복할 수 있다.

올버니 대학에서 (쿠키와 무 실험의 또 다른 변형인) 실험을 통해 43명의 대학생에게 의지력을 고갈시키는 어려운 과제를 수행시킨 후 답이 없는 기하학 퍼즐을 풀어보게 했더니 절반의 학생이 문제해결 능력이 감소한 것으로 나타났다. 그렇다면 나머지 절반은 의지력이 줄어든 상태에서도 어째서 위축되지 않은 걸까? 그 연구의 결과가 과학자계에서 알츠하이머병 환자들을 위한 개발 중인 개입 치료법에 유용하게 활용될 것이라는 얘기를 듣고 나서 퍼즐을 풀었기 때문이다. 숭고한 이상을 위한 좋은 일이라는 점이 밝혀지자 아주 지칠 대로 지친 대학생조차 계속해나갈 심리적 힘을 끌어모으게 되었던 것이다. 확실히, 이 그룹의 학생들이 퍼즐 풀기에서 보여준 끈기와 노력은 퍼즐 풀이 전에 의지력이 고갈되지 않았던 대조군의 학생들만큼이나 강했다.[10] 이 연구 논문에서 설명하고 있는 것처럼 "자기통제력이 고갈된다고 해서 그 뒤에 자기통제를 아주 발휘하지 못하는 것은 아니다. 충분한 동기가 부여되면 자기통제력이 고갈되어도 여전히 자기통제를 발휘할 수 있다".[11]

동기는 본질적으로 이타적인 경우에 그 효과가 특히 크다. 알츠하이머 연구의 진전이나 국경없는의사회에서의 활동은 둘 다 자기

초월적 목표에 해당된다. 자신의 능력을 타인의 삶이나 사회의 증진에 바치는 그런 목표이다.

캘리포니아에서 진행된 어느 연구에서는 한 그룹의 고등학생들에게 세상을 더 나은 곳으로 만들 수 있는 방법을 생각해보게 하면서 실험 초반에 미리 자기초월적 사고방식을 채택하도록 유도했다.[12] 여기에 더해 대다수 학생들이 자신의 개인적 커리어에 도움이 되는 동시에 다른 사람들에게도 좋은 혜택이 될 만한 능력을 키우는 것을 목표로 삼을 경우 공부를 잘하려는 동기를 얻게 된다는 조사 결과도 알려주었다. 한편 또 다른 그룹의 학생들에게는 자기초월적 사고방식을 자극하지 않는 관념(즉, 고등학교와 중학교의 차이점)을 생각해보게 했다. 그 후 그 학기 말에 조사를 해봤더니, 자기초월적 사고방식을 갖도록 유도된 첫 번째 그룹의 학생들 사이에서 수학과 과학 성적이 크게 올랐다. 같은 연구에서는, 자기초월적 사고방식으로 공부에 임했던 대학생들이 다른 그룹에 비해 시험을 앞둔 기간 중에 연습문제를 풀어보는 시간이 두 배 더 많았고 연구실에서 진행된 과제 풀이에서도 수학 문제를 35퍼센트 더 많이 풀었다. 언제든 그만하고 나가도 된다는 말을 듣고도 말이다. 이런 연구 결과는 아주 지루한 일을 하는 동안에도 여전히 동기를 지탱시켜주는, 효과 높은 전략을 알려주고 있다. 이제부터는 할 일을 다 마치기도 전에 좌절에 빠지거나 지쳐서 계속할 동기를 끌어내기 힘들어지면 지루하거나 힘들다는 식의 생각 말고 다른 쪽으로 주의를 돌려봐라. 그 일이 여러분의 장기적 목표에 한 걸음 더 다가서게 해주리라는 생각으로 초점을 옮겨보라. 더 나아가 그 일이 여러분 자신을 넘어서서 더 원대한 기여를 하게 되리라는 생각을 품으면 더 좋다. 이런 자기초월적 사고는 의지력이 떨어져가고 있을 때조차도 정신을 단단히 다잡아준다.

의지력 아껴쓰기

지금까지 살펴봤듯 의지력은 유한한 일 뿐만 아니라 일단 길러놓으면 삶의 모든 영역에 두루 접목하기 쉬워진다. 또 스스로 선택한 일이라고 재각인시키거나 자기초월적 목표에 집중하는 방법으로 저하된 의지력을 보완할 수 있다. 하지만 자기절제력이 남달라 보이는 사람들 중에는 딱히 다른 보통의 사람들에 비해 자기절제력이 많은 것이 아닌 경우도 있다. 그런 사람들은 남다른 의지력을 날 때부터 타고나거나 부모님을 통해 배운 것이 아니라, 가능한 한 의지력을 덜 소모하는 삶을 꾸려온 것일 수도 있다. 마크 저커버그의 경우를 생각해보자. 그는 날 때부터 옷장을 같은 옷들로 채워놓으며 살았던 것은 아니었다. 그 스스로 의도적으로 이런 생활패턴을 착안해냈다. 다수의 연구에서 증명되었듯, 좋은 습관을 들이고 적절한 환경을 택하면 의지력을 보존할 수 있다.

습관의 힘

의지력 절약의 첫 번째 전략은 일정한 일과를 세우는 것이다. 심리학자 브라이언 갈라(Brian Galla)와 안젤라 덕워스(Angela Duckworth)

가 함께 벌인 한 연구에서는 수천 명의 새내기 성인들에게 지난번에 했던 운동, 공부, 건강간식 섭취, 잠자리에 들기, 명상 등에 어느 정도의 의지력을 썼는지 물어봤다. 이들 새내기 성인들은 각 행동을 하기로 마음먹기까지 걸린 시간과 그런 행동들을 하고 싶지 않은 유혹이 들 때 저항하기가 얼마나 힘든지에 대해서도 답변했다. 그 답변에 따르면 그런 일들이 너무너무 힘들어서 엄청난 정신 에너지와 자기절제력이 필요해지는 사람들도 있는가 하면, 너무 쉬워서 의지력의 샘물이 온존히 보존되는 사람들도 있었다.

갈라와 덕워스는 각 성인들이 그중의 어디에 해당될지를 예측케 해주는 중요한 요소를 찾아냈다. 의지력을 최소한으로 적게 쓰는 쪽의 사람들은, 그런 좋은 행동들을 습관으로 들인 이들이었다.[13] 연구진이 밝혀낸 결과 중에서 한 예를 들자면, 거의 같은 시간에 같은 장소에서 숙제를 마치는 등으로 공부를 일상적인 일과로 삼은 대학생들은 끈기가 더 생기고, 주의산만함은 줄어들어서 결국 공부를 더 많이 하게 되었다. 공부를 할지 말지, 하면 어디에서 언제 할지를 붙잡고 고심하느라 정신 에너지를 잃을 일이 없어서 당장 눈앞의 일에 쓸 의지력이 더 많이 남아 있었다. 이는 헬스장에 가기, 건강에 더 좋은 음식 먹기, 적당한 시간에 잠자리에 들기, 제시간에 일어나기 등의 활동에서도 마찬가지였다. 그런 행동을 습관으로 들일수록 그만큼 의지력이 덜 요구되었다.

심리학 분야의 선각자로 꼽히는 윌리엄 제임스(William James)는 이런 글을 남겼다. "세상에서 가장 불행한 인간은… 시가에 불을 붙일 때마다, 물 한잔을 마실 때마다, 매일매일 일어나고 잠자리에 들 때마다, 모든 자잘한 일들을 시작하려 할 때마다 그 모든 일을 의지에 따라 의식하면서 하는 사람이다. 그런 사람은 시간의 꼬박 절반을, 몸에 깊이 배어서 사실상 의식할 필요도 없이 해야 할 일들에 쓰고 있는 것이다."[14]

어떤 행동이 습관이 되면, 즉 일과 중의 규칙적인 활동이 되면 처음부터 심리적으로 힘이 덜 들어가고 그 행동을 결정하거나 후회하는 데 시간을 더 낭비할 일도 없어진다. 혹시 오늘 아침을 칫솔과 치약을 어디에 처박아놓았는지 찾아내서 입안을 민트향으로 상쾌하게 닦고 나서 집을 나서는 날로 정할지 말지를 고민한 적이 있는가? 아니, 이 닦기는 아침의 일과로 몸에 깊이 밴 행동이라 잠결에도 할 수 있는 일이니 그랬을 턱이 없다. 우리는 칫솔과 치약이 어디에 있는지 정확히 알고 있으며, 이를 닦는 동작도 거의 자동으로 나온다. 최근에 신발 끈이 풀린 것을 느꼈을 때가 있으면 기억해보라. 그때 신발 끈을 묶을지 말지를 놓고 고민했는가? 아니, 그냥 손을 뻗어 별 생각도 없이 묶었을 것이다. 끈을 묶고 난 후 피곤함을 조금도 느끼지 않았을 것이다. 어떤 행동이 자동적으로 나오는 동작이 되면 정신 에너지나 심리적 힘을 발휘할 필요가 거의 없어진다.

공부, 운동, 새로운 기량 연습을 한 주의 정해진 날, 같은 시간에 하는 습관을 들여보라. 그러다 보면 나중엔 그런 활동이 자동으로 척척 이루어지면서, 내면의 갈등이나 의지력 낭비 없이 하게 될 것이다.

환경의 영향

의지력을 보존하는 또 하나의 방법은 특정 활동에 맞는 적절한 물리적 환경 정하기이다. 실제로 한 연구에서는 실험에 참가한 대학생들이 한눈팔 거리가 최소화된 환경에 있을 때 학습 목표를 가장 성공적으로 달성했다.[15] 학생들은 휴대폰을 *끄거나*(혹은 다른 방에 가져다놓거나), 소셜미디어 사이트 접속 차단 앱을 깔거나, 도서관처럼 공부에 도움이 되는 장소로 옮겨서 공부를 했다고 한다. 그리고 이렇게 간단한 방법만으로도 공부할 때마다 밀려드는 유혹을 크게 줄이면서 주의산만함을 막는 데 쓰는 에너지를 최소화했다.

「투데이」의 케이시 리 지포드(Kathie Lee Gifford)와 호다 코트브(Hoda Kotb)와의 인터뷰에서 한 학생은 기숙사 방의 침대의 높이를 바꾼 것만으로도 공부하는 데 큰 변화가 생겼다고 밝혔다. 원래는 침대를 바닥에 닿게 낮춰놓아서 언제라도 '털썩 드러눕기'가 쉬웠다고 한다. 하지만 얼마 지나지 않아 침대가 낮으니까 자꾸 낮잠을 자거나 TV를 보려고 공부를 안 하게 된다는 생각이 들었다. 룸메이트도 침대 높이 때문에 공부에 지장이 생긴다는 것에 공감했고 결국 두 학생은 침대 높이를 바꾸었다.

다음은 이 학생의 말이다. "침대가 옆에 있는 것은 그 자체로 주의를 산만하게 해요. 휴대폰이랑 똑같아요. 저희는 올해에 침대 높이를 더 올렸는데 그랬더니 성적도 올라갔어요." 침대 높이를, 올라가 눕기가 더 힘들어지게 했더니 책에서 다른 데로 한눈을 팔고 싶은 유혹이 어느 정도 줄어들었다고 한다. "침대를 높여놓으면… 자고 싶어질 때 [그냥 '털썩 드러눕지' 못하고] 침대로 올라가야 해요. 그래서 책상 앞에 붙어서 계속 공부를 하게 돼요."[16] 침대를 높이거나, 책상을 옮기거나, TV의 위치를 바꾸는 작은 변화가 실제로 성적의 향상으로 이어질 수 있다. 유혹거리를 제거하면 자연스레 바람직한 행동으로 이어지게 된다. 의지력이 없어도 된다.

목표를 더 작은 단계로 나누기

내 수강생 중에 신입생 시절 미루는 버릇이 생겨 애를 먹은 학생이 있었다. 공부량이 너무 버거워서 심리적으로 무기력 상태에 빠져버린 것이었다. "공부할 게 너무 많으면 어디서부터 시작해야 할지 모르겠어서 아예 아무것도 안 하고 미루게 될 때가 많았어요. 그러다 보니 걸핏하면 밤샘 공부하고, 성적은 기대에 못 미치고, 스트레스가 엄청났어요." 결국 이런 방법으로는 제대로 졸업을 못할 것 같다는 생각이 들었다.

스트레스는 어디에서나 생긴다. 알다시피 현재 대학생들 사이에서의 스트레스는 사상 최고 수준이다. 특히 기말 시험 기간의 스트레스는 말도 못 한다. 스트레스는 자기절제 발휘를 방해하는 또 하나의 변수여서, 공부에 제대로 집중하지 못하게 한다. 서글픈 아이러니이지만 기말 시험 기간은 학기를 잘 마무리하기 위해 필요한 공부를 하고 리포트를 쓰느라 학생들에게 자기절제가 가장 필요한 바로 그 시기다. 또한 학업 스트레스로 인해 정서상으로나 행동상으로나 엉망진창으로 흐트러지기 십상이다. 그래서 운동, 좋은 공부습관,

몸에 좋은 음식 섭취같이 자기절제력이 필요한 여러 긍정적 행동들을 지탱시키기 힘들어진다.[17] 그래도 다행히 한 연구를 통해 결정적 순간에 스트레스 때문에 혼란이 일어나는 이런 경향을 억제시키는 동시에 학업을 전반적으로 개선시킬 수 있는 방법이 발견되었다.

학생들은 학기 초엔 수강 스케줄을 짜고 중요한 시험과 과제 제출일의 날짜를 정리해놓는다. 이에 착안해 이 연구의 연구진은 학생들이 학기 중의 이런 중요 프로젝트들을 더 작은 목표로 쪼개고 각 목표 단계별로 마감일을 지정하도록 유도했다. 가령 12월 초에 제출마감인 학기말 리포트의 경우라면 9월까지 주제를 정하고, 10월 중순까지는 초기 조사를 마치고, 10월 말에는 대략적인 개요를 잡고, 11월 중반까지 초고를 쓰고, 11월 말까지 최종 원고의 교정을 마치는 식이었다. 학생들은 공부 계획도 세워서 주별로 열심히 공부에 전념할 특정 날짜와 시간을 정했다.

이렇게 일찌감치 학업 목표를 작은 단위로 쪼개놓으며 마감시한을 정해놓은 학생들은 학기 중 공부에 보낸 시간이 대조군에 비해 두 배였다.[18] 마감시한은 학생들에게 책임감을 부여해주었다. 목표 달성의 동기가 특히 높았던 학생들의 경우엔 마감시한의 일정을 지키기 위해 다른 일과를 수정하기도 했다. 실제로 한 학생은 이렇게 썼다. "계획을 꾸준히 지키려면 1시간 더 일찍 일어나서 공부해야 해요."[19]

하지만 이런 방법의 효험은 학습 기강을 향상시키는 것만으로 그치지 않는다. 침대에서 나오고 싶지 않은 충동의 극복에서 사용되는 의지력 근육은 다른 좋은 행동들을 실행하는 데도 똑같이 필요하다. 확실히 이 학생들은 학기 내내 학습에 더 몰두하게 되었을 뿐만 아니라 건강한 삶을 위한 거의 모든 습관들에서도 개선된 모습을 보였다. 예전에 비해 정크푸드를 덜 먹고, TV를 덜 보고, 미루는 버릇이 줄고, 짜증 부리는 횟수가 적어졌으며, 술도 덜 마셨다. 시험 기간 중에 크게 치솟았던 스트레스 수준조차 초반부터 학습 일정을 세밀히 짜서 중간중간의 마감시한을 잡아놓고 나자 꾸준히 낮은 수준으로 유지되었다.

다음은 수강생 한 명이 학기 계획에서 이 방법을 활용해본 경험담이다.

"저는 학기 초에 앞으로의 중요한 과제와 토론회를 비롯해 행사까지 모두 모아서 스케줄로 짜두었습니다. 그렇게 해놓으니까 중요한 과제들과 다른 학습 활동들이 한데 모아져 정리되는 덕분에, 과제 3건, 시험, 준비할 행사 2건이 한꺼번에 몰려 있는 주에는 버거워서 정신 못 차릴 일이 없게 과제를 더 일찍 시작하는 식으로 계획을 짤 수 있어요. 이 방법은 시간을 관리하는 데 정말 유용해요. 그렇게 과제를 일찌감치 시작하면 할 일이 한꺼번에 몰린 주에도 모든 일을 거의 다 마칠 수 있어요. 그 모든 일의 마감 예정일이 다가올 때쯤엔 밤마다 밤을 새며 보내는 게 아니라 할 일이 아주 조금씩밖에 남지 않게 돼요. 결과적으로 스트레스는 크게 줄고 뿌듯함이 느껴지는 시간은 늘어나게 돼요."

다른 수강생 한 명도 대학생활 초반엔 버거운 학습량 때문에 심리적 무기력에 빠졌다가 과제들을 특정 목표 단위로 작게 쪼개놓으면서 반전을 맞으며 유용한 변화를 경험했다.

"저는 매일 해야 할 일들을 더 작은 단위로 나누어 리스트로 만들어놓고 한 번에 한 단계씩 해나가기로 마음먹게 되었습니다. 모든 일을 한꺼번에 하는 것보다 작은 단위별 목표에 집중하니까 과제를 할 때의 부담감이 훨씬 줄었어요. 목표를 완수하고 줄로 그어 지울 땐 만족감과 보람이 밀려들면서 터널 끝에 환한 빛이 보이는 기분이 들었어요. 지금도 여전히 할 일을 꾸물거릴 때가 이따금씩 있지만 이 방법은 대체로 버거운 학업량을 잘 다루도록 동기를 부여해주면서 더 적은 시간 안에 상대적으로 느긋하게 처리해나가게 해줍니다. 또 덕분에 스트레스는 줄어드는 반면 통제감은 늘어나기도 하고요."

아무리 소단위의 기초적인 목표일지라도 일단 해내고 나면 자신이 그 전체 일을 완수해낼 수 있다는 자신감이 늘어난다. 또 어떤 일을 완수함으로써 자신감을 얻게 되면 그다음의 일에 대한 의욕이 분발되어, 생산성의 선순환을 타게 되기도 한다.

201년부터 2014년까지 미 특수전사령부의 사령관을 맡았던 윌리엄 H. 맥레이븐(William H. McRaven) 제독은 2014년의 임기 종료를 불과 몇 달 앞두고 오스틴(Austin)의 텍사스 대학교 졸업식에서 8,000명에 가까운 학생들 앞에서 연설을 하던 중 바로 이 주제를 꺼냈다. 연설에서 제독은 세상을 바꾸는 데 이바지할 만한 신념으로 믿는 바를 얘기하겠다며 자신이 군생활에서 터득한 열 가지 교훈을 간략히 밝혔다. 그 첫 번째 교훈은 침상 정돈이었다.[20] 침상 정돈은 대수롭지 않은 일처럼 생각될지 몰라도, 그 옛날 그 자신이나 동료 훈련병들이 그날 하루 동안 정신을 바짝 차리고 군생활을 잘 해내는 데 유용한 역할을 해주었다고 한다.

"특수부대 기초훈련 시절, 당시엔 전원이 베트남전 참전용사였던 교관들이 매일 아침 우리 막사로 들어와 가장 먼저 하는 일은 침상 점검이었습니다. 침상을 올바로 정리하려면 침상의 각을 딱딱 맞추고, 이불은 주름 없이 팽팽히 당겨놓고, 베개는 침상 머리판 바로 아래의 한가운데에 놓고, 여분의 담요는 가지런히 개서 침상 발치에 놓아야 합니다. 이렇게 아침마다 침상을 정리하면 그날의 첫 번째 과제를 완수하게 됩니다. 또 미미하나마 자부심도 북돋워주고 연이어지는 또 다른 과제들을 잘하도록 의욕도 부추겨줍니다. 그렇게 하루를 마감할 무렵이 되면, 그 하나의 과제가 수많은 과제를 완수하도록 방향을 잡아준 셈이 됩니다."[21]

어려운 일의 완수에서 가장 힘든 과정이 바로 시작하기일 때가 많다. 그 일의 전체 과정이 얼마나 어려울지를 이리저리 따지고 있을 게 아니라 일단 첫 발을 떼기 위한 동기를 끌어모으는 편이 훨씬 낫다. 한 수강생은 작은 것부터 시작해서 계속해서 더 큰 과제로 이어가는 것을 '눈덩이 굴리기'에 비유하며 꾸물거리는 버릇을 떨쳐내는 최고의 도구라고 말한다.

"저는 처음엔 별 노력 없이도 쉽게 끝나거나 비교적 빠르게 끝나는 일부터 시작하고 나서 그다음 일로 이어갑니다. 제 경우엔 일을 하나하나 끝낼 때마다 의욕에 탄력이 붙어서 정말 효과적인 방법이에요. 그날 하루를 돌아보면서 제가 해낸 일들을 되짚어보는 것도 기분이 좋고요. 집중력이 더 생기고 끝까지 해내려는 결의도 생겨서 시간 관리에도 유용합니다. 이렇게 눈덩이 굴리기 식으로 하면 과제를 몇 주전에도 끝낼 수 있어요."

궁극적으로 따지면, 스트레스는 특정 시간 안에 해야 할 모든 일을 끝낼 수 없을 것 같은 초조함에서 일어나는 것이다. 할 일을 개별 단계로 나누면 위압감이 덜하게 된다. 24쪽짜리 리포트를 쓰려고 하면 부담감이 생겨서 어떻게 할지 몰라 쩔쩔매기 쉽다. 이럴 땐 1쪽짜리 개요서(리포트 쓰기의 첫 단계)를 짜는 것이 구체적이고 간단한 일이라 바로 당장 시작하기에 무난하다. 그리고 이 첫 단계를 끝내면 다음 단계로, 또 그다음 단계로 이어갈 수 있다. 할 일을 작은 단위로 나누어 한 번에 한 단계씩 해나가면 도저히 엄두가 안 나는 일도 완수할 수 있다.

동기를 계속 북돋우기 위해 일정 단계를 마친 후에 스스로에게 보상을 주는 것도 괜찮다. 의지력을 지키는 데 유용한 한 방법은 좋은 습관 들이기다. 「뉴욕 타임스」의 기자이자 베스트셀러 작가이기도 한 찰스 두히그(Charles Duhigg)가 생산성의 과학을 다각도로 다루어놓은 책에는, 보상을 활용하여 어떤 행동이든 다 습관으로 바꿀 수 있는 방법이 나와 있다.

"아침마다 달리기를 시작해보고 싶다면 간단한 신호(예를 들어, 아침을 먹기 전에 운동화 끈 묶기나 운동복을 침대 옆에 놔두기)와 확실한 보상(예를 들어, 점심의 특식, 달린 거리를 기록하면서 얻는 성취감, 조깅을 통해 얻는 엔도르핀 분출)을 정하는 것이 중요하다… 뇌가 보상을 기대하기 시작해야만, 즉 엔도르핀이나 성취감을 갈망하게 되어야만 비로소 매일 아침 조깅화의 끈을 묶는 일이 자동적인 습관이 된다."

보상의 의식은 일련의 단계를 이어가며 끝까지 밀고 나갈 힘을 끌어내준다. 제1장에서 살펴봤던 긍정적 감정의 확장 및 축적 이론을 다시 생각해보자. 보상은 기분을 북돋워주고, 그렇게 되면 일을 할 때 속도가 빨라지고 창의성이 높아지며 주의력도 높아지기 마련이다. 주기적 보상은 할 일을 감당 가능할 만한 여러 단계로 나누어줄 뿐만 아니라 다음의 일련 단계를 더 신나게 처리하도록 북돋워주기도 한다.

사탕을 아주 좋아한다면 다음 사진을 보면서, 한 학생이 읽기 과제에서 동기를 유지하는 실용적인 방법을 참고하기 바란다. 이 학생은 각 단락을 읽을 때마다 이렇게 보상을 얻고 있다.

읽기 과제에 보상 적용하기

실행 의도로 꾸준히 전진하기

물론 목표를 더 작고 감당 가능한 단위로 쪼개고 보상을 연계시킨다 해도 여전히 꾸준한 동기를 이어가기가 어려울 때도 있다. 그래도 다행이라면, 계획을 끝까지 밀고 나가기 위한 실질적 방법을 밝혀낸 또 다른 연구가 있다. 2011년에 뉴욕 대학의 심리학자 피터 골위처(Peter Gollwitzer)가 영국과 독일의 심리학자들과 한 팀으로 협력하여 벌인 실험에서 새내기 성인들에게 컴퓨터 모니터를 보면서 일련의 수학 문제로 구성된 집중 과제를 풀어보게 했다.[23] 각 실험 참가자들은 지침에 따라 과제를 풀기에 앞서 다음과 같은 목표 의도를 적기도 했다. '가능한 한 답을 많이 맞히겠다.'[24]

수학 문제는 간단했지만 지루했다. 차라리 페인트가 마르길 지켜보라고 해도 반가워질 만큼 지루했다. 하지만 참가자들은 이미 최대한 많은 답을 맞히겠다는 약속을 한 터였다. 그러다 몇 분이 지났을 때 어떤 길 잃은 학생이 나타나 실험실이 어디냐고 물었다. 사실,

이 학생은 실험진행자와 한편이었다. 이 실험에서의 가장 중요한 대목을 유도하기 위해 등장한 것이었다. 즉, 참가자들이 얼마 만에 그녀를 도와주러 나설지 알아보려는 것이었다. 그때 모든 참가자들은 가능한 한 많은 수학 문제를 맞히겠다는 특정 목표의 달성에 이제 막 나선 참이었다. 과연 이런 상황에서 참가자들은 길 잃은 학생을 빨리 도와주고 나서 다시 문제를 풀었을까, 아니면 꾸물거리면서 그 훼방꾼을 그대로 놔두었을까?

그 답은 참가자들이 과제를 풀기 직전에 했던 단순한 일과 상관되어 있었다. (최대한 많은 문제를 맞히겠다는) 목표 의도를 쓰고 난 후에, 참가자들의 절반은 실행 의도를 정하도록 요구받았다.

실행 의도는 목표를 이룰 때까지 과제를 꾸준히 이어가려는 구체적인 계획을 말한다. 그중 흔한 형태가 바로 '만약 …라면 그때는 …하겠다'식의 계획이다. 우선 훼방이 될 만한 방해거리를 생각해본 다음 그런 일이 일어날 경우의 긴급 대책을 짜두는 식이다.

만약 피곤해지면 그때는 30초 정도 스트레칭을 하고 나서 바로 다시 일을 하겠다.

만약 소셜미디어를 확인해보고픈 충동이 일면 그때는 그것은 시간낭비라고 스스로를 다그치겠다.

만약 배가 고파지면 그때는 감자칩 말고 과일을 조금 먹겠다.

미리 실행 의도를 세워두면 이미 계획을 한창 진행 중일 때 방해거리가 발생해도 대응법을 궁리하느라 안 그래도 바쁜 정신 에너지를 소진할 일이 없어진다. 골위처의 연구에 참가했던 학생들의 경우엔 실행 의도가 다음과 같았다.

'만약 정신이 흐트러질 만한 일이 생기면 그때는 문제풀기에 더욱 더 집중하겠다!'[25]

예상대로, 실험진행자와 한편인 학생이 길을 헤매며 나타났을 때 방해되는 일이 일어났을 경우에 대응할 방법을 생각해두지 않았던 학생들은 다시 과제 풀기에 집중하기까지 훨씬 더 오랜 시간이 걸렸다. 반면에 실행 의도를 세워둔 학생들은 길 잃은 학생에게 대응하는 데 쓴 시간이 40퍼센트 정도 더 적었다. 방해되는 일이 일어날 경우에 어떻게 행동할지를 미리 생각해둔 덕분에 수학 문제로 주의력을 빨리 되돌릴 수 있었던 것이다.

실행 의도를 세워두면 더 많은 수학 문제를 푸는 차원을 뛰어넘어 우리 삶의 중요한 장기 목표를 막힘없이 수행하는 데도 유용하다. 한 실험의 예를 들자면, 영국의 대학생들에게 식습관과 관련된 실행 의도를 세우게 했더니 이후로 3개월 동안 이 학생들의 과일과 채소 섭취 양이 크게 늘었다고 한다.[26] 학생들은 외식을 하거나, 친구들과 같이 식사하거나, 건강에 좋은 음식을 고르는 것을 적당히 얼버무리려는 마음이 슬슬 생기면 식사 메뉴에 꼭 과일을 곁들여 먹기로 계획을 세웠다. 건강 목표의 실천을 방해할 잠재적 훼방거리에 대응할 방법을 이처럼 미리 생각해둔 덕분에 그런 유혹이 일어났을 때 유혹을 더 잘 버틸 수 있었다.

시간과 장소의 문제

실행 의도는 특정 행동의 구체적 시간과 장소를 미리 정해놓는 방식으로도 가능하다. 셰필드 대학의 재학생들을 대상으로 시행된 한 연구에서, 학생들에게 그다음 주의 수업 시간 외에, 학과 과목과 관련된 공부나 활동에 어느 정도의 시간을 쓸지 정해보라고 요청했다.[27] 그만큼의 시간을 할애할 경우 학과 과목의 전반적 수행도에 어느 정도나 도움이 될 것으로 생각하는지, 그리고 그 계획된 시간을 지킬 자신이 어느 정도나 되는지도 평가해달라고 했다. 여기에 대한 학생들의 대답은 곧 목표 의도가 된다. 당연한 결과일 테지만 야심 찬 목표 의도를 세운 학생들이 비교적 덜 야심 찬 목표 의도를 세운 학생들보다 더 높은 생산성을 보였다. 다가올 일주일을 높은 기대와 낙관주의와 자신감으로 맞으면 야심을 실제로 수행해낼 능력도 그에 부응하게 된다.

하지만 이 연구에 참여한 학생들 가운데 절반은 그 외의 덕까지 보면서, 목표를 아주 성공적으로 수행했다. 이런 성과는 그 주 초에 다음의 단순한 문항에 대응하면서 자극을 받은 덕분이었다. '다음 주에 자습을 어디에서(예:도서관) 몇 시에(예:오후 2~3시, 오후 4~5시) 할 계획인지 정해보세요.'[28]

이것은 목표 의도에 대한 구체적 세부사항을 계획하는 실행 의도 짜기였다. 이런 실행 의도를 짜는 데는 잠깐의 시간밖에 걸리지 않았지만 그 잠깐의 시간 투자로 엄청난 성과를 얻은 것이었다. 아래의 그래프는 목표 의도와 실행 의도에 따라 전반적 공부 시간에 얼마나 차이가 나는지를 잘 보여준다.

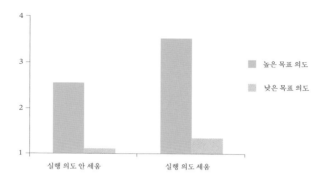

낮은 목표 의도를 세운 학생들은 실행 의도를 세웠든 안 세웠든 별 차이가 없었다. 공부할 시간을 적게 잡은 경우엔 결실에 대한 전망이 비관적이라, 실행 의도 수립 여부와 무관하게 비생산적인 주를 보냈다. 하지만 높은 목표 의도(생산적인 주를 보내며 많은 공부를 마칠 것이라는 자신감)은 구체적인 실행 의도(공부할 방법과 장소)와 병행되었을 때 빛나는 효과를 발하면서 전반적 공부 시간을 크게 상승시켜 주었다.

여기에서 주목할 부분은 실행 의도가 동기에는 영향을 미치지 않았다는 점이다. 그 주가 끝났을 때 실험 참가자들을 추적 조사해보며 실행 의도가 계획을 완수하는 데 얼마나 동기를 자극하고 공부에 흥미를 느끼게 했고, 공부에 얼마나 효과적이었는지를 물어봤더니 그룹별로 별 차이가 없었다. 따라서 실행 의도의 효과는 동기의 증진에 따른 것이 아니라는 얘기다. 양쪽 그룹은 동기의 측면에서는 똑같았다. 실행 의도가 효과를 나타낸 이유는 그 주 내내 목표 지향적 행동을 유도해준 구체적 계획의 수립 덕분이었다. 이제부터는 의지력이나 동기를 찾기가 힘들 때 최소한 이런 방법이라도 써보길 권한다. 적절한 공부 환경을 갖춘 장소를 찾아보고 나서 그 장소에서 특정 과제를 완수하기 위한 시간 계획을 짜보길 권한다.

이쯤에서 내 수강생 한 명의 이야기를 들어보자. "저는 무지 어려운 시험 때문에 날이 밝을 때까지 도서관에서 밤샘 공부를 해야 한다는 것을 뻔히 아는 상황일 때도 10분쯤 시간을 내서 시간 계획표를 짜요. 새벽 1~2시에 과제물 해답 복습, 새벽 2~3시에 필기 복습, 새벽 3시~3시 30분에 잠깐 휴식 갖기 식으로요. 이런 계획이 시간대로 딱딱 지켜지는 경우는 별로 없지만 그래도 계획한 일정을 마치고 때가 되면 도서관에서 나가겠다는 틀이 짜여 있으니까 마음이 편해져요. 계획표를 보면 동기가 유지되기도 하고요." 이 학생은 공부의 구체적 실행 의도 수립이 의지력의 한계나 자기조절의 실패를 이겨낼 힘이 되어준다는 사실을 잘 알고 있다. 좋은 습관을 기르고, 적절한 공부 환경을 고르고, 실행 의도를 세우면 공부가 계획대로 철저히 이루어지지 않는다 해도, 심리적 힘의 저하를 벌충해주면서 목표의 전반적 진전이 촉진된다.

*

우리의 건강한 삶을 가로막는 하나의 장애물은, 스트레스를 줄이고 행복을 늘려줄 만한 행동과 사고방식을 채택하고픈 동기가 자극되지 않을 때가 많다는 것이다. 운동이 좋다는 것은 잘 알지만 저녁 내내 소파에 누워 뒹구는 것이 더 편하다. 잠을 더 자야 몸이 개운해진다는 것은 잘 알지만 밤늦게까지 안 자고 소셜미디어를 훑어보는 것이 더 재미있다. 리포트 쓰기에 시간을 더 들이는 것이 커리어를 키우는 데 유용할 줄을 뻔히 알면서도 넷플릭스의 몰아보기가 더 신난다.

이런 유혹을 극복하고 싶다면 의지력의 과학을 통해 배운 바를 유리하게 활용하면 된다. 여러분의 의지력을 차지하려고 경쟁을 벌이며 주의를 산만하게 만들 일들을 정리해라(그런 일들은 여러분에게 무나 다름없다). 의지력을 쓰려는 압박이 안 생기면 장기적으로 의지력을 키우기 위해 운동을 해보라. 의지력이 딸릴 때는 그 일을 하기로 마음먹은 이유와, 그 일이 더 원대한 목표를 이루는 데 얼마나 유용한지를 되새겨보라. 아주 부담스러운 계획은 작은 단계로 쪼개서 한 번에 하나씩 해나가라. 첫 단계의 완수로 생겨나는 성취감을 눈덩이처럼 굴리면서 나머지 단계들을 완수해나갈 동기로 삼아라. 계획을 세울 때는 이루려는 목표뿐만 아니라 그 목표를 실행할 시기와 장소까지 구체적으로 정해라. 주의를 흩뜨릴 만한 장애물을 미리 찾아내서 실행 의도를 세워놓고 대비해라.

이런 식으로 하면 매일 같은 옷을 입을 걱정을 할 일도, 의지력이 소진될까봐 걱정할 일도 없어진다.

제8장

시간의 제약을
극복하는 법

나는 매년 4월 첫째 주 긍정심리학 강의를 듣는 4학년생들에게 정말로 의미 있게 와닿을 만한 어떤 행동을 한다. 달력의 4월과 5월을 들어 보여 졸업까지 딱 6주가 남았다고 알려주면서 곧 대학생활이 끝난다는 사실을 부각하기다. 그럴 때면 학생들은 대체로 쓸쓸한 눈빛, 다 들리도록 헉하며 놀라는 소리, 비통한 탄식의 반응들을 보인다. 어느 해에는 강의실 뒤쪽에 앉아 있던 학생이 큰 소리로 이렇게 외쳤다. "교수님, 미워요!"

고뇌와 공포감으로 강의실 분위기가 뒤숭숭해지는 데도 내가 해마다 이러는 이유는 그것이 학생들이 대학생활의 대미를 맞는 데 도움이 되리라는 것을 알기 때문이다. 실제로 한 연구에서 제이미 커츠(Jaime Kurtz) 박사가 버지니아 대학의 학생들에게 졸업까지 시간이 얼마 남지 않았다는 사실을 상기시켜주었을 때, 졸업생들은 결국 남은 시간을 더 알차게 쓰면서 그동안의 모든 대학생활을 제대로 음미하게 되었다.[1] 졸업생들은 친구들과 더 많은 시간을 보냈고, 대학생활에 더 감사한 마음을 느꼈고, 캠퍼스나 인근 지대의 즐겨 찾는 곳을 더 자주 가서 사진을 찍고, 더 많은 활동과 모임에 참여했다. 처음엔 졸업이 얼마 안 남았다는 사실에 충격을 느끼지만 일단 그 충격을 극복하고 나면 졸업이 아직 오래 남았다고 느끼도록 유도된 대조군보다 훨씬 더 행복해졌다. 커츠가 설명한 것처럼 "물론, 소중한 경험이 곧 끝난다는 사실을 생각하면 당장 긍정적 효과가 일어나기는 힘들지만 얼마 안 남은 그 짧은 시간에 특별한 가치를 부여해주는 효과를 내주는 듯하다"[2].

확실히, 그 특별한 가치는 내 대다수 수강생들에게 캠퍼스에서의 마지막 6주를 최대한 활용하도록 유도해주었다.

"저는 요 몇 주 동안 안 가봤던 곳에 많이 가봤어요. 춤추러 나가도 보고 자연을 감상하러 다니고 닥치는 대로 이것저것 운동도 해보면서 워싱턴 대학에서 누릴 수 있는 것들을 최대한 많이 경험해보고 있습니다. 시간이 얼마 안 남았다는 생각에 기회가 닿는 대로 뭐든 적극적으로 해보고 있어요. 아직 못 해본 것도 있지만 그동안 해본 것만으로도 즐거웠어요."

또 다른 졸업생은 남은 시간을 상기한 뒤로 그동안 안 해본 것들을 시도해보기보다는, 남은 시간을 아주 소중히 여기게 되었다는 소감을 밝혔다.

"지난 2주 동안 게이트웨이 아치(세인트루이스에 있는 아치형 조형물이다. 서부개척시대의 관문 역할을 한 세인트루이스의 상징물이며, 전체 높이가 192미터에 이른다-옮긴이)에 다시 가보고, 세인트루이스 동물원에서 (카메라로) 온갖 다양한 나비의 사진을 찍으며 지냈어요. 어쨌든 전에도 가본 곳이고 해봤던 일이지만, 다시 그럴 기회가 없을 것 같다고 생각하니 그 순간들이 더 소중하게 다가왔어요."

이 학생과 비슷한 소감을 밝힌 학생이 또 있었다. 이 학생은 즐겨 가던 근처의 BBQ 식당을 일부러 찾아가 "마지막으로 그 달콤한 감자튀김을" 맛보며 이제 그것이 그곳에서의 마지막 식사라는 감상에 젖어들었다. 어떤 경험을 겪을 시간이 제한되면, 버킷 리스트의 목록을 더 많이 지워나가며 더 많은 추억을 쌓고 싶어지도록 동기가 자극되기 마련이다. 그 경험이 영원히 이어지는 것이 아니라는 사실을 상기하게 되면 감사의 마음이 더 깊어지기도 한다.

여기에 바로 시간의 역설이 있다. 시간을 느긋하게 갖는 것이 언제나 좋을 것 같지만 때로는 시간을 덜 갖는 것이 더 좋은 경우도 있다. 촉박한 데드라인은 오히려 질 높은 노력을 자극하기도 하고, 제한된 시간은 그 순간의 경험을 더 잘 즐기게 해준다. 시간이 얼마 안 남았다는 느낌이 들 때조차 남은 시간을 더 충만하게 느낄 수도 있다. 차차 살펴보겠지만, 시간의 역설을 해결하려면 우리 자신에게 시간을 더 부여해주는 것이 아니라, 남은 그 시간을 더 신중히 관리하면 된다.

시간의 단축

데드라인은 굉장한 스트레스를 준다. 하지만 생산성의 길을 열어주는 열쇠가 되어주기도 한다. 여러분이 수강 등록한 어떤 과목에서 3개의 필수 학기말 리포트 제출 시 다음의 두 가지 데드라인 중하나를 고를 수 있는 선택권이 있다고 가정해보자.

1. 각 리포트별 제출일이 똑같은 간격으로 벌어져 있는, 교수가 정해놓은 데드라인.
2. 종강일까지 3개의 리포트를 모두 제출하는 한에서, 각 리포트별로 자신이 마음대로 정하는 데드라인.

대부분은 이 제안을 쉬운 선택이라고 생각할 것이다. 생각할 것도 없이 두 번째가 더 낫다고. 가능한 한 많은 시간을 얻는 것이 좋지 않으냐고. 중간에 무슨 일이 있으면 리포트를 나중으로 미룰 유연성도 생길 테고 리포트를 일찍 끝내면 빨리 제출해도 되니, 그 편이 나을 거라고. 이런 식으로 추론하면 확실히 두 번째가 나을 것 같지만, 연구에 따르면 결과적으론 첫 번째 선택이 더 낫다.

MIT의 한 교수가 자신이 가르치는 학생들에게 이런 식의 선택을 테스트한, 구체적인 연구 사례를 직접 살펴보자.[3] 그는 같은 경영 교육 과목에서 두 개의 수업을 가르치고 있었다. 두 수업 모두 수업 내용과 이수 조건이 동일했다. 또 그 학기의 강의 동안 3개의 리포트를 제출해야 했다. 두 수업의 차이점은 리포트의 데드라인뿐이었다. 교수는 한 그룹에게는 위의 첫 번째 선택처럼 '선택권 없이' 자신이 정한 데드라인을 따르게 했다. 리포트별로 정확한 제출일을 배정하여 대략 한 달에 하나씩 제출하게 했다. 반면에 또 다른 수업을 듣는 그룹에게는 위의 두 번째 선택처럼 '자유 선택권'을 주며 스스로 데드라인을 정하게 해주었다. 학생들은 리포트 3개를 학기 초에 모두 제출하든, 종강일 전에 한꺼번에 제출하든 자신들 마음대로 정할 수 있었다.

자유 선택권을 얻은 학생들은 학기 초에 교수에게 자신들이 정한 리포트별 데드라인을 밝혀야 했다. 그리고 일단 이렇게 정하고 나면 의무사항이 되어, 늦게 제출할 경우 점수가 깎이게 되었다. 데드라인을 일찍 앞당겨 정해도 (점수를 더 주거나 수정을 제안하는 피드백을 주는 등의) 인센티브가 따로 있지는 않았다. 오히려 데드라인을 늦게 잡는 편이 가장 유리해 보였다. 리포트를 작성할 시간적 여유가 더 많은 데다, 스스로 정한 데드라인 전에 리포트를 끝내면 미리 낼 수도 있었기 때문이다. 예를 들어 학생들은 11월 초에 리포트를 제출하기로 계획은 해놓고 교수에게는 학기 마지막 날에 제출하겠다고 밝힘으로써, 혹시라도 신나는 핼러윈 파티 때문에 리포트 제출에 지장이 생길 경우를 대비한 완충제를 마련해놓을 수 있었다.

자유 선택권을 가진 학생들은 학기 초만 해도 아주 유리해 보였지만 학기말 성적은 그 반대의 결과를 보여주었다. 스스로 데드라인을 정한 학생들은 리포트에서만이 아니라 학기 말이 마감 시한인 마지막 프로젝트에서도 성적이 더 나쁘게 나왔다. 하지만 자유 선택권을 가졌던 학생들 모두가 이런 불리한 결과를 받은 것은 아니었다. (선택권이 없는 수업의 그룹에게 교수가 정해준 데드라인과 대략 비슷하게) 학기 동안 고른 간격으로 데드라인을 정해두었던 학생들은 이 그룹만큼 성적이 잘 나왔다. 다시 말해, 중요한 것은 누가 데드라인을 정하느냐가 아니라 데드라인의 시점이다.

기말 시험 기간 동안 학생들은 데드라인 때문에 등골이 오싹해질 만큼 긴장할지 모르지만 데드라인은 목표를 효율적으로 달성하도록 유도해준다. 내 수강생 한 명도 촉박한 데드라인이 과제에 집중하는 데 특히 도움이 된다는 사실을 체감했다.

"과제를 마감할 시간이 빠듯하다는 것을 의식하면 사소한 것들에 얽매일 여유가 없어져서 어쩔 수 없이 최대한의 효율을 내게 됩니다. 저는 완벽주의자 경향이 좀 있어서 시간이 넉넉할 때는 프로젝트나 리포트를 작성하는 데 필요 이상으로 시간을 끌 때가 많습니다. 그러면 시간이 촉박할 때 한 것과 크게 다르지 않을 법한 성과물을 내느라 많은 시간과 노력을 허비하고 맙니다."

데드라인이 없을 경우의 악영향은 학업에만 한정되지 않는다. 금전적 수단에도 영향을 미친다. 가장 최근에 졸업이나 기념일 선물로 기프트카드를 받은 기억을 떠올려보라. 마지막으로 받은 것이 몇 년 전밖에 안 된다면 유효기간이 없었을 가능성이 높다. 그리고 유효기간이 있는 기프트카드였다면 유효기간이 발급일로부터 최소한 5년이었을 것이다. 최근엔 2009년의 신용카드법(Credit Card Accountability Responsibility and Disclosure Act) 덕분에 소비자 '보호 사항'으로 기프트카드의 사용 기한이 늘어나게 되었다. 일부 주에서는 아예 유효기간이 없다.[4]

멋지지 않은가? 직관적으로 생각하면, 사람들이 상품권을 실제 상품으로 바꿀 가능성을 높이려면 유효기간을 늘리는 것이 마땅하지 않을까? 실제로 한 연구에서도 80명의 새내기 성인들에게 방금 인근 제과점의 상품권을 받았다고 상상해보라며 질문을 해봤더니 유효기간이 2개월일 경우엔 68퍼센트가 사용할 것 같다고 답했고, 유효기간이 3주밖에 안 될 경우엔 50퍼센트만이 사용할 것 같다고 답했다.[5] 언뜻 생각하면 기간이 늘수록 어떤 행동을 행할 가능성이 높아지는 것이, 논리적이고 당연한 이치 같다.

이 책의 앞부분에서도 살펴봤다시피 직관이 항상 정확한 것은 아니다. 연구진은 새내기 성인들을 두 그룹으로 나누어 실제로 상품권을 나눠주며 실험을 벌였다. 한 그룹에겐 3주의 유효기간이 있는 상품권을, 또 다른 그룹에게는 2개월의 유효기간이 있는 상품권을 주었더니 결과 자료의 패턴이 위의 학생들이 예상했던 것과는 반대로 나타났다. 실제로 기프트카드를 사용한 그룹은 오히려 사용 기한이 짧은 그룹이었다. 짧은 데드라인의 그룹은 유효기간이 상대 그룹의 3분의 1밖에 안 되었음에도 크루아상과 초코 에클레어로 바꿔 간 확률이 다섯 배 높았다. 긴 데드라인의 그룹에서는 무려 94퍼센트의 학생들이 상품권을 아예 쓰지 않았다.

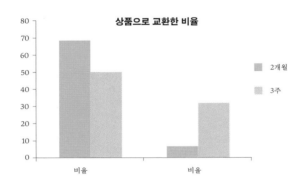

대다수 사람들의 생각으로는 시간이 많을수록 뭔가를 할 확률이 높아질 것 같지만 실제로는 그 반대다. MIT 교수의 연구에서 더 엄격한 데드라인을 받은 학생들이 더 좋은 성적을 낸 것처럼, 또 졸업이 코앞에 다가왔다는 사실을 상기한 내 수강생들이 대학생활을 더 즐겼던 것처럼, 이 연구에서도 시간이 얼마 안 남았다는 점을 의식하게 될 때 그 시간을 더 잘 활용하게 된다는 개념이 더욱 부각되었다. 뭔가를 할 시간이 무한대인 것처럼 생각하면 무신경해져서 시간을 헛되이 쓰다가 누릴 수도 있었던 기회를 놓치고 만다. 바로 이런 이유로, 해마다 미사용된 기프트카드로 증발되는 액수가 수십억 달러에 이르고 있다.[6] 데드라인이 없으면 사용 욕구가 잘 자극되지 않고, 그러다 결국엔 까맣게 잊어버리고 만다. 데드라인은 시간이 희소한 자원이라는 점을 환기시켜 그 시간을 보다 효율적으로 사용하도록 자극해준다.

희소성으로의 전환

넉넉한 시간이 학기말 리포트에서 리포트 작성의 효율성을 떨어 뜨리고, 기프트카드를 상품으로 교환할 가능성을 떨어뜨리는 것처 럼, 여유는 음식이나 휴가를 즐기는 데도 방해가 되는 경우가 많다. 한 예로, 조사에 따르면 벨기에의 성인들은 많은 식당을 다니며 여 러 음식을 맛보고 다니는 사람일수록 ('평범한' 음식이지만) 대중의 사랑 을 받는 음식인 스파게티 볼로네즈를 덜 즐긴다. 또 미국인들은 외 국 여행을 많이 다녀온 사람일수록 플로리다, 캘리포니아, 뉴욕 같 은 '평범한' 국내 휴양지에서 재미를 잘 느끼지 못한다.[7]

바르셀로나 폼페우 파브라 대학(Pompeu Fabra University)의 조르디 쿠아드박(Jordi Quoidbach) 교수가 이끈 한 연구에서는 프랑스인 성인 들에게 이탈리아 근처 같은 '일반적인' 여행지로의 무료 여행권을 얻었다고 상상해보라며 질문을 했더니, 가장 값비싼 여행을 다녀와 본 사람들이 이탈리아 여행에 대한 기대감이 가장 낮은 것으로 나 타났다. 이 연구의 논문에서 설명하고 있듯 "삶의 멋진 경험이 쌓일 수록 쾌락 효과를 저하시키는 역설적 영향이 작용할 수도 있다".

그렇다고 해서 호화 여행을 즐겨본 사람들이나 근사한 음식점을 자주 다녀본 사람들의 미래가 따분한 삶을 살 운명에 매여 있다는 얘기는 아니다. 다행히 연구진은 아주 멋진 여행을 경험해본 사람들도 새로운 경험을 즐길 방법을 찾아냈다. 어느 여름날, 연구진은 보스턴의 올드 노스 교회(Old North Church, 1723년에 세워져 보스턴에서 가장 오래된 교회로 국립 사적지에 등록되어 있다. 1775년 4월 18일, 미국 독립혁명당시 렉싱턴과 콩코드 전투에 앞서, 교회 첨탑의 등불을 밝혀 폴 리비어 군에 영국군이 바다로 쳐들어오고 있다는 신호를 보내는 장소로 유명하다-옮긴이) 밖에 자리를 잡고 관광객들이 교회 안을 둘러보고 나오는 시간을 조사했다. 그리고 이 유서 깊은 명소에 들어가려는 관광객들에게 관광지 리스트를 건네주면서 그곳에 기재된 곳들 중 얼마나 많은 곳을 다녀왔는지 표시해달라고 부탁했다. 관광지 리스트 가운데 절반은 뉴욕, 시카고, 라스베이거스, 올랜도 같은 '흔한' 관광지였고 나머지는 도쿄, 뉴델리, 시드니, 브루게(벨기에 서북부의 도시-옮긴이) 같은 '이국적'인 곳이었다.

살펴보니 '흔한' 관광지 항목에 체크한 사람들은 이 유서 깊은 교회 안에서 보낸 시간이 평균적으로 30퍼센트 적었다. 하지만 '이국적' 관광지에 체크하고 관광지의 수가 적었던 사람들은 아직 여행 경험이 부족하다는 느낌을 갖고 있었다. 그 결과 교회 안에서 더 오래 머물렀다. 수백 년 된 신도석을 따라 나 있는 명판을 읽어보고, 파이프 오르간을 감탄스럽게 감상하는 등 그 국가적 명소만의 독특한 특징을 찬찬히 둘러보았다.

이 연구의 논문에서 설명하고 있듯 "삶에서 즐거운 경험을 풍부하게 접하면 비교적 평범한 즐거움을 즐기는 능력이 줄어들 수 있다… [하지만] 지금까지의 자신의 경험이 한정되어 있다고 의식하는 사람들은 현재의 경험을 즐길 수도 있다." 우리가 그동안 누려온 다른 모든 경험을 상기하게 되면 바로 눈앞의 기회를 즐길 필요를 느끼지 못한다. 다시 되살려볼 만한 다른 경험들이 이미 기억 은행에 가득하기 때문이다. 반면에 해보지 못한 경험을 잠시 생각해보면, 그런 기회가 얼마나 소중한 것인지 새삼 느끼게 되어 지금의 경험을 즐길 수 있게 된다. 올드 노스 교회를 찾은 한 관광객은 리스트의 '이국적' 관광지들을 쭉 훑어보다가 연구진에게 이렇게 말했다. "이 나라들을 보니까 내가 여행을 많이 안 다녀봤다는 생각이 드는군요. 이곳 어디든 당장 휴가를 떠나고 싶어지네요." 쿠아드박과 동료 연구진의 설명을 그대로 옮기자면, "풍족감을 줄이기 위한 훈련과 활동을 하면 삶이 선사할 수 있는 최상의 경험을 누린 이후라도 작은 즐거움을 느낄 줄 아는 능력을 그대로 지키면서, 두루두루 삶을 즐길 수 있을 것이다."[8]

이제부터는 콘서트나 친구들과의 저녁식사, 혹은 친구의 결혼식 참석을 위한 장거리 자동차 여행에 가게 되면 그동안 다녀본 적 없는 콘서트, 가본 적 없는 식당, 빠질 수밖에 없었던 자동차 여행을 잠시 생각해보길 권한다. 비참한 감이 있는 사고실험 같겠지만, 이런 식으로 지금까지 놓친 기회들을 떠올리면 현재의 기회에 훨씬 더 감사한 마음을 갖게 된다.

최적의 수행도

데드라인의 임박이 사람을 평소보다 더 분발시켜주는 한 원인은 데드라인이 유발하는 생리적 각성이다. 데드라인이 가까워질수록 불안감으로 혈류에 아드레날린이 분출되고 그 덕분에 더 열심히, 또 더 빠르게 분발할 수 있게 된다. 데드라인이 한참 남아 있으면 불안 감이 별로 생기지 않고, 그에 따라 발등에 불을 붙여줄 만한 각성 효 과도 일어나지 않는다. 물론 과도한 불안감은 자칫 심한 스트레스를 유발해서 오히려 양질의 노력을 펼치는 데 걸림돌이 되기도 한다.

따라서 최적 수준의 각성을 얻는 것이 바람직하다. 너무 심하거 나 너무 약한 각성은 수행력의 발휘에 비효율적이다. 각성 수준과 수행력 사이의 상호작용에 관해서는 여키스-도슨 법칙(Yerkes-Dodson Law)을 살펴보면 이해하기 쉽다. 이 명칭은 100년도 더 전에 이런 상호작용을 최초로 실험한 두 심리학자의 이름을 따서 붙여진 것이다.[9] 두 심리학자는 이 최초 연구에서 쥐들이 복잡한 미로를 얼 마나 잘 빠져나가는지 관찰하며, 쥐가 미로의 탈출에 실패할 때마 다 약한 전기충격을 주었다. 여키스와 도슨은 연구 초반까지만 해 도 두 변수 사이에 선형 관계가 나타날 것으로 예상했다. 전기충격 이 강할수록 쥐가 미로를 더 빨리 학습할 것이라고. 하지만 쥐들을 미로에 떨어뜨린 뒤에 차츰 전압을 변경해본 결과 그 가정은 일부 만 맞았다. 약 단계에서 중간 단계로 전기충격을 높였을 때는 예상 대로 수행력이 향상되었다. 즉, 각성을 적당히 늘리자 쥐들이 미로 의 끝을 빨리 찾도록 다그치는 데 필요한 정신적 충격이 가해졌다. 하지만 전압을 중간 단계에서 강 단계로 높이자 수행력이 떨어지 면서 전기충격이 약했을 때와 똑같아졌다. 각성도가 너무 높아지자 쥐들은 불안감을 주체하지 못해 미로를 빠져나갈 길을 찾는 데 제대로 집중하지 못했다. 이로써 여키스와 도슨은 각성의 중용을 발견해냈다. 결국 어느 정도의 각성은 바람직하지만, 너무 과하면 오히려 방해가 된다.

종강일까지 마쳐야 할 3개의 리포트 제출 기한을 선택할 수 있었던 MIT의 재학생들은 강한 전압이 가해지는, 높은 각성 상태에 놓여 있었던 셈이다. 마지막 순간까지 과제를 미룰 수 있었기 때문에 한꺼번에 3개의 리포트를 작성해야 하는 높은 각성 상태에 놓이면서, 뛰어난 수행력의 발휘에 방해를 받았다. 다른 학생들의 경우엔 데드라인이 고른 간격으로 벌어져 있어 한 번에 하나씩의 리포트를 작성해야 했고, 그에 따라 각성 상태가 더 적당한 수준을 이루며 최적의 수준에 가까웠다.

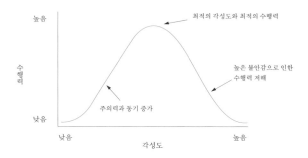

데드라인을 앞두고 과제를 시작할 때는 최적의 각성도라는 개념에 유의하며 계획을 세우는 것이 유리하다. 한 수강생은 과제를 시작하기 위한 최적의 시간표를 세울 때 실제로 이 개념을 활용해봤다고 한다.

"저는 수년 전부터 해야 할 과제가 있으면 최대한 빨리 하려고 억지로 애써봤지만 그러면 집중이 잘 안 됩니다. 마감일까지 시간이 많이 남았다는 걸 아니까 노력을 50퍼센트만 쓰면서 질질 끌게 되고, 그 바람에 과제 하나를 마치는 데 필요 이상의 시간을 너무 허비합니다. 그런데 마감일 2, 3일 전에 과제를 하면 촉박한 시간이 의식돼서 전력을 쏟으니까 시간을 효율적으로 쓰게 돼요."

이 학생은 그 기준에서 조금이라도 더 빨리 시작하면 집중력을 유지할 만한 각성 상태에 이르지 못했다. 또 조금이라도 더 늦게 시작하면 스트레스가 너무 심해서 좋은 성과를 내지 못했다. 그러다 자신에게 맞는 최적의 상태를 찾아내 유리하게 활용하게 되었다.

자신의 최적 각성도 찾기

최적의 각성도는 최고의 효율성을 발휘하게 해주어 시간을 최대한 잘 활용하게 된다. 각성은 임박한 데드라인만이 아니라, 단순히 주변에 다른 사람들이 있거나 커피와 탄산음료 같은 자극성 음료를 섭취하는 식으로도 일어난다. 이쯤에서 어느 정도의 각성이 자신에게 필요한 '최적 수준'일지 궁금하지 않은가? 그 답을 찾으려면 가장 먼저 여러분의 성격 유형을 파악해야 한다. 특히 외향성-내향성의 연속선에서 어느 쪽에 해당되는지를 알아야 한다.

요즘엔 대중지에서 이런 성격 분류에 지대한 관심을 둔 기사들이 심심찮게 올라오는데, 한 예로 최근에 「어니언(Onion)」에서는 "내향형 남자가 파티장을 빠져나가 데 걸리는 시간은 겨우 20분" 이라는 식의 저급한 조롱조 기사가 실리기도 했다.[10] 내향형과 외향형의 전형적인 차이는 선호하는 활동과 환경에서 뚜렷이 나타난다. 외향형은 천성적으로 열정적이어서 사람들이 붐비는 카페에서 바닐라라테를 옆에 놓고 앉아 주변에서 잡담 소리가 왁자한 분위기에서 공부하는 것을 좋아한다. 내향형은 비교적 조용하고 말이 없는 편이라 백팩의 지퍼 여닫는 소리마저 시끄럽게 들릴 만큼 조용한 도서관에서 혼자 공부하길 좋아한다. 외향형이 음악 소리가 쩌렁쩌렁 울리고 왁자지껄한 파티에서 사람들과 어울리길 좋아한다면, 내향형은 집에서 가까운 친구들 몇 명과 저녁을 먹으며 노는 것을 좋아한다.

궁극적으로 따지자면 이런 차이는 외부 자극에 반응하는 방식의 차이에서 비롯되는 것이다. 내향형은 각성에 더 민감한 편이라 자극에 직면하면 더 강하게 반응한다. 그런 이유로 주변 상황이 덜 어수선할수록 뛰어난 수행력을 발휘한다. 주위가 너무 시끄러우면 내일까지 제출해야 하는데 시작도 하지 못한 20쪽 분량의 학기말 리포트처럼 되어버린다. 다시 말해 여키스와 도슨의 차트에서 튀어나가버릴 정도로 각성도가 심해져 제대로 능력을 발휘하지 못하게 된다. 하지만 외향형은 최적의 각성 수준이 내향형에 비해 높다. 각성에 덜 민감하기 때문에 이상적 환경에 이르려면 더 많은 자극이 필요하다. 그래서 근처에 사람들이 많고 카페인 음료를 맘껏 마실 수 있는 북적북적한 카페에서 공부하길 좋아한다. 그 모든 자극이 최적의 각성도와 최상의 수행력을 이끌어내주기 때문이다. 그런 자극이 없으면 두 달 후에 열릴 퀴즈 프로에 나가기 위해 공부하려는 사람과 같아진다. 즉, 동기를 자극받을 만한 각성도에 아직 도달하지 못하게 된다. 최고의 능력을 발휘할 수 있을 만한 환경을 찾고 있다면 먼저 자신이 내향형인지 외향형인지를 생각해본 후, 그 결과에 따라 최적의 각성도를 이끌어줄 만한 환경을 정하면 된다.

계획이 취소되었을 때

오늘 밤에도 또 못 나가네

외향형

오늘 밤에도 또 안 나간다!

내향형

단 이런 차이에 너무 사로잡혀서는 안 된다. 우선, 이런 구분은 어디까지나 일반화일 뿐이며 개개인의 복잡하게 얽힌 성격을 포착해내지는 못한다. 내향형과 외향형은 전형적 특징이 서로 정반대이긴 해도, 연속선상에 놓여 있음을 명심해야 한다. 대다수 사람들은 이 연속선의 중간쯤에 해당되어 양 극단의 성격을 두루 나타낸다. 내향형 중에도 북적이는 카페에서 공부하는 것을 좋아하는 사람들이 많고, 금요일 밤을 집에서 조용히 보내는 외향형들도 찾아보면 흔하다. 하지만 평균적으로 외향형은 내향형에 비해 더 높은 수준의 자극을 받을 때 능력 발휘를 가장 잘한다.

최적의 각성도

내향형   외향형

수행력

　게다가 최적의 각성도가 있다고 해서 최적의 범위를 벗어난 환경에서 제 능력을 발휘하지 못한다는 얘기는 아니다. 상황에 따라 어쩔 수 없이 자신의 평소 성격과 다르게 행동하는 경우도 많아서, 대다수 사람들이 적어도 잠깐 동안은 그런 상황에 별 어려움 없이 적응을 한다. 내향형이라고 해도 에너지 왕성한 그룹 환경에서 동료나 관리자들과의 상호작용이 필요한 일을 맡을 수 있다. 외향형이라도 자극이 거의 없는 환경에서 하루 종일 혼자 프로젝트를 진행할 수 있다. 하지만 두 경우 모두 반드시 불리한 환경에서 일하는 것이라고 말할 수는 없다. 이른바 회복 공간(restorative niche)을 만들 여지가 있다면 최적이 아닌 환경에서도 뛰어난 수행력을 발휘할 수 있다.

회복할 시간

　심리학자 브라이언 R. 리틀(Brian R. Little)이 정의한 바에 따르면 회복 공간은 '자신의 평소 성격에서 벗어난 행동을 하는 사람들이 자신의 천성을 회복하기 위해 탈출할 만한… 장소나 환경'이다.[11] 한 예로, 교수들 중 수많은 이들이 원래는 아주 내향형이지만 아주 외향적 행동을 해야 한다. 즉 많은 새내기 성인들 앞에서 지적 자극을 주는 강의를 해야 한다. 많은 사람 앞에서 이야기하고, 특정 기간 안에 전체 강의를 맞춰야 하는 그런 상황에 따르는 스트레스는 거북한 수준까지 각성을 밀어붙이고도 남으며 이는 내향형의 교수일수록 특히 더하다. 이때의 해결책은 높아진 각성도가 자연스러운 수준으로 되돌아가게 해줄 만한 시간을 따로 갖는 것이다. 수업 직후에 교수실에서 시간을 보내는 교수들이 많은 이유가 여기에 있다. 이런 시간을 가지면 내향적 시간을 가지면서 더 조용한 환경에서 자신의 본래 천성을 회복할 수 있다. 물론, 이런 회복의 시간이 필요한 것은 교수들만이 아니다. 학생들에게도 필요하다.

"저는 내향적이라 사람들과 어울리는 상황 이후나 이전에 '회복 시간'이 많이 필요해요. 최근에야 깨닫게 되었지만, 저는 아주 많은 사람들과 어울려야 할 상황을 앞두고 있을 때나 친구들이 밤늦게까지 밖에서 놀고 싶어 해서 저 혼자의 시간을 별로 못 가질 것 같을 때는 심한 불안감에 빠져들어요. 대학생활을 이어가는 동안 그런 불안감을 점점 더 의식하면서 불안감은 줄어들 줄 모르고 늘어나기만 했어요. '회복 시간'이라고 해서 꼭 혼자 침대에 누워 넷플릭스를 보는 식으로 보내는 것은 아닙니다. 친구들과 함께든 친구들 없이 혼자서든 보다 느긋한 환경에 있으면 됩니다. 예를 들어 룸메이트와 TV를 보거나, 남자친구와 빈둥거리며 시간을 보내거나, 친구와 함께든 혼자서든 저녁을 먹거나, 그냥 가만히 앉아서 아무것도 안 하고 빈둥거리는 식입니다."

외향적인 학생의 경우에도 몇 시간씩이나 가만히 앉아 강의를 들어야 하는 어떤 날에는 각성도를 끌어올리면서 제때에 '회복'을 다져야 한다. 친구들과 떼 지어 어울려 다니거나, 팀 스포츠를 한판 벌이거나, 대용량 커피를 마시는 등으로 회복 시간을 가져야 한다. 그러니 우선은 여러분의 천성과 여러분에게 가장 잘 맞는 환경을 알아야 한다. 그런 다음엔 여러분에 맞는 최적의 환경에서 벗어나야 하는 상황들에 대처할 회복 공간을 구상하면 된다.

지금까지 이번 장에서 우리는 촉박한 시간의 이점을 살펴봤다. 얼마 안 남은 데드라인은 최적 수준의 각성도에 이르게 해주어 뛰어난 수행력을 발휘하게 해준다(그리고 기프트카드를 상품으로 교환할 확률을 더 높여주기도 한다). 시간이 얼마 안 남았다는 점을 상기하거나 그동안 해본 경험이 얼마 안 된다는 생각을 하게 되면 그 시간과 경험을 보다 더 즐길 수도 있다. 이런 사실들을 의식하며 시간을 더 신중하게 관리하는 데 유용하게 활용해보자. 하지만 정말로 시간을 더 늘리고 싶은 그런 상황에 처하면 어떻게 해야 할까?

'여유 시간'은 곧 '미타임'(me time)

어느 학기 중반 무렵에 (그러니까 시간이 가장 촉박하게 느껴지는 시기에) 나는 수강생들에게 그날 30분의 시간이 더 생긴다면 뭘 하고 싶으냐고 물어봤다. 수강생들의 대답은 대체로 예상 가능한 것들이었다.

- "TV 보기요."

- "낮잠 자기요."
- "방에 가서 빈둥빈둥 놀고 싶어요."
- "금요일까지 제출해야 하는 중간학기 과제물 계획 짜기요."
- "아무것도 안 하고 싶어요."
- "안 읽은 이메일 확인이요."
- "커피 마시면서 온라인으로 「뉴요커」나 「애틀랜틱」 기사를 읽고 싶어요."
- "버즈피드나 페이스북 같은 사이트에 들어가서 별 생각 없이 대충 이것저것 훑어보고 싶어요."
- "다음 주에 봐야 할 네 개의 시험을 준비하기 위해 공부를 시작하고 싶어요. 여자친구에게 문자를 보내서 와서 안아달라고 할지도 모르겠어요."

　모두들 대답을 선뜻 내놓았다. 그만큼 시험과 리포트의 데드라인이 코앞일 때는 대학생들이 이런 추가 시간을 꿈꾸고 있다는 얘기다. 하지만 내가 이런 질문을 던진 진짜 목적은 따로 있었다. 그 시간에 무엇을 하고 싶은지가 아니라 누구와 보내고 싶어 하는지 알아보려는 것이었다. 쭉 대답을 들어본 결과 무려 89퍼센트가 위의 사례 대부분처럼 자기 혼자 하는 일이었다. 겨우 11퍼센트만이 다른 사람을 위해 쓰고 싶어 하면서, 친구를 위해 심부름을 해주거나, 동기생의 리포트 교정을 봐주는 등 다른 사람에게 이런저런 친절을 베풀겠다는 대답을 했다.

이런 결과는 얼핏 생각하면 이해가 간다. 대다수 대학생들이 시간의 압박을 받는 그 시기에 30분이 더 생긴다면 해야 할 과제를 마치거나 너무 절실한 휴식을 취하고 싶어 하는 것은 논리적으로 당연하지 않을까? 하지만 최근의 연구에서 밝혀진 바에 따르면 친사회적 행동을 선택한 11퍼센트 학생들의 장기적 전망이 더 밝다.

스트레스에 짓눌리는 학기 중간을 잠시 분석해보자. 이때 학생들의 스트레스 지수가 치솟는 이유는 해야 할 공부와 프로젝트를 모두 마칠 만한 시간이 부족하다는 느낌 때문이다. 하지만 스트레스가 꼭 해야 할 일의 객관적 분량이나 쓸 수 있는 실질적 시간 때문에만 유발되는 것은 아니다. 그 일을 할당된 시간 안에 마칠 수 없다는 인식에서 유발되기도 한다. 앞에서 소개한 연구의 연구진이 보스턴의 올드 노스 교회를 찾은 관광객들의 체험을 바꾸어놓았던 계기도 실제로 역사적 명소의 여행을 바꾼 것이 아니라 역사적 명소의 여행에 대한 인식을 바꾸어놓은 것이었듯, 자신에게 주어진 시간에 대한 인식을 바꾸는 것만으로도 스트레스 지수를 바꿀 수 있다.

내어줌으로써 얻는 시간의 여유

한 연구에서 실험 참가 대학생들에게 위험한 환경에 놓인 인근 고등학교 학생들이 쓴 에세이를 편집해달라고 부탁했다.[12] 이 과정은 1시간 동안 진행된 연구의 두 번째 과제로 구성된 것이었다. 앞서서 45분 동안 첫 번째 과제가 진행된 후 그 나머지 시간에 인근 고등학교 학생을 도와주는 이 과제로 이어졌다. 첫 번째 과제를 마친 후에, 실험 참가 학생들의 절반은 빨간색 펜과 편집할 에세이를 받았다. 그리고 나머지 학생들은 에세이의 편집이 이미 완료되었으니 그만 가도 된다며 15분 동안 어떤 식으로든 원하는 대로 시간을 보내라는 말을 전달받았다. 모든 실험 참가 학생들은 이 15분을 일정에서 비워두도록 미리 요청받은 터였으나 그중 반은 그 시간을 돌려받은 셈이었다. 사실, 이 실험의 의도는 학생들이 생각지 못했던 여유 시간을 얻어 거의 누구나가 바라는 선물 같은 시간이 생길 경우에 어떻게 하는지 지켜보려는 것이었다.

예정된 시간에 나간 학생이든 15분 일찍 나간 학생이든 연구실에서 나가기 전에 모두가 짧은 질문지를 받았다. 자신에게 여유 시간이 얼마나 된다고 느끼며, 앞으로의 연구에 기꺼이 내어줄 만한 시간이 어느 정도인지를 묻는 내용이었다. 논리적으로 생각하면 당연히 일찍 나간 학생들이 여유 시간에 대한 인식이 더 높을 것 같다. 어쨌든 방금 전에 여유 시간을 얻었지 않은가. 하지만 시간을 대체로 여유롭게 느낀 쪽은 위험한 환경에 놓인 고등학생을 돕는 데 시간을 보냈던 학생들이었다. 앞으로의 연구에 기꺼이 내겠다는 시간의 분량에서도 먼저 나간 학생들보다 1시간을 다 채우고 나간 학생들이 30퍼센트 더 많았다.

여유 시간이 적은 사람들이 시간을 더 여유 있게 느끼고, 추가 연구에 더 기꺼이 응한 이유는 무엇일까?

꿋꿋이 밀고 갈 자신감

이 연구의 결과는 궁극적으로 자기효능감에서 비롯된 것이다. 다시 말해, 노력을 이어가 끝내 목표를 이뤄낼 수 있다는 자신감에 따른 결과이다. 이런 자신감을 늘리는 한 방법은 15분 동안 어린 학생의 에세이를 도와주는 등 무엇이건 간에 그 일에 능력을 갖게 되는 것이다. 연구진은 이 연구 결과를 바탕으로 다음과 같은 조언을 제시했다.

"타인을 도우면서 능력을 갖춰라. TV를 보며 긴장을 풀거나 안마를 받으면 재미있고 편할지 몰라도 이런 일들은 자기효능감을 늘려줄 가능성이 희박하다. 사실, 현대 생활에서 여유 시간이 늘어났는데도 사람들이 시간을 더 풍요롭게 느끼지 못하는 이유 중 하나는 사람들이 덤으로 얻은 여유 시간을 자신에게 쓰기로 선택하기 때문일지 모른다… 친사회적으로 시간을 보내는 것이 시간의 압박을 덜어내는 데 더 효과적이다. 시간의 압박을 느낄수록 시간에 더 관대해져야 한다. 아무리 마음이 그 반대로 쏠리더라도."[13]

하나의 일을 성취하면 또 다른 일들도 성취해낼 수 있다는 자신감이 붙는다. 한때는 버겁게 느껴지기만 했던 촉박한 시간이 갑자기 감당할 만해진다. 제3장의 이야기로 되돌아가, 운동이 우울증의 개입 치료로 큰 효과를 보이는 이유를 다시 생각해보자. 운동을 완수하면서 얻은 성취감은 우울증 환자의 자기효능감을 늘려주면서 건강한 삶에 대한 통제감을 부추기는 동시에 정서 건강도 함께 북돋워주지 않았던가. 아니면 바로 앞 장에서 소개했던 제독의 회고담도 되짚어보자. 기초훈련병 시절 매일 아침 꼼꼼하고 정확하게 침상을 정리했던 그는 이런 일과로 하루를 시작함으로써 그날 해야 할 다른 모든 일들을 이행해나가기에 충분한 자기효능감을 얻었다. 그렇다고 해서 그가 실제로 하루 중의 시간을 더 얻은 것도 아니었다(오히려 각을 딱딱 맞추느라 시간을 더 썼다). 하지만 완벽하게 침상을 정리하면서 얻어낸 자기효능감은 그다음에 해야 할 과제의 완수에 자신감을 불어넣어주었다.

타인을 위한 활동은 자기효능감을 늘리는 데 특히 유용한 방법이다. 나는 몇 년 전의 기말시험 주간에, 이전 학기에 내 강의를 들었던 학생에게 이메일을 받았다. 앞의 연구에서 밝혀진 교훈을 마음에 새기고 있다가 직접 그 효과를 체험했다는 내용이었다.

"다른 대다수 학생들처럼 저 역시 해야 할 일이 많아서 정신이 없을 정도입니다. 우선 내일까지 네 개의 과제를 마쳐야 해서 하루 만에 다 마무리해야 합니다. 또 기숙사 사감을 맡고 있어서 '기말시험의 행운을 빌어주는' 자그마한 선물도 준비하고 싶어요. 하지만 시간이 휙휙 지나가는데 아직도 선물을 준비하지 못했고 아직도 해야 할 공부는 산더미예요. 그러다 교수님 수업에서 배웠던 연구 중 하나가 떠올랐어요. 다른 사람들을 도우면 시간이 더 여유 있게 느껴진다던 그 연구요. 그래서 저도 한번 해보기로 마음먹었어요. 제가 맡은 층의 기숙사생들에게 나눠줄 행운 기원 선물을 준비하기로요. 이제는 기말 시험 전에 기숙사생들에게 뭐라도 나눠주지 못할까 봐 마음 심란해하는 게 아니라 기숙사생들에게 특별한 느낌을 느끼게 해주었다는 생각에 기분이 너무 좋아요. 선물을 준비하느라 시간을 너무 많이 썼지만 잘 한 일 같아서 만족스럽고 행복해요. 2시간 더 밤을 새면 좀 어때요? 그런 긍정적인 기분 덕분에 공부할 의욕이 솟는데요!"

이 학생은 자기효능감 증진에 힘입어 그날 밤 나에게 감사의 메일을 보낼 여유까지 생기면서, 기숙생들, 이전 교수, 그리고 스스로를 위해 뭔가를 해내는 일석삼조의 효과를 얻은 듯했다. 따라서 시간을 더 여유 있게 느낄 한 가지 방법은, 스스로의 효능감을 북돋는 것이다. 스트레스는 해야 할 일을 전부 다 완수하지 못할 것 같은 초조함에서 비롯된다는 것을 명심하자. 타인을 도우면 자기효능감을 높아지고, 자기효능감이 높아지면 해야 할 일들을 끝까지 해나갈 수 있다는 자신감이 생긴다.

멀티태스킹에 대한 오해

시간을 더 여유 있게 느낄 수 있는 또 다른 방법도 있다. 은연중에 시간을 소모시켜 일을 더디게 하는 갖가지 요소들을 제거하기이다. 최근의 갤럽 조사에 따르면 18~29세의 새내기 성인들 가운데 73퍼센트가 1시간에 최소한 서너 번은 스마트폰을 확인하며, 심지어 2, 3분에 한 번씩 확인한다고 답한 사람도 22퍼센트나 되었다.[14] 또 다른 조사에서는 성인의 76퍼센트가 근무 중에 이메일을 받으면 1시간 내에 답장을 보낸다고 대답했고 거의 3분의 1은 15분 내에 답 메일을 보낸다고 했다.[15] 그리고 이 응답자들은 다른 사람들에게도 똑같은 보답을 기대하는 경향을 보이면서, 절반이 넘는 사람들이 자신들이 보낸 이메일의 답장을 1시간 내에 받길 기대한다고 대답했다. 이런 조사 결과를 보면, 대다수 사람들이 기본 근무시간이 끝나고도 하루에 몇 번씩 업무 이메일을 확인한다고 답했던 이유도 충분히 수긍이 간다. 요즘엔 사람들 사이에 이런 식의 소통이 흔하다는 점을 감안하면, 이렇게 빠른 속도로 이메일에 답하는 것이 누군가의 생산성을 높이고 소속 회사의 업무를 보다 효율화시켜줄 것이라는 생각이 들 만도 하다. 하지만 정말로 그럴까? 심리적 영향은 어떨까? 그리고 사람들에게 정말로 생산성 향상을 느끼게 해줄까?

그 답은 브리티시컬럼비아 대학의 심리학자들이 일단의 새내기 성인들을 대상으로 이메일 확인 횟수를 조정하면서 진행한 실험을 통해 밝혀졌다.[16] 이 실험의 참가자들은 두 그룹으로 나뉘어 한 그룹은 일주일 동안 받은메일함을 할 수 있는 한 자주 확인해달라는 지침을 받아, 하루 종일 메일함을 열어놓고 새로운 메일이 도착하면 알려주는 알림음이나 팝업창 같은 알림 설정도 켜두었다. 또 다른 그룹은 이메일을 하루에 세 번만 확인해달라는 지침에 따라 그외의 시간에는 받은메일함을 닫아놓고 알림 설정도 꺼두었다. 한편 두 그룹의 모든 참가자들은 하루의 기분 상태를 추적 확인받으며 주의가 산만해지는 느낌은 어느 정도이고, 생산성은 어느 정도인지에 대해 답했다.

그 주가 끝나고 결과를 살펴보니, 이메일을 주기적으로만 확인한 그룹이 하루 중의 주의산만함과 전반적 스트레스 모두에서 상대 그룹보다 낮게 나왔다. 게다가 하루 중의 생산성 체감도에서도 이메일을 끊임없이 확인한 그룹에 비해 전혀 낮지 않았다. 따라서 가능하다면 받은메일함을 되도록 닫아놓는 편이 스트레스를 줄이는 한 방법이 될 수도 있다. 한 번에 몇 시간씩 이메일을 닫아놓을 수 없는 형편이더라도 가장 중요한 일을 처리하는 동안만이라도 닫아놓길 권한다.

어떤 사람들은 이 결과를 선뜻 받아들이지 못하며 이메일을 받자마자 바로 답장을 보내야 일의 효율성이 더 높아진다는 논리를 펼테지만, 이번 장에서 살펴본 데드라인 관련 연구들을 다시 생각해보라. 앞에서 살펴봤듯 시간이 촉박해서 어느 정도 불안감이 들면 일의 효율성이 높아진다. 이메일이 올 때마다 일일이 답장을 보내면 그 이메일에 대해 촉박한 느낌이 생기지 않는다. 사실상 최종 메시지는 똑같은데 다시 읽어보고, 편집하고, 세세한 부분을 수정하느라 괜히 시간만 끌 수도 있다. 어떤 학생이 학기말 리포트를 제출 마감일 몇 달 전부터 시작해서 자질구레한 내용에 매달리게 되는 경우와 다르지 않다. 반면에 받은메일함을 주기적으로만 확인하면서 매번 25개의 이메일을 보게 된다면 새로운 이메일 내용의 그 양만으로도 불안감에 따른 각성이 일어나 효율성을 자극하는 데 유용하다. 그날의 업무에 실질적으로 중요하지 않은 리스트서브(특정 그룹 전원에게 메시지를 이메일로 자동 전송하는 시스템-옮긴이) 메일이나 광고메

일은 바로 지워버리고 주의를 기울여야 할 이메일들을 바로 처리하기 마련이다. 아직 읽지 않은 이메일 10개에 더 답장을 보내야 하는 상황이라 단어를 꼼꼼히 선택하느라 고심할 시간도 없다.

전환 비용 : 숨어 있는 시간 낭비 요인

물론 자신들은 이메일이 오면 그 이메일을 붙잡고 꾸물거리지 않는다고 항변할 사람도 많을 것이다. 간략하고 언변 좋게 뚝딱 답장을 보내고, 단지 주의를 끌려고 보내온 이메일에도 빠르게 답장을 보내는 요령을 잘 안다면서 말이다. 그럴 경우의 시간 손실 요인은 이메일 자체가 아닌, 심리학자들이 전환 비용(switch cost)이라고 일컫는 시간낭비 요인이다. 다시 말해, 두 활동 사이를 왔다 갔다 하느라 써야하는 시간과 에너지의 소모가 문제다.

다음의 상황을 상상해보자. 중요한 연구 논문을 작성하고 있는데 갑자기 이메일 도착 알림음이 들린다. 그 소리에 답장을 보내야 할 만큼 중요한 내용인지, 아니면 지워도 되는 쓸데없는 페이스북 알림 메일인지를 확인하려고 마음먹는 순간, 한창 진행 중이던 논문 작업에는 잠시 멈춤 버튼이 눌러진다. 메일이 둘 중 어느 쪽이든 간에 확인 후에 다시 논문으로 주의를 되돌리기까지 시간이 소비되는 것은 마찬가지다.

한 번에 두 가지 일을 거뜬히 해낼 수 있다고 자신하는 사람들도 있다. 하던 일을 생각하는 동시에 이메일 답장을 쓰면서, 전환 비용을 아예 치르지 않을 수 있다는 자신감이다. 「타임」지에는 1990년대와 2000년대 초에 태어난 세대를 'Gen M'으로 지칭하는 기사가 실린 적이 있었다. 'Gen M'은 (이 세대를 부르는 일상적 명칭인) '밀레니얼 세대(millennial generation)'의 약칭이 아니라, '멀티태스킹 세대(multitasking generation)'의 약칭이었고,[17] 기사의 내용은 '공부를 하면서' 동시에 음악을 듣고, TV를 보고, 아마존을 둘러보고, 페이스북에 게시물을 올리고, 문자를 보내는 아이들에 대한 얘기였다.

하지만 실제로 보면 멀티태스킹은 허상이다. 우리의 머리는 한 번에 딱 하나의 정보에만 집중할 수 있다. 한 번에 두 가지 일을 동시에 하고 있다는 생각이 들더라도, 그것은 사실상 두 일을 아주 빠른 속도로 왔다 갔다 해서 두 일이 동시에 일어나는 것 같은 착각이 일어나는 탓이다. 비유하자면 애니메이터의 플립북(flip-book)과 같다. 플립북은 각 장마다 캐릭터가 조금씩 다른 자세를 취하고 있어서 연속적으로 빠르게 종이를 넘기면 자세를 바꾸거나 걸어다니는 것처럼 보인다. 캐릭터가 실제로 움직이는 게 아니라 종이가 빠르게 넘겨지면서 움직이는 것처럼 보이는 것이다. 우리가 인식하든 인식하지 못하든 간에, 이른바 멀티태스킹은 사실상 두 가지 (혹은 그 이상의) 일 사이로 주의력이 이리저리 옮겨 다니는 역동적 과정이며, 그에 따라 실제로 전환비용이 발생한다.

그 증거로, 아래의 도형을 보자. 다음의 도형 중 원과 삼각형은 각각 몇 개인가?

원 11개, 삼각형 10개가 나와야 맞다(이 개수가 나오지 않았다면 다시 한 번

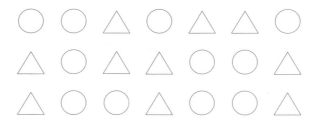

세어보라). 이 문제의 맞는 답을 찾는 데는 몇 가지 방법이 있다. 그중 하나는 각 도형을 하나씩 차례대로 세면서 머릿속에 두 개의 리스트를 두는 방법이다. 다시 말해, 머릿속으로 '원 하나, 원 둘, 삼각형 하나, 원 셋, 삼각형 둘, 삼각형 셋, 원 넷…' 식으로 세나가는 것이다. 내 경우엔 이런 식으로 세면 첫 번째 줄에서부터 벌써 머리가 피곤해진다.

다른 방법도 있다. 대다수 사람들이 쓰는 방법으로, 한 도형을 전부 센 다음에 다른 도형을 전부 세는 것이다. 이 도형의 개수 세기는 사실상 별개의 두 가지 과제로 구성되어 있어서, 하나씩 따로따로 처리하는 방법이 더 빠르고 실수도 적다. 첫 번째 방법과는 달리 전환비용이 일어나지도 않는다.[18] 이메일과 스마트폰 알림이 수시로 울리는 와중에 일을 해내려고 하면 (머리를 피곤하게 하는) 첫 번째 도형 세기 방법과 같은 식으로 일하는 셈이다.

공부하다가 이메일에 답장을 쓰는 것이든, 운전 중에 문자 메시지에 답장을 하는 것이든 한 가지 일을 하다 말고 다른 일을 하게 되면 시간과 정확성의 양면에서 손실을 입게 된다.

기분 전환도 제때가 있다

한 연구에서는 학생들에게 컴퓨터 모니터에 띄운 대학 교재의 일부 내용을 읽게 하면서 기술 간섭 비용의 실험을 진행해봤다.[19] 이때 읽는 속도는 자신의 진도에 맞춰 화면을 스크롤하며 쭉 읽어나가게 해주었다. 일부 학생은 다른 학생으로부터 중간중간 인스턴트 메시지로 새로 사귄 친구가 흔히 물을 법한 '여유 시간에는 뭐하면서 보내?' 같은 질문을 받았다(이 연구가 시행되었던 2000년대 초는 오늘날의 문자 메시지에 상응하는 AOL 인스턴트 메신저가 아직 서비스되던 때였다).

컴퓨터에서는 학생들이 모니터상의 전체 구절을 읽는 데 걸린 총 시간과 더불어 인스턴트 메시지를 읽고 답하는 데 쓴 시간이 함께 측정되었다. 예상대로 인스턴트 메시지에 답한 학생들은 해당 구절을 모두 읽는 데 더 오랜 시간이 걸려서 평균적으로 45분 정도가 소요되었다. 주의력을 빼앗는 다른 요소들 없이 읽기를 마친 학생들이 37분 정도였던 것과 대조적이었다. 인스턴트 메시지에 답하느라 시간이 지체된 점을 감안하면 이는 당연한 결과였다.

하지만 학생들이 인스턴트 메시지를 읽고 답하는 데 걸린 총 시간은 평균 3분밖에 되지 않았다. 전체 구절을 다 읽기까지 걸린 시간에서 이 3분을 빼면 42분으로, 여전히 인스턴트 메시지를 받지 않으며 구절을 읽은 그룹보다도 시간이 한참 더 걸린 결과다. 결과적으로 말하자면 이 학생들이 읽기를 마치기까지 걸린 총 시간은, 단순히 구절을 읽는 데 걸린 시간과 인스턴트 메시지에 답하는 데 걸린 시간의 총합이 아니라는 얘기였다.

실제 걸린 총 시간과 각각의 시간의 총합 사이에 차이가 발생하는 것은 전환 비용 때문이다. 즉, 다른 일로 잠깐 한눈을 팔았다가 다시 읽을 구절로 주의력을 돌리는 데 걸린 시간 때문이었다. 앞에서처럼 두 도형을 순서대로 동시에 세어나가는 경우나, 공부하면서 온갖 스마트폰 알림을 확인하는 경우, 또는 이메일 창을 하루 종일 열어놓고 새 메일이 올 때마다 일일이 답하는 경우도 이와 마찬가지다. 인스타그램, 이메일, 연인의 문자를 확인하느라 하던 일을 잠깐 멈출 때마다, 그 일을 하다 말고 다른 일로 주의력을 되돌렸다가 그 다른 일을 마치면 하던 일을 마저 하기 위해 어디까지 했는지 생각해내야 한다. 이렇게 왔다 갔다 하느니 두 일을 별개의 일로 인식해서 한 번에 하나씩 마치는 편이 훨씬 낫다. 기분 전환은 우리의 동기를 자극해준다. 하지만 기분 전환도 때를 잘 맞춰야 한다. 하고 있는 일에 집중력이 점점 흐트러지면 확실한 마무리 대목까지 한 단락이나 두 단락을 더 마친 후에 자리에서 일어나 걷거나 소셜미디어를 훑어보는 것이 좋다. 안 그러면 다시 하던 일을 이어가려 할 때 전환 비용을 치러야 한다. 어디까지 읽었는지 생각해내느라 시간을 낭비해야 한다. 그래도 중간에 도저히 뿌리칠 수 없는 중요한 일이 생겨서 멈출 때는 적어도 어디까지 했고 다음에 뭘 해야 할 차례인지 적어놓기라도 해야 한다. 그래야 다시 주의력을 전환하는 데 걸리는 시간을 최소화할 수 있다.

시간의 역설 해결하기

시간의 압박을 느낄 때는 한 걸음 물러나 현재 남아 있는 그 시간을 최대한 잘 활용할 방법을 생각해보라. 데드라인을 정해놓고, 시간 압박으로 인한 아드레날린의 분출을 이용해 최대한의 능력을 발휘해보자. 자신의 최적의 각성도에 맞는 환경을 찾아보라. 그런 환경을 못 찾겠으면, 정상 상태로 되돌아와 그 이후부터 시간을 효율적으로 활용할 수 있도록 회복 공간을 위한 시간을 짜놓는 방법도 있다. 주의력을 집중해야 할 때는 시작 전에 스마트폰을 끄고 이메일을 닫는 등 주의를 산만하게 해서 마음을 흔들어 놓을 만한 요소들을 전부 차단하는 것이 좋다. 다른 일들이 생기면 그때그때 처리하는 편이 더 효율적으로 느껴질지 모르지만, 전환 비용이 쌓이면 결과적으로 전반적 진행 속도가 더뎌지고 만다.

그리고 어떤 경험을 한창 즐기고 있는 중일 때는 그 경험도 언젠가는 끝난다는 사실을 받아들이는 시간을 가져라. 멋진 일몰이나 자동차 여행, 또는 대학생활의 비영속성을 받아들이고 나면 그 경험이 더 즐겁게 다가오는 법이다. 혹시 이번 장을 읽은 독자 중에 졸업을 6주 앞둔 졸업생이 있다면 지금은 나를 미워하더라도 그 심정을 충분히 이해한다. 하지만 졸업일이 다가오면 나에게 고마워할 것이라 장담한다.

제9장

필연적으로 겪게 되는,
기분 엉망인 날의 대처법

분노에 찬 손님들은 장사하는 이들에게 그야말로 악몽과 같다. 웬만해선 피하고 싶은 존재다. 하지만 텍사스주 댈러스(Dallas)의 한 기업은 오히려 그런 손님을 끌어들이려 한다. 붉게 달아오른 얼굴로 씩씩대며 들어오는 손님들을 반갑게 맞으며 소파, 작은 탁자, 꽃병, TV가 갖춰진 독실로 안내한다. 하지만 차가운 음료를 내주면서 다리를 올리고 앉아 꽃향기를 맡고 TV를 보라고 권유하는 것이 아니라 야구 방망이를 내주고 보호장비를 착용시켜준다. 손님들이 안내되어 들어오는 이곳은 분노의 방이다. 이른바 "실제 사무실이나 거실이나 주방처럼 꾸며놓은 실감 나는 가상공간을 실컷 때려 부수는 곳"이다.[1] 25달러만 내면 5분 동안 분풀이로 야구 방망이를 휘두르며 유리를 깨고 목재를 박살내게 해준다. "우리는 누구나 화날 때가 있습니다. 그래서 분노가 치밀 때 꿈꾸는 일들을 실제로 해보자는 취지로 이곳을 운영하고 있습니다." 회사 측의 주장이다.

누구나 화날 때가 있다는 것은 맞는 말이다. 하지만 죄 없는 사무실 프린터 같은 데다 분풀이하는 꿈을 꾸고 있다면 여러분의 품위에까지 타격이 미칠 위험이 있다. 분노의 방에서 더 가벼워진 기분으로 걸어 나올 수 있다면 25달러라는 돈이 아깝지 않다고 여길 수도 있겠지만, 연구를 통해 밝혀진 바로는 파괴적 형태의 카타르시스는 사실 득보다 실이 더 크다.

기분이 엉망인 날에는 이보다 훨씬 더 생산적인 회복 방법이 있다. 그것도 장기적으로 더 행복감을 안겨줄 만한 방법이다. 그러니 야구 방망이는 이번 장을 다 읽을 때까지 잠시 내려놓길 권한다.

비대칭적 감정

지금부터, 여러 다양한 감정을 묘사하는 단어를 할 수 있는 한 떠올려보라. 메모지를 꺼내서 생각나는 대로 적어보라.

다 적었다면 긍정적인 감정 상태를 나타내는 단어의 총수와 부정적 감정 상태를 나타내는 단어의 총수를 세어보자. 십중팔구는 부정적 감정의 단어가 긍정적 감정의 단어보다 많을 것이다. 내가 해마다 수업 시간에 수강생들과 해봐도 실제로 그런 경향을 나타낸다. 사람들은 대체로 좋은 감정 상태보다 안 좋은 기분 상태를 더 쉽게 떠올린다. 이는 전 세계적으로 공통된 경향이다.[2]

암스테르담 대학의 연구진이 6개국의 새내기 성인 수백 명을 대상으로 감정 관련 단어 떠올리기 과제를 주었더니 각 나라별로 최상위권에 공통적으로 든 네 개의 단어가 있었다. 슬픔, 두려움, 분노, 기쁨이었다. 부정적 감정이 세 개나 되고 긍정적 감정은 딱 하나였던 것.

이런 결과는 어느 정도는 단순히 언어학적 문제다. 대체로 한 문화에서 어떤 관념이 상대적으로 두드러질 경우 그 관념을 표현하는 단어도 상대적으로 많다. 예를 들어, 알래스카 원주민들은 눈을 표현하는 단어가 50개나 된다. 러시아와 스칸디나비아의 사미족은 순록을 표현하는 단어가 무수히 많다.[3] 영어 어휘의 경우엔 감정을 나타내는 단어가 600개에 가깝지만 그중 대다수(62퍼센트)가 부정적 감정을 묘사하는 단어다. 따라서 사람들이 보통 긍정적 단어보다 부정적 단어를 더 많이 떠올리게 되는 이유는 골라 쓸 단어 중에 부정적 단어가 더 많기 때문이다. 즐겁고 기운 나는 일을 표현할 방법보다 두렵고 짜증 나는 일을 표현할 방법이 더 많아서이다.[4] 이렇게 부정적으로 치우친 불균형성은 거의 모든 언어에서 비슷하게 나타나고 있다.

대다수 사람들이 긍정적 감정의 단어보다 부정적 감정의 단어를 더 많이 떠올리게 되는 데는 또 다른 이유도 있다. 어쩌면 이렇게 부정적으로 치우치는 것이 인간의 본성일지도 모르기 때문이다. 심리학자들이 전 세계 구석구석을 돌아다니며 밝혀낸 바에 따르면 인종이나 사회나 계급을 초월하는 인간의 기본적 감정들이 있는데 그중 네 가지는 부정적인 감정인 분노, 혐오, 두려움, 슬픔이고, 단 하나만 긍정적인 감정인 행복이다. 문맹 지역이라 구체적으로 표기할 단어도 갖지 않은 문화에서조차 사람들은 이런 감정을 스스로 표현할 뿐만 아니라 다른 사람들에게서 감지해내기도 한다(그런데 이 다섯 가지 감정을 보고 어쩐지 친숙하게 느껴진다면 픽사 영화 「인사이드아웃(Inside Out)」의 등장 캐릭터가 연상되어서 그런 걸지도 모른다. 실제로 이 영화의 시나리오 작가들은 문화를 아우른 관련 연구 결과에 맞게 캐릭터를 맞추기 위해 쟁쟁한 심리학자들에게 조언을 구했다).

우리가 쉽게 떠올리는 감정 표현이 상대적으로 두드러지는 감정 단어이기 때문이든, 인간에게 보편적으로 느끼는 기본적 감정의 단어이기 때문이든 간에 분명한 사실은 좋은 기분보다 안 좋은 기분을 표현하는 단어들이 더 다양하다는 것이다. 이런 경향을 가리켜 긍정성-부정성의 비대칭 효과(positive-negative asymmetry effect)라고 일컫는다.[5]

비대칭 경향은 감정별 지속 기간에서도 나타난다. 랜디 라슨 박사가 연구를 통해 한 학기 동안 대학생들의 감정 기복을 추적 조사해봤더니 안 좋은 일에 대한 부정적 감정의 지속 기간이 좋은 일에 대한 긍정적 감정의 지속 기간보다 훨씬 길었다.[6] 학생들은 아침에 어떤 일로 기분이 좋을 경우 그 행복감이 오후쯤에 차츰 시들해졌다. 하지만 부정적 감정의 경우엔 그보다 훨씬 더 오래 이어지는 경향을 나타냈다. 그날 저녁 늦게까지, 심지어는 그다음 며칠까지도 그 영향이 남았다. 이는 심리학적인 현상 못지않게 생리학적 현상이기도 하다. 몇몇 부정적인 감정은 코르티솔의 분비와 연관되어 있는데, 이 코르티솔은 혈류 전체에 퍼지는 스트레스 호르몬으로 우리 신경계에 장기간에 걸쳐 영향을 미친다. 형편없는 시험 성적을 받거나 룸메이트와의 말싸움으로 반감이 끓어올라 고통의 감정이 생기면 중요한 시험에서 A를 받거나 친구들과 밖에 나가 저녁을 먹으면서 생겨난 긍정적 감정보다 훨씬 더 오래간다. 그리고 이렇게 되는 이유는 성가신 신경화학물질이 우리 순환계 전체를 신이나서 휘젓고 다니고 있기 때문이다.

긍정성-부정성의 비대칭 효과의 저변에 깔린 기제는 동굴에 거주했던 우리 조상들에게 그 뿌리가 거슬러 올라가는 것일 가능성이 있다. 진화상의 그 옛날에는 잠재적 위협과 눈앞의 위험에 촉각을 곤두세우지 않으면 생존이 위태로웠다. 그에 따라 환경의 부정적 측면에 촉각을 곤두세우게 하는 유전자가 대대로 전해져왔을 가능성이 높다.

논란의 여지는 있지만 어쨌든 위협성이 크게 줄어든 환경 속에 살아가고 있는 현재까지도, 우리에게는 여전히 해가 될 만한 요소에 극도로 민감한 유전 코드가 남아 있다. 우리는 원래부터 좋은 쪽보다 안 좋은 쪽에 더 신경을 곤두세우도록 설계되어 있다.

비대칭으로부터의 회복

부정적 감정의 영향력이나 그 감정의 지속 기간을 감안하면 분노의 방 같은 곳이 생겨날 만도 하다. 사람들에게는 살다 보면 어쩔 수 없이 부딪치게 되는 험난한 순간들의 감정을 해소할 방법이 필요하니까. 한편 여전히 많은 사람들은 굳이 돈을 내고 들어가 다른 누군가 쓰던 오래된 물건을 때려 부수지 않는다 해도, 분노를 극복하기에는 소리 지르거나, 악을 쓰거나, 물건을 던지면서 '감정을 해소하는' 방법만 한 게 없다고 생각하기도 한다. 이런 보편적 통념은 과학계에 한 가지 의문을 던졌다. 정말로 그런 방법이 효과가 있을까?

그 효과를 증명하기 위한 방법은 하나뿐이었다. 실험에 참여한 새내기 성인들에게 정말로 화를 돋우는 수밖에 없었다.

아이오와 주립대학에서 브래드 부시먼(Brad Bushman) 교수는 600명의 대학생들에게 낙태에 대한 개인적 견해를 써내게 한 후 그 에세이에 혹평을 담은 피드백을 주는 식으로 이 학생들의 화를 돋우어놓았다. 논쟁이 분분한 쟁점에 대한 깊은 신념이 비난받으면 웬만해선 누구나 화가 나기 마련이다. 모든 학생들은 글의 관점이나 주장의 설득력과 상관없이, 동기생으로 알고 있는 옆방의 사람으로부터 똑같은 피드백을 받았다. "지금까지 읽어본 중에 가장 형편없는 에세이예요!" 문체가 서툴고 글의 짜임새와 독창성이 떨어진다는 평가도 받았다. 한마디로 개인적 신념과 의사 표현력까지 싸잡아 공격당한 것이었다.

물론 이것은 읽어보지도 않은 평가였다. 부시먼은 600명 전원이 똑같이 이런 비난조의 피드백을 받게 했다. 학생들의 낙태에 대한 견해에는 관심도 없었고 단지 학생들의 피를 끓어오르게 하고 싶었기 때문이다. 이제 실험은 다음 단계로 넘어가면서, 실험 참가자를 반으로 나누어 한쪽 그룹의 학생들에게 마침 실험실의 맞은편 가까이에 있는 샌드백을 치며 화를 좀 풀라고 말해주었다. 방금 자신의 견해를 공격했던 그 사람을 상상하면서 쳐보라는 말까지 덧붙이면서. 다른 쪽 그룹의 학생들에게는 조용히 앉아서 실험 진행자가 마지막 지침을 가지고 돌아올 때까지 기다려달라고 했다. 이렇게 다른 지침을 준 의도는, 모든 실험 참가자들을 똑같은 시간 동안 그 방에 혼자 놔두되 그룹별로 서로 다른 방식으로 시간을 보내게 하려는 것이었다. 즉 반은 분노를 터뜨리게 하고, 반은 가만히 앉아 있게 하려는 것이었다.

실험의 막바지 단계에서 학생들은 현재의 분노 정도를 측정하는 정서 질문서에 응했다. 그다음에는 좀 전에 자신의 글에 신랄한 피드백을 준 사람을 상대로 빨리 반응하기 시합을 하게 될 거라는 말을 들었다. 옆방의 컴퓨터 앞에 앉아 있는 그 상대방과 맞붙어서 매회 대결마다 가능한 한 빨리 키보드를 누르라는 얘기였다. 먼저 키보드를 누른 사람이 상대방의 헤드폰에 귀 따가운 소음을 터뜨리며 그 소리의 지속 시간과 크기도 정하게 된다고 했다. 부시먼의 관점에서 보면 "각 참가자는 시합에서 더 빨리 반응할 경우 상대방에게 요란한 소음을 날릴 수 있는 무기를 쥐고 있었다."[7] 조금 전에 자신에게 모욕을 준 그 얼간이에게 복수하고 싶은 마음이 있다면 그 순간이 절호의 기회였다.

다시 한 번 말하지만 이 상대방은 실제로 존재하지도 않았다. 참가자들은 사실상 컴퓨터와 경쟁하는 것이었고, 실제 실험 참가자가 24회의 대결 중 절반을 승리하도록 프로그램되어 있었다. 덕분에 부시먼과 동료 연구진은 그 12번의 소음 발사에서 서로 다른 상황에 있었던 그룹간에 차이가 나타나는지를 살펴볼 수 있었다. 분노의 방을 찾는 사람들 말대로 분노의 표출로 '감정이 해소된다면' 샌드백을 때렸던 학생들은 분노 수준이 더 낮을 테고 이 시합 동안에도 덜 센 소음을 보내야 맞았다. 하지만 결과는 정반대였다. 오히려 분노를 표출했던 참가자들이 다른 그룹의 참가자들보다 분노 수준이 훨씬 더 높게 나타났을 뿐만 아니라, 소음 발사의 크기와 지속 시간도 더 크고 길었다. 실제로 분노의 표출은 화를 풀어주는 것이 아니라 이후의 감정과 행동에까지 화를 질질 끌고 가서 오히려 악화시킨다.

사람들은 대체로 이 연구의 얘기를 들으면 못 믿겠다는 반응을 보인다. '잠깐만요! 저는 화가 나면 소리를 지르거나, 악을 쓰거나 하는 식으로 감정을 해소하는데요. 그러면 얼마 뒤에 화가 풀리면서 훨씬 기분이 좋아져요.' 맞다, 언젠가는 기분이 좋아진다. 그것이 바로 시간 경과의 묘미다. 제2장에서 살펴봤듯 인간 감정의 한 가지 특징은 쾌락 적응이다. 인간의 감정은 언젠가는 기준선으로 되돌아오게 되어 있다. 격앙된 감정은 반드시 가라앉게 되어 있다. 이것은 부정적 감정의 경우에도 마찬가지다. 분노가 치솟으면 반드시 다시 가라앉게 되어 있다… 언젠가는. 하지만 기준선으로 돌아오는 속도가 얼마나 빠르고 더딜지는 처음의 분노에 반응하는 방법에 따라 좌우된다. 밝혀진 것처럼, 분노를 표출하는 방법은 가라앉는 속도를 더뎌지게 한다. 소리를 지르거나 샌드백을 치는 것은 분노를 연장시켜서 우리 정서 체계가 자연스럽게 더 차분해지는 상태로 돌아오는 시간을 지연시킨다. 부시먼의 말마따나 "화를 해소하기 위해 감정을 표출하는 것은 불을 끄려고 휘발유를 붓는 격이다. 오히려 불길만 더 지펴놓을 뿐이다."

감정 표출이 부정적 감정을 해소하는 데 소용이 없다면 어떻게 해야 할까? 다음은 부시먼이 제안하는 실용적 해소법 네 가지다.[8]

1. 잠시 사이를 두기 : 화가 난 이후 2분 동안 가만히 앉아서 아무것도 하지 않았던 실험 참가자들은 실험 후반에 분노와 공격성이 크게 줄어 있었다. 10이나 100까지 세면서 그냥 시간이 지나가게 놔두면 분노가 앞선 행동을 취하기 전에 기준선으로 돌아갈 수 있다. 그 순간에 분노에 찬 문자나 이메일을 보낸다고 해서 기분이 풀리는 게 아니며, 근원적 문제가 해결될 가능성도 희박하다.

2. 긴장 풀기 : 감정은 생리적으로 반응하다. 심호흡 등의 방법으로 긴장을 풀면 각성도를 낮추면서 감정을 가라앉힐 수 있다.

3. 다른 일로 주의 돌리기 : 안 좋았던 일을 자꾸만 곱씹어봐야 그 부정적 영향만 확대되기 쉽다. TV를 보거나 볼일을 보는 등으로 다른 일로 주의를 돌리면 부정적 생각의 악순환이 끊긴다. 다른 일을 신경 써야 '불길을 더 지필' 염려가 없어진다.

4. 분노를 상쇄시켜줄 만한 활동하기 : 뭐든 친절을 베풀거나, 유튜브에서 아기들의 웃는 모습을 찾아보거나, 어려움에 처한 사람을 도와주라. 이런 활동을 하면 분노의 지속을 막아준다.

작고한 워싱턴 예술과학대 학장 제임스 매클라우드(James McLeod)는 이루 말할 수 없이 격분한 사람들까지도 분노를 상쇄시키도록 유도해주는 능력이 남달랐다. 학생이든 교수든 행정관이든 학장님을 찾아와 부당한 정책이나 상대하기 까다로운 동료에 대해 불만을 털어놓으면 귀담아 들어준 후 슬기로운 조언을 해주다가 그 사람이 학장실을 나가려 할 때 이렇게 말하곤 했다. "자, 이제는 당신의 도움이 필요할 만한 사람이 없을지 잠깐 생각해보고 그 사람을 도와주러 가세요." 정말로 그러고 나면 거의 대부분의 사람들이 금세 짜증스러운 기분을 가라앉히게 되었다.

우리는 짜증 나거나 화가 나면 다른 사람을 그 고통으로 끌어들이고 싶은 유혹에 흔들릴 때가 많다. 문제를 유발시킨 사람에게 소리를 지르거나, 자신의 처지에 공감해줄 만한 이들에게 문자를 보내거나, 전화를 걸어 온 사람에게 하소연을 하는 식이다. 이런 행동을 할 때마다 앞의 실험에서 샌드백을 치며 분노를 표출했던 참가자들과 똑같은 행동을 하는 것이다. 즉, 거듭해서 분노를 곱씹으며 분노를 지속시키는 것이다. 그렇다고 해서 다른 사람들에게 고민을 털어놓지 말라는 얘기는 아니다. 다만, 그런 행동을 할 때 방법에 주의해야 한다는 얘기다.

사실, 앞으로 살펴볼 테지만 감정적 경험을 말로 표현하는 것은 최고의 해소법이 될 수도 있다. 제대로 표현하기만 한다면 말이다.

고통을 글로 이겨내기

감정 표출과 이른바 감정 터놓기는 비슷한 듯해도 다르다. 절망에 빠져 있을 때 연민을 쏟아부어줄 관객이라도 옆에 두려는 식으로 다른 누군가를 끌어들인다면 그것은 단순한 감정 표출이다. 하지만 자신이 겪은 일을 이해받으며 차분하고 이성적 관점에서 상황을 해결하려는 의도로 절친한 친구에게 고민을 털어놓는 것은 감정 터놓기이며, 건강에 훨씬 더 유익한 방법이다. 고통에 이런 식으로 대처하면 그 일로부터 뭔가를 배우고 아직 가시지 않은 안 좋은 앙금을 털어내고 앞으로 나아갈 수 있다.

감정 터놓기의 가장 효과적인 방법은 아주아주 간단하다. 그냥 펜을 들고 글을 쓰는 것이다. 한 학생은 이렇게 말했다. "저는 기분이 안 좋아지면 계속 같은 생각만 곱씹게 돼요. 일기를 쓰면 생각을 정리하기에도 좋을 뿐만 아니라 더 이상 같은 생각만 곱씹지 않기도 해요. 제가 어떤 생각을 하고 있는지를 숨김없이 솔직히 적으면서 왜 그렇게 생각하는지를 따져보는 시간을 갖게 돼요."

이 학생의 경험담은 여러 연구 결과와도 일관된다. 감정 경험을 말로 옮기는 것의 효용성을 실제로 증명해주는 연구가 점차 크게 늘고 있다. 그중 한 연구에서 심리학자 제임스 페니베이커(James Pennebaker)는 서던메소디스트 대학(Southern Methodist University)의 재학생들에게 (특히 지금껏 다른 사람들에게 밝힌 적 없는 경험 중) 평생 동안 "가장 큰 정신적 트라우마와 혼란을 일으켰던 일"을 생각해보며 그 일에 대한 "마음속의 깊숙한 생각과 감정을" 적어보게 했다.[9]

학생들은 4일에 걸쳐 하루에 20분씩 연구실에서 이 지침을 수행하면서 과거의 회상으로 심리적 동요를 일으켰다. 이쯤에서 페니베이커 교수를 사디스트 같은 사람으로 여길지도 모르겠다. 당연한 얘기겠지만 실험에 참가한 학생들은 단기적으로는 마음의 동요를 일으켰고, 글을 막 쓰기 시작했을 때 극도로 심란해했던 학생들도 많았다. 몇몇 학생은 눈물을 흘리며 연구실을 나가기까지 했다. 하지만 실험은 이것으로 끝난 게 아니었다. 연구진은 이 새내기 성인들을 예의주시하며 그 뒤로 몇 주 동안 행복 수준, 신체적 건강, 학업 수행력 등을 추적 조사해봤다.

학기 초이던 당시에 실험 참가 학생들은 그 고통스러운 기억을 파헤치고 나서 연구실을 풀이 죽은 채로 걸어 나갔지만 그 뒤의 장기적 영향으로 훨씬 더 행복해져 있었다. 몇 주가 지나자 전반적으로 상승세를 띠면서, 기운이 북돋워졌고 병원에 덜 가게 되었고 성적도 올랐다는 답변을 했다.[10] 뿐만 아니라 사람들과도 더 잘 어울리고, 친구들과 더 많이 얘기하고, 더 많이 웃고, 현재 순간의 긍정적인 면에 더 집중하게 되었다고도 했다.[11]

고통스러운 경험을 말로 옮기는 일은 처음엔 힘들어도 결과적으론 심리적, 신체적, 인지적인 측면을 넘어서서 심지어 사회적 측면에까지 고루고루 좋은 영향을 미치는 것으로 보인다. 페니베이커의 설명에 따르면 "생각이나 감정이나 행동을 억제하거나 억누르는 것은 신체 활동과도 결부되어 있어서 시간이 지나다 보면 병이 생길 수도 있다."[12] 다시 말해, 안 좋은 일이 생기면 그 영향이 오랜 기간

지속되기도 한다. 어떤 의미에서 보면 그 일로 유발된 스트레스나 타격을 항상 짊어지고 다니다, 결국엔 전반적 삶에 해를 입을 수 있다는 얘기다. 그런 타격을 무시하면 득될 것이 없다. 하지만 글로 적어보면 고통을 극복해낼 수 있다.

글쓰기가 효과적인 이유

테레사 수녀가 이런 말을 한 적이 있다. "친절한 말은 짧고 말하기도 쉽지만 그 울림은 말 그대로 영원히 남는다." 누군가에게 친절한 말을 하는 데는 잠깐의 순간밖에 걸리지 않지만 그 사람에게 그 순간은 남은 평생토록 남을 수도 있다. 정신적으로 트라우마를 일으킨 경험도 이와 다르지 않다. 잠깐 지나간 순간일지라도 그 영향이 영원히 남을 수 있다. 그 트라우마에 대해 글을 쓰는 것은 트라우마를 해소하는 한 방법이다. 실제 사례로, 한 수강생의 경험담을 들어보자.

"저는 누군가에게 화가 났거나 무슨 일로 불안해지면 자꾸 그 생각만 하게 돼요. 설거지할 차례 때문에 벌어진 사소한 말다툼같이, 별거 아닌 일에도 속을 끓이기도 합니다. 그러다 알게 되었어요. 15분이나 20분 정도 시간을 내서 일기를 쓰면 기분이 훨씬 좋아진다는 걸요. 뭐든 속상한 일을 글로 적어보면 기분이 해소되는 느낌이 들어요. 안 좋은 기분을 종이에 풀어내고부터는 이제 그런 기분을 달고 다니지 않아요."

명심하기 바란다. 부정적인 감정을 적절히 이겨내지 않으면 어딜 가든 그런 감정이 졸졸 따라다니게 된다. 그 감정에 대해 의식적으로 생각하지 않는 순간에도 마찬가지다. 그 감정을 억누르기 위한 심리적·생리적 활동이 필요해지고, 또 그로 인한 스트레스로 혈압과 심박수가 상승하면서 병에 걸릴 위험성이 높아진다. 부정적인 감정의 처리에 적극적으로 나서면 이런 억제된 감정을 '풀어주는' 효과가 나타난다. 그런 감정을 글로 옮기다보면 감정을 해소시킬 수 있다. 페니베이커의 실험에서 실험 참가자들이 기분이 좋아졌을 뿐만 아니라 병원에도 덜 가게 되었던 이유가 바로 여기에 있다. 글을 통한 고통의 해소는 정서적으로나 신체적으로나 중요한 역할을 해준다.

이해하기 위한 글쓰기

안 좋은 일이 생기면 이유를 이해해보고 싶은 동기가 자극된다. 물론 (불행한 사건을 비롯해) 어떤 일을 이해하려면 체계적인 사고력이 요구된다. 그 일을 잘 이해할 수 있도록 체계적으로 생각할 줄 알아야 한다. 밝혀진 바에 따르면 이런 체계성은 글쓰기를 통한 심리적 고통의 극복에서 특히 중요한 요소이다. 어느 학생의 다음 글은, 글쓰기를 통해 어떻게 감정 상태를 체계화하고 이해하는지를 잘 보여주고 있다.

"저는 속상한 일이 생기면 글을 씁니다. 그것이 속상하거나 심란한 일을 다루는 제 나름의 방법입니다. 그런 일이 있을 때면 제가 어떤 감정 상태에 있고, 그 감정이 이성적인지 아닌지를 따져보고 싶어지는데 글쓰기는 비이성적인 생각을 눈덩이처럼 불리길 멈추고 더 적절한 방향으로 나아가게 저를 잡아줘요. 글을 쓰면서 생각을 정리하려면 어느 정도 형식을 따라야 하고 훨씬 더 체계적인 사고가 필요해요. 체계적 사고를 통해 제 안의 좀 더 지각 있는 측면이 아주 설득력을 띠면서 감정에 치우친 자아가 제 모습을 드러내기 시작하면 어떤 상황의 실상이 제대로 이해됩니다.”

글을 쓰다 보면 어쩔 수 없이 한 발 뒤로 물러나 그 일을 이성적 관점에서 차근차근 생각해보게 된다. 페니베이커의 연구에서도 참가한 학생들 중 글을 쓸 때 자기성찰적이면서 감정을 솔직히 터놓고 생각이 깊었던 학생들이 이후에 가장 큰 효험을 경험했다.[13] 특히 고통을 들여다보면서 깨달음을 얻었다는 뉘앙스의 단어와 문구("받아들이는 법을 배웠습니다"나 "이제야 깨달았습니다" 같은 표현)을 점점 더 많이 쓰게 되었던 학생들이 건강상의 장기적 효험을 가장 크게 본 것으로 나타났다. 학생들은 감정을 글로 옮기며 하나의 이야기로 구성해보는 과정에서 그 기회가 아니었다면 간과되었을 만한 맥락을 짚게 되었다. 또한 과거의 그 일이 일어난 원인과 이유를 찾아내며 깨달음을 얻는 과정에서 이성적 관점을 키울 수도 있었다.

글쓰기를 과거에 대한 인과관계를 깨닫는 수단으로 활용하면, 트라우마를 떨쳐내고 그 영향력이 우리의 앞길에 미치지 못하게 하는 중요한 첫 단계가 되어준다. 참고로 페니베이커와 예전에 그에게 박사과정 지도를 받았던 케이트 니더호퍼(Kate Niederhoffer)도 다음과 같이 밝혔다. "하나의 이야기로 구성해나가다 보면 결단성이 촉진되어 삶에 대한 예측감각과 통제감이 생겨나고, 그로써 핵심자아(core self)가 될 수 있다."[14] 과거를 이야기로 구성해보면 트라우마를 야기한 사건과 그와 연관된 감정적 동요로 인해 어지럽혀진 내면의 평온감이 회복된다.

한 수강생이 여자친구와 헤어지고 몇 주 후에 글쓰기를 해소법으로 삼았다며 털어놓은 실제 체험담을 들어보자.

"저는 앉아서 종이 세 쪽이 끝까지 채워질 만큼 감정적 고통, 후회, 갈망을 쭉 적어나갔어요. 글을 쓰는 사이에 카타르시스가 느껴지면서 눈물이 나오기도 했지만 마지막 줄에 제 이름을 적을 때쯤엔 기분이 한결 좋아졌어요. 편지를 쓰니까 절로 저 자신과 제 감정에 솔직해졌어요. 이상하게도 마음속으로 감정을 생각할 때는 금세 감정과 사실이 뒤죽박죽 뒤엉키게 되는데 종이에 글로 적으니까 서로 뒤엉키지 않게 돼요."

묘한 노릇이지만 이 남학생은 이렇게 감정을 글로 적은 바로 그날 밤에 전 여자친구와 다시 말을 나누게 되었다. 여자친구에게 편지를 보여주진 않았지만 그 편지가 도움이 되었다고 한다. "여자친구에게 무슨 말을 해야 하고 어떻게 진심을 전해야 하는지 제대로 알게 되었어요." 그리고 다시 말을 나눈 지 2주 후에는 "비공식적이지만 다시 사귀게 될 가능성이 엿보인다"라는 얘기를 전해주었다.

감정에 브레이크 걸기

페니베이커가 힘든 일을 글로 옮겨보기의 효험을 뒷받침해주는 증거를 처음 밝혀낸 지 30년이 지나는 사이에 다양한 분야의 사람들 수백 명을 통해서도 역시 똑같은 연구 결과가 밝혀졌다. 암환자들,[15] 얼마 전에 일자리를 잃은 실직자들,[16] 대학생활에 막 적응해가는 새내기 성인들[17] 모두가 정서적 고통을 글로 적으면서 좋은 효과를 본 것으로 나타났다. 이쯤에서 흔히 들 법한 의문이 있다. 과연 글쓰기만의 특별한 뭔가가 있는 것일까, 아니면 그냥 고민을 털어놓는 것만으로도 비슷한 효과를 낼 수 있는 걸까? 어떤 식으로든 과거의 트라우마를 말로 나타내면, 그러니까 친구나 상담 치료사와 이야기를 나누거나 심지어 음성 녹음기에 대고 말하는 것만으로도 정신적·신체적 건강을 끌어올릴 수 있다.[18]

그런 효험을 이끌어내는 과정에서는 감정을 말로 옮기는 활동과 결부된 신경계 처리과정도 한몫을 담당하고 있다. 우리가 부정적 감정 정보를 대하면 편도체(다시 말해, 충분한 잠을 못 자면 과열상태가 되는 바로 그 뇌 조직)이 더욱 활성화된다. 편도체는 우리가 부정적 정보에 더 민감해지도록 내몰아 두려움과 불안감을 증폭시킨다. 그래서 뭔가(과거의 트라우마 등)의 기분 나쁜 영향을 가라앉히기 위한 개입 치료도 대체로 이 뇌 영역의 활동을 감소시키려는 방향으로 맞추어진다.

한 예로 캘리포니아대학교 로스앤젤레스 캠퍼스(UCLA)의 매튜 리버만(Matthew Lieberman) 박사와 그의 동료들이 실시한 연구에서, 그런 식으로 공포 반응을 가라앉힐 만한 방법을 발견해냈다. 리버만 박사는 실험에 참가한 재학생들을 연구실로 오게 해서 컴퓨터 모니터로 일련의 얼굴을 보여주었다. 각각의 얼굴은 분노, 공포, 행복 같은 감정과 관련된 표정을 짓고 있었다. 그렇게 얼굴을 보여주는 중간중간 일부 학생들에게는 (아래의 왼쪽 삽화처럼) 그 얼굴 표정을 말로 묘사해보게 했고, 나머지 학생들에게는 (아래의 오른쪽 삽화처럼) 그 사람의 성별만 말해보라고 했다.

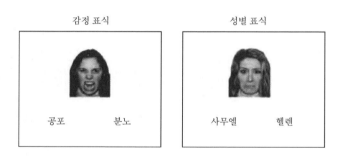

감정 표식   성별 표식

공포   분노   사무엘   헬렌

학생들이 이 과제를 수행하는 동안 뇌 스캔이 동시 진행되어 연구진은 뇌의 어느 부분이 가장 활성화되는지 살펴볼 수 있었다. 그 결과 실험 참가자가 감정을 표현하는 표식을 붙였을 때 편도체의 활동성이 크게 줄었다.[19] 바로 이런 편도체의 활동성 둔화가 바람직한 현상이다. 편도체가 덜 활성화될수록 주변 세상이 덜 위협적으

로 다가오기 때문이다.

다음은 리버만의 설명이다. "운전 중에 노란불이 켜지면 브레이크를 밟는 것처럼, 감정을 말로 옮기면 감정 반응에 브레이크를 밟는 셈이 된다. 감정을 말로 옮기면 회복이 촉진된다. 친구가 슬퍼할 때 그 슬픔을 말로 토로하게 유도해주면 그 친구는 기분이 나아질 것이다."[20]

감정은 그대로 내버려두면 우리 마음속을 활개 치면서 상황을 부풀리고 악화시키기 십상이다. 감정을 다루는 보다 생산적이고 건전한 방법은 감정을 글로 옮기거나 입 밖으로 표현하는 것이다.

이번 장에서 소개했던 학생들의 얘기를 다시 한 번 해보자. 종이에 글로 고민을 풀어내면 해소되는 기분을 느꼈던 학생은 감정에 치우친 자아를 적절한 관점으로 바라보면서 상황을 차근차근 이해했고, 또 다른 학생은 이별 후에 편지를 쓰면서 자신의 진실된 감정을 깨닫게 되었다. 두 경우 모두 글쓰기가 편도체에 브레이크를 걸어주며 감정에 제압당하지 않게 막아준 것이었다. 감정에 표식을 달아주기, 감정을 분명하게 표현하기, 사건을 차근차근 이해하기는 기분을 회복시키는 데 필요한 명료한 정신을 얻게 해준다.

여러분 자신이 글을 잘 못 쓴다고 생각하더라도 주눅 들 필요 없다. 문법, 구문론, 문장의 짜임새 따위는 중요하지 않다. 여기에서 말하는 글쓰기는 영어 선생님에게 점수를 평가받는 그런 숙제가 아니다. 속상한 일이 생기면 타이머를 15분으로 맞춰놓아라. 그런 감정을 일으킨 그 일에 대해 처음부터 끝까지 최대한 자세히 적어보라.

그 일의 중간중간에 느꼈던 감정을 묘사해보라. 글의 형식은 자신에게 편한 대로 뭐든 괜찮다. 이메일이나 문자나 스마트폰 메모를 쓰든, 아니면 구식 스타일인 종이와 펜을 쓰든 상관없다. 적은 글을 누군가에게 전송하거나 공유하지 않아도 된다. 처음엔 어색하게 느껴지더라도 이 점을 명심해라. 글쓰기는 하면 할수록 쉬워진다. 그런 점에서는 감사하기나 운동이나 명상과 다를 바 없다. 글쓰기라는 이 단순한 행동은 더없이 격앙된 감정까지 다스려줄 수 있는 강력한 해독제다.

*

내 조카들이 어릴 때 징징대거나 칭얼거리면 누나는 한마디로 응수했다. "말로 해." 아이가 뭘 원하는지 알아서 추측해주려 애쓰며 뭔 말인지 모를 앓는 소리를 내도록 내버려두는 게 아니라 불만을 말로 표현하라고 다그쳤다. 조카들은 엄마 말대로 자신이 원하는 것을 정확히 말로 표현했고 그러면 그제야 옆에 있는 사람들이 원하는 대로 맞춰줄 수 있었다.

'말로 해'는 기분이 심란하고 피치 못하게 안 좋은 날이나 주나 학기를 보내고 있을 때 우리 모두가 새겨들을 만한 좋은 조언이다. 다짜고짜 소리 지르거나, 악 쓰거나, 물건을 던지는 식으로 폭발하고 싶은 마음이 욱하고 치밀더라도, 그런 행동은 안 좋은 감정을 연장시킬 뿐이다. 펜을 들고 글을 써보거나 믿고 마음 터놓을 만한 친구와 이야기를 나눠보면 그 상황을 이해하고, 감정을 해소하고, 원만하게 살아가는 데 도움이 된다. 보호장비를 착용하고 구식 TV와 사무실 집기를 때려 부수는 것보다는 그 편이 우리의 건강한 삶을 위해 훨씬 유용하다. 덤으로 25달러도 절약할 수 있고.

제10장

사람으로 채우는 유대감,
관계가 주는 힘

두 부녀가 미식축구 경기장 30야드 라인 바로 뒤쪽의, 관중석 셋째 줄에 앉아 있었다. 시애틀 시호크스(Seattle Seahawks)팀이 홈구장인 센추리링크 필드(CenturyLink Field)에서 애리조나 카디널스(Arizona Cardinals)를 상대로 경기 중이었고 대학 2학년생 학생이 아버지에게 일생일대의 멋진 경험을 선사해드리고 싶어 함께 경기장을 찾아온 참이었다.

"시호크스팀 경기의 티켓은 무지하게 비싸요." 시애틀 토박이인 이 학생이 솔직히 말했다. 그 비싼 티켓을 사느라 하계 인턴 수련에서 번 돈을 긁어모아야 했지만 아버지에게 특별한 경험을 선사해드리고 싶었단다. "아빠는 시호크스팀 경기를 직접 본 적이 없으세요. 선뜻 그 거금을 내고 티켓을 사실 분도 아니고요." 하지만 이 학생에게 중요한 문제는 좌석이나 티켓 값이 아니었다. "드디어 아빠에게 조금이나마 돌려드릴 수 있게 되어서 좋았어요. 저를 평생 부족함 없이 키워주신 아빠에게 뭐라도 해드리고 싶었어요. 시호크스팀의 경기장 관람은 아빠가 한 번도 해보지 못한 경험이었어요. 아빠를 위해 해드릴 수 있는 일이 있다니, 정말 뿌듯했어요."

그 돈이면 HDTV, 숯불 그릴 화로, 최신 스마트폰 같은 고급 선물을 얼마든지 사드릴 수 있었다. 기능성, 실용성, 생활편의성 면에서는 그 편이 나았을 것이다. 하지만 시호크스팀 경기의 티켓만큼 큰 행복은 안겨드리지 못했을 것이다. "부녀의 정이 뜨겁게 느껴질 만한 그런 경험이야말로 아빠와 제가 앞으로 몇 년이 지나도록 잊지 못할 추억을 쌓기에 더없이 좋은 방법이었어요. 그리고 시호크스가 지기는 했지만(2년 만에 처음으로 홈경기에서 패한 경기였다) 그래도 여전히 지금껏 드린 최고의 선물이었어요."

우리는 더 많이 가질수록 더 많이 원하게 된다. 그런데 일단 기본 욕구가 충족되면 돈을 더 많이 가져도 더 행복해지지 않는다. 하지만 돈을 쓰는 방법을 통해 행복을 얻을 수 있다. 대체로 콘서트나 여행 같은 일생의 경험에 쓰는 돈이 노트북이나 신형 TV 같은 물건에 같은 액수의 돈을 쓰는 것보다 더 행복을 가져다준다. 경험은 기대할 거리, 다시 떠올릴 기억, 앞으로 나눌 추억거리를 안겨주면서 시간과 공간을 초월한 영향력을 발휘한다. 하지만 경험의 가장 중요한 가치를 꼽으라면, 우리를 다른 사람들과 이어주면서 행복의 토대인 사회적 유대감을 끈끈히 다져주는 부분일 것이다.

마르지 않는 선물

코넬 대학에서 진행된 한 연구에서는 학생들에게 최근에 구매한 경험이나 물건에서 얼마나 행복을 느꼈는지 생각해본 후 답해달라고 했다. 그 결과 경험의 구매가 물건의 구매보다 더 큰 행복을 가져다주었을 뿐만 아니라 더 자주 떠올리게 되는 기억인 것으로 나타났다.

나도 내 수강생들에게 비슷한 생각을 해보게 했는데 그중 한 학생이 신입생 때 유럽으로 유학을 다녀온 경험을 얘기했다.

"기회가 돼서 동유럽에 갔다가 홀로코스트와 저의 유대계 뿌리에 대해 알게 되었어요. 최근의 냉전 역사도요. 카디스(Cádiz, 스페인 남부, 안달루시아 지방 남부의 주-옮긴이)의 사육제와 더블린의 성 파트리치오 축일(St. Patrick's Day) 같은 신나는 문화 행사도 가봤어요. 처음 보는 음식을 먹어보고, 다른 언어와 문화를 배우고, 여행 중의 행동에서 주의해야 할 것들이 뭔지도 깨닫게 되었어요. 여러 박물관을 둘러보면서 다양한 예술품과 그 예술품에 깃든 서로 다른 시대와 문화를 배우기도 했어요. 재미있는 사람들을 만나고, 부다페스트에서의 동굴 탐험처럼 그곳에 가보지 않았다면 접해볼 기회가 없었을 만한 모험도 즐겼어요."

이 학생은 한 학기 동안의 유학 생활을 떠올릴 때마다 그 모험들을 상상 속에서 되살리게 된다고 했다. "이제는 모두 추억이 되었지만, 저는 그 학기 동안 여기저기 다니면서 배운 것들과 감동적인 기억들 그 모두를 언제까지나 품고 다닐 거예요."

경험이 물질보다 더 행복을 안겨주는 데는 그 외의 여러 이유가 있지만, 경험이 우리의 기억 속에서 살아가는 방식 때문이기도 하다. 새 차, 더 큰 TV, 최신형 스마트폰 같은 물질의 소유로 얻는 행복은 금세 시들해진다. 제2장에서도 확인했다시피 우리는 이런 물건의 특징에 적응하게 되면 신나서 다른 사람들에게 보여주고픈 열의도 얼마 지나지 않아 가라앉는다. 물질의 구매와는 달리 경험의 기억은 쾌락 적응의 대상에 들지 않는다. 기억은 두고두고 남으며, 사람들과 그 기억을 나누다 보면 처음 느낀 행복이 더욱 커지기도 한다. 코넬 대학의 연구에 참여한 학생들이 경험의 구매를 물질의 구매보다 훨씬 더 많이 떠올렸던 이유도 여기에 있다. 학생들은 기억으로의 여행을 떠날 때마다 애초의 경험 중에 처음 맛보았던 행복의 샘에 살짝 손을 적실 수 있었다. 그리고 인간의 기억이 지닌 본질상 그때마다 기억을 통해 훨씬 더 큰 행복감을 느꼈을지도 모른다.

와인 효과

인간의 기억은 불완전하다. 캠코더처럼 완벽하게 녹화해놓고 나중에 재생시켜 보여주는 것이 아니라 기억을 재구성해서 떠올린다. 이런 식의 회상 체계는, 정확한 세부사항만이 아니라 그 세부사항에 대해 느꼈던 감정 상태에 대해서까지도 오류를 유도하기 쉽다.

한 연구에서는 이런 현상을 증명하기 위해 뉴질랜드의 캔터베리 대학 학생들이 방학을 맞아 휴가를 떠나 있는 동안 매일 문자를 보내 행복 등급을 매겨달라고 했다.[2] 새로운 학기가 시작되고 몇 주 후에 이 학생들은 휴가 중에 경험한 일들을 회상하게 되었다. 당시 휴가의 기억을 정확히 떠올릴 것이라는 일반적인 예상과는 달리, 학생들이 휴가 이후에 떠올린 행복은 휴가 중에 매일매일의 문자 메시지에서 답한 행복도보다 훨씬 높았다. 휴가 여행 중에는 행복도를 6으로 매겼다면 한 달 뒤에 다시 기억을 떠올렸을 때는 7로 매기는 식이었다. 기억을 재구성하는 과정에서 장밋빛 안경을 쓰고 돌아봤던 것이다.

여러분도 지난 휴가의 기억을 떠올려보라. 어떤 일이나 이미지가 떠오르는가? 여행을 함께 떠난 일행과 정말 맛있게 먹었던 음식, 세계적으로 유명한 박물관에 들어가서 봤던 아주 인상적인 예술품, 숨이 멎을 정도로 장관을 이루던 일몰 등의 특별한 경험들이 떠오를 것이다. 긴 줄을 서서 기다려야 했던 일, 사람들로 북적거려 밀치고 지나가야 했던 일, 공항에서 벌어졌던 실랑이 같은 경험을 가장 먼저 떠올리는 경우는 드물 것이다.

그런 사소한 짜증거리들을 떠올리면 순간적으로 행복 등급을 끌어내리게 마련이다. 하지만 여행을 다녀온 후에 다른 사람들에게 여행 얘기를 들려줄 때 우리는 대체로 가장 신났던 일에만 초점을 맞춘다. 시간이 지나는 사이에 짜증스러웠거나 불편했던 일들은 기억 저편으로 사라진다. 연속적인 기록이 아닌 그 경험에서의 결정적 기억들만을 바탕으로 평가하면서 여행에 대한 전반적 평가가 부풀려진다.

유럽에 유학을 다녀왔던 학생이 그 당시의 모험을 돌아보며 벅찬 행복을 느끼게 된 이유도 여기에 있다. 이 학생은 다른 사람들에게 그때의 경험을 이야기할 때마다 그런 결정적 기억들을 재생시키면서 처음에 느꼈던 행복을 새삼 더 크게 느끼게 되는 것이다. 이런 면에서 보면 우리의 기억은 좋은 와인과 비슷하다. 해가 갈수록 더 질이 좋아진다. 아니 더 정확히 말하면, 적어도 다시 말할 때마다 더 좋아진다.

사회적 유대의 강화

데이트나 파티장이나 새 직장의 첫 출근 등에서 어떤 사람을 처음으로 만난 상황에 처하면 무슨 얘기로 그 사람의 관심을 끌어야 할지 막막해지기 쉽다. 또 취업 면접 자리에서 책상 앞에 앉은 임원이 '자기소개를 해보세요'라고 말할 때의 가장 좋은 응답 요령은 뭘까? 꺼낼 수 있는 그 모든 이야기 소재 중에 어떤 이야기가 가장 깊은 인상을 줄까?

콜로라도 대학의 연구진이 바로 이런 의문을 풀기 위한 실험을 벌인 적이 있다. 실험 참가 학생들을 연구실로 초대해 이전까지 모르는 사이였던 학생들끼리 짝을 이뤄주면서 최근에 구매한 것들을 화제로 삼아 이야기를 나눠보게 했다.[4] 이때 참가 학생들의 절반에게는 새 옷이나 모바일 기구 같은 물건의 얘기를 꺼내게 하고, 나머지 학생들에게는 친구들과의 자동차 여행이나 콘서트 관람 같은 삶속 경험을 이야기하게 했다. 대화가 끝나고 조사해본 결과, 상대에게 주말여행이나 콘서트 관람 얘기를 들은 학생들이 신형 스마트폰이나 노트북 얘기를 나눈 경우보다 대화를 더 재미있게 느낀 것으로 나타났다. 여기에서 삶 속 경험의 또 한 가지 좋은 점이 포착된다. 경험이 이루어지는 시간 동안만이 아니라 나중에 다른 사람에게 그 기억을 이야기할 때도 사회적 유대를 강화해준다는 것이다.

게다가 경험의 구매에 대한 이야기는 물건 구매에 대한 이야기에 비해 사회적 비교를 더 잘 차단해준다.[5] 제2장에서 살펴봤듯 사회적 비교는 우리의 행복을 가로막는 주된 걸림돌이다. 자꾸만 여기저기 고개를 돌리며 자신이 가진 것을 다른 사람들이 가진 것과 비교하면 행복의 잠재성이 심각하게 제한당한다. 삶 속 경험은 물질에 비해 비교하기가 아주 힘들다. 최신형 아이폰을 살 경우엔 다른 사람의 스마트폰 바로 옆에 놓고 비교해보면 어느 쪽이 더 저장용량이 많고, 사진이 더 잘 찍히고, 처리 속도가 빠른지를 바로 당장 알 수 있다. 어느 쪽이 승자인지 확실히 답이 나온다. 반면에 경험의 구매는 그 본질상 나란히 놓고 비교하기가 훨씬 더 힘들다. 만약 내가 겨울 휴가로 포트로더데일(Fort Lauderdale, 미국 플로리다주 남동부에 있는 휴양도시-옮긴이)에 다녀왔고 다른 상대가 하와이 마우이 섬에 다녀왔다면, 여행 경비 정도라면 모를까 여행 경험 자체를 정량화하여 직접적으로 비교할 도리가 없다. 하와이 해변의 야자수 나무 아래에 누워 있었던 경험이 플로리다 남부의 관엽 식물과 해변 경치를 즐긴 경험보다 더 나은 경험이라고 어떻게 장담하겠는가? 경험에 관한 한, 누구의 경험이 '더 낫다'고 판단하기는 불가능에 가까워서 사회적 비교를 효과적으로 차단해준다.

이 이야기에서의 교훈을 마음에 새기며, 이제부터는 처음 대면하는 사람을 만나게 될 상황에 놓이면 잠시 지난여름에 다녀온 휴가나 주말에 다녀온 콘서트를 떠올려보길 추천한다. 그러면 그 행복한 기억을 다시 떠올리며 즐거움을 느끼게 될 뿐만 아니라, 긍정적인 사회적 유대를 쌓을 수도 있다. 그 대화 상대도 여러분의 삶 속경험을 들으며 즐거워할 테고, 이때는 두 사람 중 누구도 물질 구매의 얘기가 곧잘 자물쇠를 풀어놓는 사회적 비교라는 덫에 빠질 위험도 없다.

기대 효과

경험이 선사하는 행복은, 어떤 경험을 겪은 후 나중에 다시 떠올리는 회상을 통해서만 느낄 수 있는 것이 아니다. 미리 그 경험을 생각하는 식으로도 행복을 느낄 수 있다. 우리의 건강한 삶을 위해서는 다른 무엇보다 경험이 중요한 이유가 바로 여기에 있다. 경험은우리에게 뭔가 기대할 거리를 준다. 수많은 연구에서 밝혀졌듯 기대는 그 자체로 기분을 좋게 해주며, 엘리자베스 던(Elizabeth Dunn)과그녀의 동료 심리학자들에 따르면 "무료 행복"을 실어다준다.

곧 열리게 될 콘서트에 가서 마음껏 즐길 순간이나, 이번 여름에떠날 전국 횡단 자동차 여행 중에 들르게 될 곳들을 생각하면 미리부터 행복감이 든다. 몇몇 연구에서도 밝혀진 바이지만 어떤 경험을 기대하면서 얻는 행복이 그 직접적 경험에서 얻는 행복보다 훨씬 더 큰 경우도 있다. 던에 따르면 기대에 따른 기쁨은 "현실의 그늘로 얼룩지지 않는다."[7] 인상적인 순간의 기억을 다시 떠올리며 지난 휴가를 회상하는 것처럼, 우리는 미래를 상상할 때도 기대되는 중요한 순간에 초점을 맞추게 된다. 곧 경험할 이런 저런 모험만 생각하면서 도중에 생겨날 법한 불편하거나 짜증스러운 일들은 건너뛴다.

명심해두자. 우리가 경험을 통해 얻는 행복은 그 경험이 일어난 시간과 공간에 얽매어 있지 않다. 이런 이유를 근거로 생각해보면 몇 가지 안 되는 대단한 경험들이 아니라 여러 가지 사소한 경험들을 갖는 것이 유익할 수도 있다. 뉴질랜드에서 여행을 떠난 학생들의 행복도를 추적 조사한 연구를 벌여본 결과, 여행의 기간은 행복과 아무런 관계가 없었다. 잠깐의 주말 휴가를 다녀온 학생들은 2주 내내 실컷 휴가를 가졌던 학생들과 비교해서 평균적인 행복도가 거의 비슷했다. 휴가의 기간보다 중요한 것은, 기대할 거리와 다시 이야기하며 다른 사람들과 유대를 맺을 만한 인상 깊은 기억을 갖는 일이다.

우리는 자신이 가진 것에 금세 적응한다. 우리는 새로운 환경 속에서 색다른 경험을 할 때도 행복을 느낀다. 하지만 처음 순간에 얼마나 신나는 행복을 느꼈든 간에 언젠가는 그 환경에도 적응하게 된다. 첫 키스의 순간이나 아이의 첫 걸음마를 보는 순간의 감격과 비슷하다. 이런 순간들은 딱 한 번밖에 없는 순간이라, 그 이후로도 여전히 흥분이 느껴진다 해도 처음만큼 그렇게 감격적이진 않다. 경험은 아무리 사소한 것이라고 해도 그런 '첫 순간'의 처음 느끼는 흥분을 일으켜준다. 그러니 몇 주간의 호사스러운 휴가를 한 번 떠날지 일 년 내내 여기저기로 잠깐씩의 여행을 여러 번 다녀올지 중에 선택해야 한다면 후자를 고르는 편이 낫다. 그래야 기대할 만한 여러 가지 경험들이 생기고, 뒤돌아볼 여러 가지 기억이 남을 테니까.

*

지난봄에 나는 수강생들에게 지금껏 받아본 최고의 선물을 주제로 글을 써내게 했다. 이때 한 수강생은 열일곱 살 때의 생일 얘기를 썼다. 그날 식탁에 부모님과 둘러앉아 가족들, 케이크, 선물들 속에서 생일을 맞으며, 정말로 행복한 생일을 위한 모든 요소가 다 갖추어진 순간을 맞았다고 했다. 처음의 분위기는 그 이전에 맞았던 행복한 생일날과 아주 비슷했지만, 언니가 금빛 봉투를 건네는 순간 특별한 생일로 변했다.

봉투를 열어보자 무릎 위로 뭔가가 떨어졌다. 로스앤젤레스행 비행기표와 디즈니랜드 주말 이용권이었다. 이 학생은 그것이 "이제껏 받아봤던 최고의 선물"이었다고 한다.

그것이 최고의 선물로 남았던 이유는 '잠자는 숲속의 미녀 성(Sleeping Beauty Castle)'을 구경하거나 초고속 롤러코스터 '스페이스 마운틴(Space Mountain)'을 탈 생각에 들떠서가 아니었다. 그 선물이 기억을 따라 특별한 여행을 떠나보는 기회였기 때문이다.

"저희 자매는 어렸을 때 디즈니랜드에 몇 번 같이 갔었고 그때마다 함께 나눌 아주 멋진 추억거리들이 남겨졌어요. 이제는 둘 다 어른의 문턱에 있을 만큼 자랐지만 언니는 마술 같고 설렜던 그 어린 시절의 모험을 다시 재현해보고 싶어 했어요. 이 선물이 그토록 각별했던 이유는 추억을 떠올리고 향수를 느끼게 해주어서였어요. 그냥 달랑 물건 하나가 아니라 우리 두 자매 사이의 특별한 경험이 모두 담긴 선물이었어요."

살면서 가장 행복했던 순간들을 잠시 생각해보라. 대개는 그 순간 속에 다른 사람이 있을 것이다. 시애틀 시호크스 경기이든 디즈니랜드 여행이든, 살면서 겪는 경험의 대부분은 다른 사람들과 함께하면서 서로의 관계가 끈끈해지는 기회가 되어준다. 그것이 우리의 행복을 늘려주는 측면에서 경험이 가장 중요하게 이바지하는 역할이다. 양질의 대인관계 형성은 정서적·신체적·인지적 차원에서의 전반적 삶의 질을 가늠하는 주된 예측인자다.

에드 디너(Ed Diener)와 마틴 셀리그먼(Martin Seligman)이 222명의 일리노이 대학생을 대상으로 연구한 결과 최고 행복군에 드는 10퍼센트의 학생들에게 한 가지 공통점이 발견되었다. 탄탄하고 만족스러운 사회관계였다. 두 심리학자는 탄탄한 대인관계가 높은 행복도를 위한 '필요조건'일 수도 있음을 강조하고 있다. 양질의 우정은 삶의 난관이 닥칠 때 든든한 버팀목이 되어줄 뿐만 아니라, 삶의 기쁨을 즐기도록 도와주기도 한다. 친구들은 살면서 행복을 북돋는 경험을 함께 나누는 파트너가 되거나, 그렇지 않더라도 최소한 삶의 하이라이트 장면을 다시 상기할 때 귀 기울여 들어줄 상대가 되어준다.

양질의 대인관계는 정서적 지지 외에도 신체 질병을 막아주는 완충제 역할도 해준다. 카네기멜론 대학과 피츠버그 의과대학의 연구진이 밝혀낸 바에 따르면, 활발한 대인관계를 갖는 사람들이 지속적인 만성 스트레스 경향의 대인관계를 갖는 사람들보다 발병 확률이 크게 낮은 것으로 나타났다.[8]

사회적 유대는 수명에까지 영향을 미칠 수 있다. UC 버클리에서는 장기적 연구를 통해 9년에 걸쳐 일단의 성인을 추적 조사하여, 흡연, 음주, 신체 활동, 사회경제적 배경, 예방 진료 등 사망률에 영향을 미칠 만한 전제 조건과 행동을 측정해봤다.[9] 연구를 마친 결과, 사망률의 예측 변수 중 특히 강력한 변수 한 가지가 발견되었다. 바로 타인들과의 유대였다. 취약한 사회적 유대가 그 외의 인구통계적 변수나 행동보다도 사망 확률을 높이는 것으로 나타났다.

관심과 가치관이 서로 통하는 사람들과 관계 다지기는 무엇보다 중요하게 생활화해야 하는 행동이다. 탄탄한 사회적 지지망은 신체 건강의 측면에서 볼 때 질병과 사망률을 줄여주는 완충제가 되어준다. 또한 행복 증진의 문제에 관한 한, 그만큼 투자 수익률이 높은 것도 없다.

사회적 예리함이 곧 정신적 예리함

탄탄한 유대의 이점은 건강과 행복만으로 그치지 않는다. 내 수강생 중에는 대학 축구팀에서 뛰는 학생이 있는데, 같은 팀 동료 선수들이 가장 든든한 지지망이 되어줄 뿐만 아니라 바람직한 인지 행동을 하도록 자극해주기도 한단다. "저희는 연습에서는 의무적으로 함께 해야 하지만, 같이 밥을 먹고, 같이 놀러 나가고, 같이 공부하는 건 저희가 자진해서 하는 행동이에요." 팀 동료들의 좋은 공부 습관을 보면서 귀감으로 삼기도 한단다. "원정 경기를 치르는 시합 날에도 호텔 로비에 나가 보면 동료 선수 몇 명이 아침 일찍부터 공부를 하고 있어요. 그런 모습을 보면 저도 자극을 받아 공부를 등한시하지 않게 돼요. 주말 내내 축구 연습을 핑계로 학교에서 벗어날 수 있을 때도요." 이 학생의 팀 동료 선수들은 서로에게 좋은 공부 습관의 귀감이 되어주면서 팀원 모두가 함께 성장하고 있는 셈이다.

일부 연구에서도 밝혀졌다시피 탄탄한 사회적 교류는 그 자체로 우리 정신을 예리하게 가다듬어줄 수 있다. 미시간 대학의 학생들에게 인지 기능을 평가하는 일련의 과제를 수행하게 했던 연구를 살펴보자.[10] 이 과제 중 하나는 잇달아 쭉 나오는 기하학 도형들이 서로 같은지 다른지를 구별하기였다. 큰 소리로 읽어준 문장의 내용을 기억해내는 단기 기억 테스트의 과제도 있었다. 예를 들어 '존이 크레용으로 메모를 적었다'는 문장을 듣고 나서 '누가 메모를 썼다고 했죠?'라는 질문에 답하는 식이었다. 두 과제 모두 동시에 여러 내용을 기억해두었다가 나중에 다시 떠올리는 능력이 요구되었다. 말하자면 실험 참가 학생들의 과제 수행 속도와 정확성은 정신적 예리함을 살펴볼 만한 척도였다.

연구진은 어떤 예비 테스트 활동이 학생들의 과제 수행력을 높여줄지 알아보고 싶었다. 그래서 본격적인 실험 전에 일부 학생에게는 10분 동안 독해 과제와 십자말풀이 등의 지능 활동을 시켜보고, 또 다른 학생들에게는 같은 10분 동안 TV를 보게 했다. 당연한 결과일 테지만 본격적 실험 전에 인지 과제를 수행했던 학생들이 뒤이어 수행한 단기 기억 과제와 도형 구분하기 과제에서 더 뛰어난 수행력을 보여주었다.

이 실험에서는 놀라운 대목도 있었다. 예비 테스트에서 다른 참가 학생과 교류를 나누는 활동을 했던 또 다른 그룹 학생들의 수행력이었다. 이 학생들은 10분 동안 사회와 정치 분야의 쟁점을 놓고 서로 다른 관점을 주고받았다. 겉보기엔 인지력을 펼치는 것이라기보다 단지 서로 어울리며 교류하는 것처럼 보이는 활동이었다. 그런데 이런 활동이 뒤이은 과제에서의 수행력에 어떤 영향을 미쳤는지 아는가? 이 학생들은 앞서서 독해력 과제와 십자말풀이를 했던 학생들에 못지않은 뛰어난 수행력을 보였다. 다시 말해 대인관계와 경험의 공유가 건강과 행복에만 이로운 것만이 아니라 지적 능력까지 향상시켜준다는 새로운 사실이 증명된 것이었다.

이 연구의 논문에서는 사회적 교류가 인지적 이점을 유도해주는 이유를 관점 택하기, 구상하기, 추론 유추하기 등의 인지 과정이 수반되면서 정신적 예리함이 강화되었기 때문이라고 추정했다.

"사회적 교류와 대인관계는 지식과 사교 능력을 향상시키는 것만이 아니라 그런 능력의 밑바탕이 되는 인지처리 능력도 강화시키며, 또 이렇게 인지처리 능력이 강화되면 대인관계를 더 잘 맺고 다른 사람들과 원만히 어울릴 수 있는 소양이 갖추어지는 것으로 사료된다. 따라서 사회적 교류를 통해 얻어지는 정신적 예리함이 사회적 유대로부터 얻는 그 외의 여러 가지 이점을 누리는 데 중심적 역할을 한다고 볼만하다."

이 연구에서는, 단지 다른 사람과 함께 시간을 보내는 것만으로는 효과가 없다는 것도 증명되었다. 첫 두 조건의 실험 참가 학생들(지적 활동을 벌인 학생들과 TV를 시청한 학생들)은 각자 과제를 수행할 때 또 다른 학생과 한 방에 함께 있었다. 하지만 서로 별 교류를 나누지는 않았다. 따라서 단순히 다른 사람과 함께 있는 것이 아니라 서로 의미 있는 교류를 가질 때 사회적 교류의 이점을 최대한으로 거둘 수 있다.

상위목표

축구팀에서 뛰고 있는 그 학생은 대학 소속 선수로 보낸 4년 동안 경기장 안팎에서 동기를 자극해주는 지지망을 얻었을 뿐만 아니라 한 팀에 속한 서로 다른 사람들과 협력하며 지내는 요령도 많이 배웠다.

"팀원들 모두가 행동 방식이 제각각이라서 제가 매일매일 더 발전하도록 자극을 줍니다. 저희는 서로의 차이를 잘 다루고 있어요. 서로 힘을 합해 인생 최고의 시간을 보내기 위한 방법을 찾아가면서 국내 대회에서 우승하는 꿈을 향해 노력하고 있어요."

공통의 목표를 향해 함께 힘을 모아 협력하는 것은 인지 수행력을 높이는 데 특히 유용하다. 미시간 대학의 또 다른 연구에서 연구진은 실험 참가자들에게 처음 보는 사람을 소개시켜주면서 10분간 서로 친해져보게 했다.[12] 실험 후반에 그 상대방과 게임을 하면서 서로를 더 잘 아는 기회를 갖게 될 거라고도 알려주었다.

이때 한 그룹의 참가 학생들에게는 커뮤니티 게임(Community Game)이라는 것을 하면서 그 상대방과 파트너가 되어 서로 힘을 합해서 그 커뮤니티를 위해 최대한 많은 돈을 버는 것이 게임 목표라고 말해줬다. 또 다른 그룹의 학생들에게는 월스트리트 게임(Wall Street Game)을 할 것이며 그 상대방과 적이 되어 싸우면서 최대한 돈을 많이 버는 것이 게임 목표라고 했다. '친해지는' 10분이 지나자마자 모든 참가자는 인지 능력을 측정하기 위한 일련의 퍼즐과 문제를 풀게 되었다. 과연 어느 쪽 그룹의 수행 결과가 더 좋았을까? 상대를 파트너로 여기며 관심과 목표를 공유했던 학생들이었다.

특정의 한 사람이 아니라 집단 전체를 위한 협력이 필요한 목표를 심리학계의 용어로 상위 목표(superordinate goal)라고 한다. 우리는 미래의 적이 아니라 동지로 여겨지는 누군가와 교류할 때는 다른 사고방식을 채택한다. 이 연구의 논문 저자들이 설명하고 있듯 "경쟁적 목표가 수행력의 발휘를 저해하는 이유는, 경쟁으로 위축과 자기방어 의식이 촉발되어 상대방과의 정신적 교류가 감소되기 때문으로 여겨진다."[13] 반면 상위 목표는 모든 성원이 집단의 이익을 위하는 더 큰 목표에 기여하려는 동기를 자극받기 때문에 각 개개인의 헌신적 노력이 수반된다.

소속 축구팀이 당찬 상위 목표를 이루기 위해 함께 힘을 모았던 그 학생은 드디어 꿈을 이루게 되었다. 자신의 이야기를 털어놓은 지 6개월이 채 지나지 않았을 때 팀이 NCAA(미국대학체육협회) 주최 3부 리그 축구대회 여자부에서 전국 챔피언에 등극했다. 집단의 힘이 가져다준 성과였다.

친사회적 교류

집단의 힘에서 얻는 이점은 반드시 잘 아는 사람들의 사이에서만 얻어지는 것은 아니다. 한 수강생은 크리스마스를 몇 주 앞두고 인근 마트의 계산대에서 이런 사실을 직접 체감했다. 이 학생이 구매한 물건을 컨베이어 벨트에 올려놓고 있는데 엄마를 따라온 세 꼬맹이들이 고함을 빽빽 지르는 소리가 들렸단다. 학생의 바로 뒤로 카트를 끌고 와 서 있던 일행이었다. "연말 시즌의 혼잡함 속에서 혼자 아이들 셋을 데리고 다니느라 애를 먹는 것 같아 보였어요, 볼일 보랴 아이들 챙기랴, 쩔쩔매는 것 같았어요."

그러다가 유튜브에서 본 동영상이 떠올랐단다. 어느 인심 좋은 낯선 사람이 바로 뒤에 서 있는 사람의 구입 물건을 계산해주는 장

면이 담긴 동영상이었다. 그 동영상을 본 뒤로 자신도 따라해보고
싶다는 마음이 떠나지 않았다. 게다가 바로 얼마 전에 급여도 받은
터였다. "그 순간이 더없이 좋은 기회라는 감이 딱 왔어요."

학생의 제안은 놀라운 반응으로 화답받았다. 그 젊은 엄마의 얼굴
에 감정이 그대로 드러났다 "완전히 놀란 표정이었어요. 자신에게
그런 일이 일어날 줄은 전혀 상상도 못 해봤다는 그런 표정이요." 그녀
는 처음엔 괜찮다고 사양했지만 학생이 마음을 꺾지 않자 받아들였다.

그녀는 진심 어린 감사 인사를 전한 후에 계산된 물건을 들고 마
트를 나갔고 이 청년은 한결 신나는 발걸음으로 마트를 나왔다. "그
날 그 경험에서 제일 좋았던 건 그분만큼이나 저도 얻은 게 많다는
거였어요."

여러 연구에서 확증해주고 있다시피 남들을 돕는 것은 스스로를
돕는 한 방법이다. 이번 장의 앞부분에서 살펴봤듯 행복은 시간과
돈을 어떻게 쓰느냐에 따라 좌우된다. 기분 좋은 외식이나 생소한
곳으로의 여행은 새 컴퓨터나 운동화를 얻는 것에 비해 장기적으로
훨씬 큰 기쁨을 안겨준다. 하지만 여기에서는 무엇을 사느냐만이 중
요한 문제는 아니다. 누구에게 시간과 돈을 쓰느냐도 중요하다. 사실
상 타인에 대한 투자는 우리 자신의 개인적 행복을 적극적으로 극
대화시키는 중요한 방법 중 하나다.

브리티시컬럼비아 대학의 한 연구에서는 연구진이 아침에 학생
들에게 소액의 현금을 나누어주며 그날 저녁 5시까지 그 돈을 써보
라고 했다. 이때 한 그룹의 학생들에게는 다른 사람들에게 쓰거나

기부하게 했고, 또 다른 그룹의 학생들에게는 청구서를 납부하거나 개인적 용도로 쓰게 했다. 그날 이후에 연구진이 추적 조사를 벌였더니 다른 누군가에게 돈을 썼던 학생들이 자신에게 돈을 썼던 학생들에 비해 훨씬 더 행복감을 느끼고 있었다.[14]「애비뉴 Q(Avenue Q)」(미국 어린이 TV프로그램인「세서미 스트리트」의 캐릭터들이 등장하는 성인용 인형극 형식의 코믹뮤지컬. 극 후반에 '주는 자가 받는 자보다 더 행복하다'는 '머니 송(money song)'으로 희망을 전하며 막을 내림-옮긴이)의 인형들의 말이 맞았다고 밝혀진 것이다. 다른 사람들을 도우면 여러분 자신도 돕게 된다.

줌으로써 얻는다

미국의 작가 헨리 제임스(Henry James)는 언젠가 이런 말을 했다. "인간의 삶에서 중요한 것이 세 가지 있다. 그 첫 번째도, 두 번째도, 세 번째도 모두 친절이다."

이쯤에서 세인트루이스 아동병원(St. Louis Children's Hospital)에서 자원봉사 활동을 펼치며 친절을 실천 중인 한 수강생의 얘기를 들려주고 싶다. 어느 날, 한 환자의 아버지가 이 학생에게 다가오더니 자원봉사를 나오는 이유를 물어봤다고 한다.

"아이들을 위해서요." 학생이 대답했다.

"덕분에 날마다 조금씩 더 좋아지고 있어요. 고마워요." 환자의 아버지가 화답했다.

이날의 짤막한 교류로 이 학생은 자원봉사가 자신의 삶에서 얼마나 중요한 부분인지를 새삼 떠올렸다고 한다. "삶의 사소한 일들이 다른 누군가에게 그런 영향을 미칠 수 있다니 정말 놀라웠어요. 제가 해주는 일이라고 해봐야 아이와 게임을 같이 해주고 부모님들에게 나가서 커피 마실 여유 시간을 갖게 해드리는, 정말 대단치 않은 일이거든요. 그런데 미소 하나로도 아이의 하루를 밝혀줄 수 있다는 게 감동적이에요." 이 학생은 솔직히 자신이 병원의 아이들과 가족들에게 봉사를 해주고 있다고는 하지만, 오히려 자신이 얻는 것이 훨씬 더 많다고 느낀다. "아이들은 어른들에게 좋은 깨달음을 줘요. 자발적으로 나서고 용기를 내고, 실수도 해보고, 그리고 또 무엇보다도 삶에 열정을 가지도록 자극해줘요. 자원봉사를 하다 보면 느끼는 건데, 연민이 모든 것의 열쇠인 것 같아요. 환자가 어떤 고통을 겪는지 제대로 알지도 못하고 그런 입장이 되어본 적도 없지만, 그 곁에 있어주면서 아무리 작은 것이라도 그 환자의 하루에 변화를 줄 수는 있어요. 자원봉사자들이 받는 최고의 선물은, 남들을 도울 수 있는 능력이에요."

타인을 돕는 일은 도와주는 사람의 삶의 질을 높이는 측면에서 여러 이점과 결부되어 있다. 우선 생리적 측면에서 보면, 인체의 스트레스 호르몬인 아드레날린과 코르티솔의 분비를 감소시키고 기분이 좋을 때 분비되는 호르몬 엔도르핀의 분비를 늘려준다.[15] 이는 경주 중의 '러너스 하이'(runner's high)에 기여하는 바로 그 호르몬 반응이다. 실제로 전 세계 곳곳에서 지역사회에 봉사하는 사람들은 건강한 삶의 혜택을 누리고 있다. 호주에 거주하는 1,000명 이상의 성인들을 대상으로 조사한 결과에 따르면, 인도주의 단체의 활동에 동참하는 이들이 대체로 가장 행복한 군에 속한 것으로 나타났다.[16] 또 영국의 자원봉사연구소(Institute for Volunteering Research)에서 발표한 바에 따르면 자원봉사 활동을 하는 시민들이 삶의 방향과 의미를 찾고 사회연결망을 확장시킴으로써 정신 건강의 향상을 누리고 있다고 한다.[17]

이런 자료들을 살펴보면 봉사와 삶의 질 간의 본질적 상호관계에 대한 의문이 생기기도 한다. 혹시 인도주의 활동을 벌이는 사람들이 원래부터 더 행복한 부류의 사람들이었을 가능성은 없을까? 한 연구에서는 이 가능성을 조사해보기 위해 실험 참가자들을 무작위로 선별해 타인을 위해 좋은 일을 해보게 한 다음 자신을 위해 좋은 일을 해보도록 선별된 사람들과 비교해봤다.[18] 참가자들은 구체적 행동은 마음대로 고를 수 있었지만 무작위로 배당된 다음의 세 가지 조건 가운데 하나를 따라야 했다.

1. 타인을 위한 친절 : 크든 작든 타인을 위한 친절, 관대함, 배려 베풀기. 이런 친절 행동들은 꼭 같은 사람만을 대상으로 삼지 않아도 되며, 상대방이 그 친절 행위를 의식하거나 의식하지 못하거나 상관없다. 또한 아래의 예시 행동들과 비슷해도 되고 비슷하지 않아도 된다.
예시 :
- 나이 많은 어르신이 ATM을 이용하려 할 때 도와드리기
- 여자친구를 위해 커피를 내려주고 아침 차려주기

- 비가 내리는데, 모르는 사람이지만 우산을 가져오지 않아 난처해하고 있는 모습이 눈에 띄면 그 사람의 차까지 우산 씌워주기
2. **세상을 위한 친절** : 세상을 더 나은 곳으로 만들어줄 만한 친절 베풀기. 꼭 다른 사람들이 관련될 필요는 없지만, 전반적으로 세상이나 인류에 기여하는 노력이 되어야 한다.

예시 :

- 쓰레기 줍기
- 구세군에 옷 기부하기
- 고양이에게 붙잡힌 벌새 구해주기. 남편이 상자를 찾아오는 동안 옆에서 지켜주기
3. **자신을 위한 친절** : 스스로를 위해 하는 일상적 일들을 조금 더 노력해서 해보기. 다른 사람들이 동참해도 상관없지만 말 그대로 타인이 아닌 스스로를 위한 일이어야 한다.

예시 :

- 자신을 위해 맛있는 점심 준비하기(자주 점심을 싸가는 방법도 있음)
- 가령 전에는 일주일에 적어도 두 번은 조깅을 했지만 한동안 하지 않았을 경우, 평소보다 시간을 늘려 조깅을 해보기
- 쇼핑하기

모든 참가자들은 한 달 동안 매주 세 번씩 배정된 조건에 따른 행동을 했다. 이때 그 세 번의 친절 행위를 보고하는 외에 긍정적 감정과 부정적 감정이 어느 정도 느껴지는지도 알려주었다.

이 중 두 개의 조건(타인을 위한 친절과 세상을 위한 친절)은 친사회적 행동에 든다. 즉, 다른 사람들의 이익을 위한 친절 행위이다. 연구를 마친 결과, 친사회적 행동을 수행한 이 사람들은 긍정적 감정이 높아지고 부정적 감정은 낮아졌으며, 삶의 만족도와 목적의식이 크게 상승했는데 이런 상태가 한 달간의 친절 행위가 끝난 뒤까지도 지속되었다. 친절 행위의 대상이 타인이든 더 폭넓은 세상이든 간에 삶의 만족도 증가 현상은 비슷했다. 우리 자신이 아닌 대상에게 베푸는 친절 행위는 친절을 받는 쪽만이 아니라 친절을 행하는 사람에게도 이롭다. 위 연구의 연구진에 따르면 이런 친사회적 활동을 통해 실험 참가자들은 선순환을 타게 되었다. "타인을 위한 좋은 일을 하면 기쁨, 만족감, 애정의 느낌이 늘고, 그에 따라 삶에 대한 전반적 만족감이 증가하고 대인관계가 더 좋아진다."[19]

자신을 위한 친절 행위의 조건에 들었던 참가자들의 경우 애초부터 자신의 행복과 전반적 삶의 질을 끌어올리기위한 활동을 선택한 셈이었음을 감안하면 아이러니한 노릇이다. 오히려 타인을 위한 친절과 세상을 위한 친절을 베푸는 조건에 들었던 참가자들이 장기간 이어지는 개인적 이득에서 더 큰 혜택을 누리게 되었다. 연구진은 이 연구를 바탕으로 다음과 같은 견해를 내놓았다. 사람들은 더 행복해지고 싶을 때 스파나 쇼핑, 고급 디저트로 스스로에게 즐거움을 주고 싶어한다. [하지만] 자신이 아닌 다른 누군가를 위하는 선택을 한다면 오히려 그 의도가 더 충족된다."[20] 정말로 자기 자신에게 친절을 베풀고 싶다면 가장 좋은 방법은 다른 누군가에게 친절을 베푸는 것이다.

다양한 친절 행위

마트에서 친절을 베푼 그 수강생이 뒤에 서 있던 여성에게 타인을 위한 친절 행위를 하면서 얻은 행복은 어느 정도는 그 친절 행위의 충동성 덕분이었다. "일부러 계획하고 한 행위보다는 불쑥 행한 일에 더 많은 감사를 받게 되는 것 같아요."

실제로 연구를 통해서도, 친절 행위를 베푼 사람과 받은 사람 모두 생각지 못한 상황에서 심리적 이득을 더 많이 얻는 것으로 밝혀졌다. 캘리포니아 대학의 한 연구에서 새내기 성인들에게 타인을 위해 베풀 수 있는 친절한 행위가 무엇이 있을지 생각해보게 했다.[21] 다음은 당시에 학생들이 생각해낸 몇 가지 사례다.

- 하우스메이트와 같이 쓰는 아파트의 쓰레기 비우기
- 친구에게 수업 교재 빌려주기
- 룸메이트를 위해 저녁 준비하기
- 고속도로에서 다른 차들이 내 앞으로 끼어들게 해주기

연구진은 실험에 참가한 한 그룹의 학생들에게 앞으로 두 달 동안 매주 그렇게 생각해낸 행동을 수행해보도록 지침을 주었다. 가령 예의 바른 운전을 생각했다면 그런 운전을 매주의 일상으로 삼으면 되었다. 다른 그룹의 학생들에게는 행동을 이것저것 바꾸어보

게 했다. 이번 주에 쓰레기를 버렸다면 다음 주에는 저녁을 준비하고, 또 그다음 주에도 또 다른 행동을 하면 되었다.

어떤 학생들이 더 좋은 결과를 얻었을까? 친절 행위에서의 중요한 초점은 무엇일까? 무조건 착한 행동만 하면 될까, 아니면 다양한 친절을 베풀어야 할까? 연구가 마무리되었을 때 살펴보니, 친절한 행동을 다양하게 행한 학생들이 더 큰 행복을 얻었다. 연구의 논문 저자들이 설명한 것처럼 "다양하게 친절을 베푸는 것이 행복을 늘리는 효과적인 방법인 것으로 보인다… '긍정적' 활동을 얼마나 다양하게 펼치느냐에 따라 그 활동이 삶의 만족도를 지속적으로 증진하는 효과가 결정되는 듯하다."[22]

이런저런 식으로 다양하게 친절 행위를 베푸는 것이 행복을 끌어올려주는 데 얼마나 중요한지를 직접 경험하고 있는 한 수강생의 얘기를 들어보자.

"다른 사람들을 행복하게 해주면 저도 행복해져요. 기분 안 좋은 날에 빵을 구워주는 일이든(제가 정말 빵을 맛있게 만들거든요), 아파서 힘들어할 때 나가서 진저에일(생강 맛을 첨가한 탄산음료-옮긴이)이랑 좋아하는 간식거리를 사다주든, 길거리의 노숙자들에게 먹을 것을 건네든, 마트에 갔다가 사다 주면 좋아서 절로 미소 지을 누군가의 얼굴이 떠올라 캐드베리 크림 에그(Cadbury Creme Eggs) 초콜릿을 더 사든 항상 그래요. 제가 다른 사람들을 위한 이런 일들을 기분 좋게, 그리고 기꺼이 하는 건 제가 무슨 성인이라서가 아니에요. 남들을 위해 좋은 일을 하면 저 자신도 기분이 좋아져서예요."

평판의 이득

친절 행위는 다른 사람들이 우리를 바라보는 인상에도 영향을 미친다. 캔터베리의 켄트 대학에서 진행된 한 연구에서는 잉글랜드 남부에 거주하는 고등학교 학생들을 세 그룹으로 나누어 실험이 이루어졌다. 연구진은 각 학생에게 100펜스(1파운드)을 주면서 일부 금액은 자신이 가지고 나머지는 그룹펀드에 기부해도 된다고 말해주었다. 그러면서 세 그룹의 학생들이 기부하여 모인 그룹별 펀드 총액은 나중에 두 배의 액수로 높여서 참가자들에게 나누어줄 계획이라고도 덧붙였다. 학생들은 여기에서 딜레마에 처했다. 개인적으로 받은 돈 전액을 자신이 가질 수도 있었지만, 모든 학생이 너그럽게 행동해서 많은 액수를 그룹펀드에 기부할 경우 개개인이 훨씬 많은 액수를 가져가기 때문이었다.

각 그룹은 모든 학생이 얼마를 자신이 가지고 얼마를 기부할지 결정하고 난 이후에, 그룹별 멤버들의 지출 결정이 상세히 적힌 결과지를 받았다. 이로써 모든 학생이 어떤 사람이 너그럽고 어떤 사람이 인색한지를 다 알게 되자, 뒤이어 연구진은 학생들에게 그룹의 각 멤버에 대한 일련의 질문을 던졌다.

평균적으로 이타적인 학생들(받은 돈 가운데 가장 높은 비율을 그룹에 기부한 학생들)이 가장 높은 존경과 경애를 받았고 이후의 과제에서의 그룹 리더로서 가장 선호받았다.[23] 모든 학생들은 그 이전까지 서로 모르는 사이였기 때문에 그런 인상은 주로 각 학생이 내놓은 기부금의 비율에 따른 것이었다. 켄트 대학의 재학생들을 대상으로 진행된 비슷한 연구에서는 가장 이타적인 실험 참가자들이 결출함, 공경도, 그룹 내의 영향력에서 가장 높은 평가를 받았다. 자비심이 평판과 위상을 높여준다는 확실한 연구 결과다. 이 연구의 논문 저자들에 따르면 "친절함이 보상을 받는 이유는, 사람들이 교류를 갖고 싶은 상대를 고를 수 있는 세상에서 이타적인 이들이 이기적인 이들보다 스스로에게 유리한 기회를 더 많이 만들어내기 때문이다."[24] 이타주의자들은 자기 방어를 위해 움츠리는 게 아니라 외부로 손을 뻗으면서 탄탄한 사회적 유대를 쌓을 기회를 더 많이 만들어낸다.

친사회적 행동에 친교성 부여하기

친사회적 행동은 사실상 어떤 형태의 행동이든 간에 진정한 행복을 늘려준다. 몇몇 연구에서 밝혀진 바에 따르면 친사회적 행동은 친교적 측면이 부각될 때 특히 더 큰 이점을 누리게 된다. 캐나다의 사이먼 프레이저 대학(Simon Fraser University)에서 진행된 연구에서는 대학생들에게 10달러 액수의 기프트카드를 나눠주었다.[25] 이 기프트카드는 그 자체로도 대다수 학생들을 아주 행복하게 해주었을 테지만, 이 연구에서 밝혀진 바에 따르면 학생들은 기프트카드를 사용한 방법에 따라 기프트카드로 인해 느끼는 행복에 서로 다른 영향을 받았다. 실험에 참가한 학생들 중 한 그룹은 전액을 자신에게 썼고 또 다른 그룹은 다른 사람에게 마음대로 쓰라며 주었는데, 행복이 가장 크게 높아진 그룹은 이 둘의 장점을 합해서 기프트카드를 사용한 그룹이었다. 즉, 친구를 같이 데려가서 자신과 상대방 모두에게 기프트카드를 사용한 학생들이었다.

다른 사람을 위해 뭔가를 해주려 할 때는 친교적 경험이 되도록 하자. 다시 한 번 말하지만, 경험은 물질의 소유보다 더 좋은 선물이 된다. 사회적 유대를 쌓을 기회를 선사해주기 때문이다. 수강생 한 명은 여자친구를 위한 크리스마스 선물로 목걸이와 구두를 놓고 고민하다 결국 아주 다른 선택을 했다. 돈을 더 모아서 여자친구와 함께 자연으로 여행을 떠나기로.

"이 선물은 저희 두 사람에게 소중히 간직될 추억을 남겨줬어요. 하이킹을 하면서 산을 오르고 해변과 나란히 뻗은 숲길을 가로지르면서 마주한 수많은 멋진 풍경과, 일주일 동안 탐험을 즐긴 후에 봤던 장엄한 일출 광경이 두고두고 기억에 남아요. 저희는 아직도 그때 얘기를 하며 추억에 잠겨요. 긴 하이킹을 마친 후에 멋진 장관에 감탄하며 함께 먹었던 블루베리 파이와 팝오버(달걀, 우유, 밀가루를 섞어 윗부분이 부풀어 오르게 구운 빵-옮긴이)의 맛을 떠올리면 지금까지도 기분이 좋아져요."

처음 여행 계획을 세울 때는 여자친구를 더 행복하게 해주고픈 마음이 주된 의도였다. 하지만 스타벅스 기프트카드를 다른 사람과

같이 썼던 사이먼 프레이저 대학의 학생들처럼 결과적으론 그 자신
도 이득을 보았다.

"제가 한 그 선물에서 재미있는 점이 뭐냐면 저 역시 득을 보았다는
겁니다. 여자친구에게 두고두고 떠올릴 만한 즐거움을 선사해준 것
만이 아니라 저 역시 여자친구와 같이 즐거움을 얻었어요."

*

　단편적 정보만으로 어떤 사람의 행복을 예측해야 한다면 사회적
관계의 정도를 기준으로 삼아볼 만하다. 타인들과의 유대는 기대되
는 경험, 뒤돌아볼 추억, 여러분의 신체적·정서적·지적 삶 전반에 유
익한 지원망을 가져다준다. 시간과 돈을 어떻게 쓸지 정할 때는 다
른 사람들과의 관계를 다질 기회를 만들길 권한다. 누군가에게 그
사람이 좋아하는 스포츠 팀의 경기 티켓을 사주거나 가고 싶어 하
는 휴가지에 같이 갈 수 없는 형편이더라도, 다른 사람에게 뜻깊은
친절을 베풀며 함께 경험을 나누면 그에 못지않은 행복을 끌어낼
수 있다. 그 행복이 가져다줄 사회적 유대는 그 사람에게나 여러분
에게나 세상 무엇보다 훌륭한 선물이 되어줄 것이다. 또한 두 사람
모두를 더욱 행복하게 해주기에 가장 효과적인 방법이 되기도 할
것이다.

맺는 글
실행에 옮기기

　부디 지금까지의 행복학 특강이 여러분의 심리 건강과 행복을 떠받쳐줄 만한 유용한 전략이 되었길 바란다. 여러분과 함께 전 세계 수천 명의 새내기 성인들을 대상으로 진행된 100건 이상의 연구 결과도 함께 살펴봤다. 그런데 워싱턴 대학에서 이런 주제로 강의를 할 때 학생들에게 곧잘 받는 질문은 그 전략들을 어떻게 생활화하느냐의 문제다. "그런 전략들을 활용하면 제 삶의 질이 향상되겠다는 생각은 들지만 그대로 실천하려고 매일 밤 8시간을 자려면 하루가 못해도 30시간은 되어야 할 것 같아요."

　이제부터는 그 학생은 물론이요, 여러분에게 이런 연구 결과를 실행으로 옮기기에 유용한 일곱 가지의 실용적 방법을 소개하고자 한다.

Ⅰ. 자신과 자신의 라이프스타일에 잘 맞는 전략 찾기

대학원생 시절에 나는 연구를 잠깐 내려놓고 캠퍼스에서 벗어나려고 일부러 가까운 요리교실에 요리를 배우러 다녔다. 내가 그 요리교실에서 건진 가장 쏠쏠한 수확은 채소를 잘 써는 방법이나 닭의 뼈를 발라내는 요령이 아니었다(솔직히 말하면 아직도 잘 못한다). 수업 때마다 얻은 정말로 중요한 수확은 각 요리를 준비하는 데 들어가는 시간과 노력이 결과물에 비해 가치가 있는가 없는가를 따지는 감각이었다. 예를 들어 해산물 라자냐를 만들려면 준비에 몇 시간이 들어가고 구하기 힘들고 비싼 재료도 있어야 한다. 그래서 다시는 해산물 라자냐를 만들지 않았다. 반면에 말린 토마토와 신선한 채소로 만드는 파스타 프리마베라는 별 노력도 들지 않는데 접시에 담으면 보기에 좋고 맛도 기가 막혀서, 그 뒤로 주말 밤에 툭하면 해 먹는 요리가 되었다. 물론 같이 요리교실에 다녔던 사람들 모두가 나처럼 생각하는 건 아니다. 몇 사람은 매주 해산물 라자냐를 해먹고, 에그플랜트 파르메산(서양가지 라자냐)을 좋아하는 사람들이 있는가 하면, 토스카나식 그릴 치킨에 맛을 들이게 된 사람들도 있다(나는 아직도 요리교실의 그 사람이 닭의 뼈를 어떻게 그렇게 쉽게 잘 발라내는지 신기하기만 하다).

이 책에 실린 몇몇 전략의 개념 중에 특히 여러분에게 더 잘 맞는 것들이 있기 마련이다. 바로 그런 전략을 시도해보면 된다. 거북감이 들지 않는 전략이나, 몇 주 후에 기분과 사고 패턴에 큰 변화를 일으켜줄 법한 전략을 찾아보기 바란다. 바로 그런 전략들에

우선순위를 주어서 꾸준히 해보라. 운동이 자신에게는 잘 맞지 않는 것 같거나 심리적 만족감을 북돋워주기보다 부작용이 더 크면, 운동을 내가 해산물 라자냐를 생각하듯 받아들이면 된다. 그렇게 맞지 않는 전략은 다음으로 미뤄놓고 그 대신에 매주 몇 분씩 감사 일기를 써보자. 몇 번의 시행착오를 거치고 나면 어떤 전략이 자신에게 가장 만족감을 줄지, 또 어떤 전략이 생활화하기에 가장 무난할지, 어떤 전략이 가장 큰 행복을 선사해줄지 등을 가려내는 감각이 생겨난다.

II. 자신에게 잘 맞는 전략을 선행적으로 수행하기

심리 건강을 꾸준히 지키려면 우선 긍정적 행동을 생활화해야 한다. 몸이 아주 건강한 사람들은, 몸을 망치다가 병이 나고 나서야 뒤늦게 운동을 하거나 바른 식습관을 가지려는 자세로 그렇게 건강을 지킨 것이 아니었다. 건강을 위해 프렌치프라이보다 샐러드를 고르고, 매주 몇 번씩 아침 조깅을 나가는 등 일상에서의 사소한 결정들이 쌓이면서 병을 잘 앓지 않게 되는 것이다. 그리고 병에 걸리더라도 대체로 건강한 사람들이 회복도 더 빠르다.

이 책에서 소개한 전략들도 마찬가지다. 자신에게 잘 맞는 전략을 골라서 일상에서 선행적으로 수행해보라. 처음에 이 책의 제목으로 점찍었던 것 중에는 '선행적 행복(Proactive Happiness)'이 있었다. 출판부는 'active'라는 문구가 들어가는 것을 특히 반겼다. 심리 건강을 지키려면 그런 식의 선제적 노력이 필요하다. 이미 기분 좋은 상태에 있을 경우엔 명상이나 운동이나 감사하기 등이 필요 없다고 생각하기 쉽다. 하지만 몸 건강 챙기기를 감기에 걸릴 때까지 미뤄서는 안 되듯이, 심리 건강 챙기기를 슬플 때까지 미뤄서는 안 된다. 기분 좋은 날에도 계속 심리 건강을 챙기면 심리적 자산이 쌓여 힘든 시기에도 더 빠르게 회복하는 데 유리하다.

III. 습관 세우기

행복 추구의 목표치에 맞추어 자신의 행복 전략을 중심으로 (제7장에서 다룬) 실행 의도를 세워라. 매일 같은 시간에 조깅을 나가는 것도 좋고 매일 밤 같은 시간에 잠자리에 들어보는 것도 좋다. 아니면 명상을 실행할 특정 시간과 공간을 찾아보라. 친구들과 함께 시간을 보낼 만한 일정한 의식을 만들어보라. 동기생이나 동료와 매주 한 번씩 점심을 먹기로 하고 꾸준히 만나는 것처럼 쉬운 방법도 있다. 아니면 친구들이 모두 좋아하는 TV 시리즈를 찾아 매주 모여서 한 회씩 시청하는 것도 괜찮다. 꾸준하고 지속적인 친교는 계획이나 실행에 시간과 노력이 별로 들지 않으면서도 큰 행복으로 보답해준다.

환경에서 방해가 될 만한 요소를 찾아내서 그 방해거리를 다룰 사전 대책도 세워야 한다. 만약 달리다가 지치면 그때는 다시 동기를 자극받기 위해 어떻게 할 텐가? 만약 2주째 명상을 하지 않고 지나갔다면 그때는 어떤 식으로 제 궤도를 되찾을 텐가? 만약 완벽한 인스타그램 사진을 찍는 데 목을 매게 된다면 그때는 스마트폰을 내려놓고 실질적으로 시간을 보내기 위해 어떻게 할 텐가?

IV. 활동의 고유 가치에 집중하기

전략 자체를 즐기며 전략의 완수에서 얻게 되는 성취감을 제대로 느낄 줄 알아야 한다. 운동이나 일찍 일어나 잠자리 정리하기같이 처음엔 재미없게 느껴질 만한 활동일지라도 그 나름의 가치가 있는 법이다. 의지력 근육을 강화하는 요령을 깨닫자. 단, 이때는 다음에 주의해야 한다. 행복을 가져다줄 것이라는 '기대'만을 내세워 무작정 그런 활동을 해서는 안 된다. 힘이 들어서 매 순간이 끔찍한 데도 그것이 이제는 필요악이 되었다는 이유로 꾸역꾸역 감행해봐야 오히려 역효과만 생긴다. 자칫 그 활동의 행복 잠재성을 훼손해 역설적으로 덜 행복해지는 결과로 이어지기 쉽다.

비유하자면 활쏘기와 비슷하다. 활쏘기를 막 배운 초심자가 가장 흔히 하는 실수는 과녁에만 너무 집중하느라 과녁을 명중시키기 위해 중요한 전반적 근육의 움직임을 소홀히 하는 것이다. 아이러니하게도 과녁에 덜 집중하고 화살을 과녁으로 쏘아 보내는 과정에 더 집중해야 명중률이 더 높아진다. 행복을 과녁처럼 생각해라. 행복을 얻으려 너무 기를 쓰느라 그 활동의 고유 가치를 못 보고 놓치는 실수를 범해서는 안 된다.

V. 현실적인 기대 갖기

사람들이 더 행복해지는 길목에서 마주치는 가장 큰 걸림돌의 하나는 잘못된 생각이다. 짧은 시간 안에 자신의 삶이 소셜미디어상의 다른 모든 사람들이 누리는 듯한 완벽한 삶으로 바뀌어 그 뒤로 마법처럼 영원히 천국 같은 생활이 이어질 것이라는 착각. 하지만 행복은 그런 식으로 오지 않는다. 앞에서 신체 건강에 빗대었던 비유를 더 확장시켜 누군가가 체중 감량을 목표로 삼았다고 치자면, 딱 한 번 러닝머신을 뛰었다고 바로 그 목표가 이루어지는 못한다. 그런 행동을 반복하는 동시에 지속적으로 식단을 조절하는 등 다른 활동도 병행해야 신체 건강이 향상된다. 행복을 늘리는 것도 마찬가지다. 딱 한 번 감사 일기를 쓰는 것만으로 갑자기 행복감이 쑥 밀려오지는 않는다. 그런 행동을 반복하면서 이 책에서 소개한 다른 행동들을 병행해야 차츰차츰 행복이 늘어난다.

행복의 공식을 잊지 말자.

$$행복 = \frac{자신이\ 가진\ 것}{자신이\ 원하는\ 것}$$

행복의 추구에서는 현실적인 기대를 세워야 한다. 행복이 절로 척척 늘어날 것처럼 기대하며 분모를 부풀리면 안 된다. 행복의 추구에서 한 발 한 발 떼는 작은 발걸음을 즐기며 오히려 분자를 중요시해야 한다. 명심해라. 중요한 것은 단순히 행복해지는 문제가 아니라, 도중에 역경을 겪고 안 좋은 날들이 닥치더라도 시간이 지나면서 더 행복해질 것임을.

VI. 옛 버릇이 도질 때는 자신이 인간임을 인정하기

이 전략 몇 가지를 (혹은 여러 가지를) 생활화하면서 아무리 굳은 의욕으로 시작하더라도 대개는 중도에서 단념하게 되는 시기를 겪게 마련이다. 그렇더라도 혼자만 그런 것이 아니니 낙담할 필요가 없다. 나는 지금껏 심리적 건강을 위한 관리체계를 완절무결하게 지켜나가는 사람을 한 번도 본 적이 없다. 중요한 것은 자신을 다시 추슬러 계속 해나가는 것이다. 여러 압박에 밀려 충분한 수면이나 운동이나 명상이나 친교 활동을 못 가져서 자신의 삶 전반에 타격이 생길 수도 있다는 사실이 의식되더라도… 괜찮다. 그것도 인간으로서 겪는 삶의 한 과정이다.

이 책의 제1장에서 소개했던 개념을 이 자리에서 다시 꺼내자면, 언제 어디서나 늘 행복한 사람은 아무도 없다. 우리는 누구나 필연적으로 괴롭거나, 동기가 영 생기지 않거나, 괜스레 심통이 나는 날들을 겪기 마련이다. 아무리 운동을 많이 해도, 살면서 아무리 좋은 일을 많이 해도 그것은 변하지 않는다. 이런 전략이 과연 효과가 있긴 한 건지 의혹이 드는 날도 있을 것이다. 그럴 땐 다음을 떠올려라. 기분이 저조할 때는 자신이나 자신의 삶에 대해 중요한 판단을 내리기에 정신적 능력이 온전하지 못하다. 안 좋은 기분이 우리의 사고를 흐릿하게 가려놓기 쉽다. 그러니 글을 써보기도 하고 친구와 터놓고 이야기도 나누면서 기분이 나아지면 지금까지 효과를 느꼈던 전략들로 서서히 되돌아가면 된다.

특히 중요한 당부의 말을 덧붙이자면, 필연적으로 닥치는 그런 기분 엉망인 날이 와도 자신을 엄습한 슬픔이나 절망을 부정해선 안 된다. 부정적 감정을 부정하게 되면, 생각하지 않으려 할수록 오히려 더 생각나는 제1장에서의 북극곰 사례처럼 되고 만다.

VII. 이런 활동들을 잘 해나가도록 힘이 되어줄 좋은 사람들을 곁에 두기

서문에서도 한 얘기지만, 나는 이 책의 집필을 막 시작했을 때 친구 제임스와 저녁을 먹다가 이 프로젝트를 시작한 동기가 뭐냐는 질문을 받았다. 그때 그 친구가 그렇게 물어봐준 덕분에 이 책을 쓰게 된 이유를 글로 정리해보게 되었다. 새내기 성인 시절의 나 자신을 떠올리며 10대 후반과 20대 초반에 알았더라면 좋았을 것들을 공유하고 싶어서라고 말이다. 글을 맺을 무렵엔, 친구 루스(제3장에서 등장한 생리학자)와 점심을 먹으면서 지난 2년 동안 이 프로젝트를 진행하면서 느낀 바가 뭐냐는 질문을 받았다. 루스에게 답했듯, 나는 이번 경험을 계기로 지금까지의 개인적 여정을 뒤돌아보는 동시에 앞으로도 계속 더 행복해지기 위해 내가 할 수 있는 행동이 또 뭐가 있을지를 생각해보게 되었다.

이 전략들을 궤도 이탈하지 않고 꾸준히 지키는 가장 효과적인 방법 한 가지는 다른 사람들과의 공유다(여기에서의 '공유'는 페이스북이나 트위터나 인스타그램에 게시하는 식의 그런 공유가 아니다). 비틀스의 노래 가사처럼 "친구들의 도움으로 잘 헤쳐 나가는" 것을 말한다. 생각해보면 내가 최대한으로 잘 활용했던 전략들은 대체로 나에게 가장 소중한 사람들이 함께한 것들이다. 몇 가지만 예를 들면 친구들과 여행가기, 지니와 같이 명상하기, 루스와 산책하기, 우리 대가족과 매년 스페디니페스트[(Spedinifest, 해마다 가족모임을 가질 또 하나의 구실로 만들어낸 행사로, 영화 「나의 그리스식 웨딩(My Big Fat Greek Wedding)」을 떠올리면 쉽게 연상될 만한 이탈리아식 가족모임이다)의 시간 갖기 등등이다. 나는 내향적인 편이라 혼자서 하는 전략도 많지만, 기분이 편하기만 하다면 다른 사람들과 함께하는 것이 책임감도 생기는 데다 사람이 늘수록 그만큼 긍정성을 유발시켜줄 잠재성이 높아져서 좋다.

*

한마디로 결론을 내리자면, 좋아요와 팔로워, 공유와 리트윗으로는 행복을 떠받치기에 한계가 있지만 친밀한 대인관계와 감사함, 건강한 신체, 건전한 정신으로 채워진 삶은 진정한 행복에 이르는 열쇠가 되어줄 수 있다.

감사의 글

"기회는 준비된 자의 편이다."
― 루이 파스퇴르(Louis Pasteur)

이 책이 나올 때까지, 생각지도 못한 온갖 놀라운 사건과 우연들을 잘 활용하며 끝까지 마치도록 곁에서 힘이 되어준 수많은 분들에게 감사드린다.

비범한 재능을 지닌 출판 에이전트 멜리사 에드워즈에게, 언제나 전화와 이메일에 번개 같은 속도로 응해주며 처음부터 끝까지 지지하고 이끌어주고 자문을 해주어서 고맙다는 말을 전한다. 훌륭한 편집자 브리타니 맥클러니에게도 감사한다. 출중한 재능으로 문장을 잡아주고 중간중간 숱한 결정을 내려야 할 때마다 현명한 조언을 해주면서 이 책을 더욱 빛내주었다. 태러스 미치, 린다 더긴스, 새디 클레인먼, 수전 벤슨 거텐태그을 비롯해 출판사 그랜드 센트럴 퍼블리싱의 모든 팀원에게도 멋진 아이디어와 꼼꼼한 편집 작업을 해준 데 대해 감사드린다.

수업과 교수 면담 중에 질문을 던지고 자신의 이야기를 털어놓으며 이 연구와 관련된 현실적 함축성을 생각해보도록 자극해준, 워싱턴 대학의 우리 멋진 학생들에게도 고맙다. 이 책의 초고를 읽고 피드백을 보내준 학생들에게 각별한 감사의 마음을 전한다. 그리고 시그마 파이 엡실론(Sigma Phi Epsilon, 남학생 사교클럽) 미주리 베타 지부의 회원들. 특히 비닐 제이컵, 오드리 실드, 유다 실버, 줄리아 와인밀러에게는 그들의 꼼꼼한 교정 덕분에 이 책의 문장과 구성이 한층 끌어올려진 점을 고맙게 생각한다. 여러분같이 재능 있는 학생들을 후배로 두게 되어 선배로서 겸허한 마음이 들 따름이다.

이 프로젝트에 무한한 응원과 더불어 전문 지식을 불어넣어준 워싱턴 대학 동료들과 은사님들에게 감사 인사를 드린다.

응원과 격려를 보내주고 글을 쓰는 도중에 너무도 절실했던 기분 전환까지 챙겨주었던 내 멋진 벗들에게 고마움을 전한다. 특히 라이언 쿡과 조시 그룬케에게는 이 프로젝트의 매 단계마다 흔들림 없는 우정과 격려로 붙잡아준 점을 진심으로 고마워하고 있다.

고등학교 3학년 때 워싱턴 대학에 지원하도록 격려해준 팸과 밥 슈미트에게도 감사드린다. 린다 처치웰바르가에게는 그해 봄에 내가 워싱턴 대학에 입학할 수 있게 지지해주고 그것이 가능하리라고는 꿈도 꿔본 적 없는 소중한 기회의 문을 열어준 점을 감사하게 생각한다. 랜디 라슨에게는 행복학의 지식만이 아니라 더 중요한 행복학의 실천 요령까지 가르쳐준 은혜에 감사드리며 스승의 본을 받아 나 자신도 학생들에게 좋은 가르침을 전해줄 수 있길 희망해본다.

부모님인 샘과 메리 루에게도 이 자리를 빌려 감사를 전한다. 헌신적으로 다섯 명의 자식을 키우며(맛있는 스페디니와 쿠치다티는 말할 것도 없고!) 휴일과 기념일이면 시끌벅적하게 보내고, 재미있는 것을 사랑하는 멋진 사촌들과 함께 자라게 해주셔서 고맙습니다. 셋째 아들이 이렇게 심리학자가 된 게 신기하지 않으신가요? 대학 신입생 때 "그딴 걸 전공해서 뭐하게?"라고 물으신 적이 있는데, 이 책으로 드디어 그 대답이 되었길 바랍니다. 조 아저씨, 앤지 아주머니, 카멜라 아주머니, 훌륭한 롤모델이 되어주셔서 감사해요. 조이, 빈스, 사만다, 제이크, 친구이자 단짝이 되어주어 고맙다. 참, 줄리, 마이크, 맷, 크리스틴에게 같은 마음을 전한다.

주석

들어가는 글

1.   Jessica Contrera, "13, Right Now," Washington Post, May 25, 2016. 다음에서 발췌함.
      http://www.washingtonpost.com/sf/style/2016/05/25/13-right-now-
      this-is-what-its-like-to-grow-up-in-the-age-of-likes-lols-and-longing/?utm_term=.3c13154ac0f8

제1장

1.   Snyder, T.D., and Dillow, S.A. (2015). Digest of Education Statistics 2013 (NCES 2015-011).
      National Center for Education Statistics, Institute of Edu- cation Sciences, U.S. Department of
      Education. Washington, DC.
      (주의 : 이 수치는 위 교육통계연보에서 발췌한 것으로, 4쪽에 수록되어 있다. 다음에서 확인 가
      능함. https://nces.ed.gov/pubs2015/ 2015011.pdf)

2.   Kim-Prieto, C., Diener, E., Tamir, M., Scollon, C.N., & Diener, M., "Inte- grating the Diverse
      defnitions of Happiness: A Time-Sequential Framework of Subjective Well-Being," Journal of
      Happiness Studies 6 (3) 261-300.

3.   Conklin, J.E. (2008). Campus Life in the Movies: A Critical Survey from the Silent Era to the
      Present. Jefferson, NC: McFarland and Company.

4.   같은 책, 3쪽.

5.   https://www.nami.org/Press-Media/Press-Releases/2004/Mental
      -Illness-Prolifc-Among-College-Students

6. Twenge, J.M., Gentile, B., DeWall, N., Ma, D., Lacefeld, K., & Schurtz, D.R., "Birth cohort increases in psychopathology among young Americans, 1938-2007: A cross-temporal meta-analysis of the MMPI," Clinical Psychology Review 30 (2010): 145-154.

7. QuickStats: Suicide Rates for Teens Aged 15-19 Years, by Sex—United States, 1975-2015. Morbidity and Mortality Weekly Report 66 (2017): 816.

8. National Alliance on Mental Illness (2012). College Students Speak: A Survey Report on Mental Health. 다음에서 발췌함. https://www.nami.org/collegesurvey

9. Shirley S. Wang, "Is Happiness Overrated?" Wall Street Journal, March 15, 2011. 다음에서 발췌함. https://www.wsj.com/articles/SB10001424052748704893604576200471545379388

10. Craig Wilson, "Final Word: Happiness Is Overrated. You Can Bank on It," USA Today, April 10, 2012. 다음에서 발췌함. http://usatoday30.usatoday.com/ life/columnist/fnalword/story/2012-04-10/fnal-word-happiness-overrated-craig-wilson/54160464/1

11. Jeanette Winterson (2011). Why Be Happy When You Could Be Normal? New York: Grove Press.

12. Barbara Ehrenreich (2011). 『긍정의 배신 : 긍정적 사고는 어떻게 우리의 발등을 찍는가(Bright-Sided: How the Relentless Promotion of Positive Thinking Has Undermined America)』. New York: Metropolitan Books.

13. Sharon Kirkey, "Refute of Happiness: How Our Obsession with Positivity Is Making Us Miserable—and Insufferable," National Post, October 16, 2015. 다음에서 발췌함. http://news.nationalpost.com/life/refute-of-happiness-how-our-obsession-with-positivity-is-making-us-miserable-and-insufferable?__lsa =95d7-515e

14. Tal Ben-Shahar (2007). 『해피어 : 하버드대 행복학 강의(Happier: Learn the Secrets to Daily Joy and Lasting Fulfllment)』. New York: McGraw-Hill.

15. Snowdon, D.A., Kemper, S.J., Mortimer, J.A., Greiner, L.H., Wekstein, D.R., & Markesbery, W.R., "Linguistic Ability in Early Life and Cogni-tive Function and Alzheimer's Disease in Late Life. Findings from the Nun Study." Journal of the American Medical Association 275 (1996): 528-532.

16. Danner, D.D., Snowdon, D.A., & Friesen, W.V., "Positive Emotions in Early Life and Longevity: Findings from the Nun Study," Journal of Personality and Social Psychology 80 (2001): 804-813.

17. Fredrickson, B.L., "The Role of Positive Emotions in Positive Psychology: The Broaden-and-Build Theory of Positive Emotions," American Psychologist 56 (2001): 218-226.

18. Christopher Ingraham, "America's Top Fears: Public Speaking, Heights and Bugs," Washington Post, October 30, 2014. 다음에서 발췌함. https:// www.washingtonpost.com/news/wonk/

19. Fredrickson, B.L., Mancuso, R.A., Branigan, C., & Tugade, "The Undoing Effect of Positive Emotions," Motivation and Emotion 24 (2000): 237-258.

20. Fredrickson, B.L., "The Role of Positive Emotions in Positive Psychology: The Broaden-and-Build Theory of Positive Emotions," American Psychologist 56 (2001): 218-226.

21. 같은 논문, 222쪽.

22. Cloninger, C.R. "Mind, Body, Soul and Science: Researching Happiness at SLU and WashU" (Don Marsh, interviewer) [audio fle], St. Louis Public Radio, September 1, 2015. 다음에서 발췌함. http://news.stlpublicradio.org/post/mind-body-soul-and-science-researching-happiness-slu-and-wash-u#stream/0

23. 연구진이 신체적 매력을 영향 요소로 고려한 경우에도 결과는 그대로 나타났다. 이런 결과가 암시해주듯 매력적인 몸매 자체는 훌륭한 대인관계, 다정다감함, 쾌활함, 사교성 같은 이후 인생의 성향에 별 영향을 미치지 않으며 오히려 내면의 행복을 반영해주는 뛰어난 미소가 훨씬 더 중요한 요소이다.

24. Carney, D. R., Cuddy, A. J. C., Yap, A. J., "Power Posing: Brief Nonverbal Displays Affect Neuroendocrine Levels and Risk Tolerance," Psychological Science 21 (2010): 1363-1368.

25. 같은 논문, 1366쪽.

26. Hung, I.W. & Labroo, A.A., "From Firm Muscles to Firm Willpower: Under-standing the Role of Embodied Cognition in Self-Regulation," Journal of Consumer Research 37 (2011):1046-1064.

27. Riskind, J.H. & Gotay, C.C., "Physical posture: Could It Have Regulatory or Feedback Effects on Motivation and Emotion?" Motivation and Emotion 6 (1982): 273-298.

제2장

1. Kross, E. et al., "Facebook Use Predicts Declines in Subjective Well-Being in Young Adults," PLoS ONE 8 (2013): 1-6. http://dx.doi.org/10.1371/journal .pone.0069841

2. Brickman, P., Coates, D., & Janoff-Bulman, R., "Lottery Winners and Accident Victims: Is Happiness Relative?" Journal of Personality and Social Psychology 36 (1978): 917-927.

3. Newmark, J., "Actress from Bourbon Savors Every Moment on Broadway," St. Louis Post-Distpatch, November 4, 2012.

4. Diener, R. & Biswas-Diener, R. (2008). 『모나리자 미소의 법칙(Happiness: Unlocking the Mysteries of Psychological Wealth)』. Malden, MA: Blackwell Publishing.

5. Mousumi Sarkar, "How American Homes Vary by the Year They Were Built" (working paper, United States Census Bureau, 2011). 다음에서 발췌함. https://www.census.gov/hhes/www/

housing/housing_patterns/pdf/Hous ing%20by%20Year%20Built.pdf

6. Tversky, A., & Griffn, D., "Endowment and Contrast Judgments of Well-Being," in Strategy and Choice, R. J. Zeckhauser, (Cambridge: MIT Press, 1991), 313.

7. Boyce, C.J., Brown, G.D.A., & Moore, S.C., "Money and Happiness: Rank of Income, Not Income, Affects Life Satisfaction," Psychological Science 21 (2010): 471-475.

8. Lyubomirsky, S. & Ross, L., "Hedonic Consequences of Social Compari-son: A Contrast of Happy and Unhappy People," Journal of Personality and Social Psychology 73 (1997): 1141-1157.

9. Emmons, R.A. & McCullough, M.E., "Counting Blessings versus Burdens: An Experimental Investigation of Gratitude and Subjective Well-Being in Daily Life," Journal of Personality and Social Psychology 84 (2003): 377-389.

10. Seligman, M. E., Steen, T. A., Park, N., & Peterson, C., "Positive Psychology Progress: Empirical Validation of Interventions," American Psychologist 60 (2005): 410-421.

11. RefLearn, "Gratitude Visit™" (video fle), July 8, 2008. 다음에서 발췌함. https://www.youtube.com/watch?v=jyLYgR2nDkc

12. Woollett, K. & Maguire, E.A. "Acquiring 'the Knowledge' of London's Lay-out Drives Structural Brain Changes," Current Biology 21 (2011): 2109-2114.

13. Maguire, E.A., Woollett, K., & Spiers, H.J., "London Taxi Drivers and Bus Drivers: A Structural MRI and Neuropsychological Analysis," Hippocampus 16 (2006): 1091-1101.

14. Rick Hanson, "How to Trick Your Brain for Happiness," Greater Good, September 26, 2011. 다음에서 발췌함. http://greatergood.berkeley.edu/article/ item/how_to_trick_your_brain for_happiness

제3장

1. Deborah W. Lou, "Sedentary Behaviors and Youth: Current Trends and the Impact on Health," Active Living Research, January 2014. 다음에서 발췌함. http://activelivingresearch.org/sites/default/files/ALR_Brief_Sedentary Behavior_Jan2014.pdf

2. "Physical Activity," updated February 2017, World Health Organization. 다음에서 발췌함. http://www.who.int/mediacentre/factsheets/fs385/en/

3. Ron Winslow, "The Guide to Beating a Heart Attack," Wall Street Journal, April 16, 2012. 다음에서 발췌함. http://www.wsj.com/news/articles/SB100014 2405270230481840457734798 2400815676

4. Fox, M., "Here's Just How Bad Sitting Around Is for You," NBC News, June 16, 2014. 다음에서 발췌함. http://www.nbcnews.com/health/cancer/heres-just-how-bad-sitting-around-

you-n132471

5.   Mo Rocca, "Is Sitting the New Smoking?" (video), CBS News, August 24, 2014. 다음에서 발췌함. http://www.cbsnews.com/videos/is-sitting-the-new-smoking/

6.   "Sitting Is the New Smoking: Ways a Sedentary Lifestyle Is Killing You," Huffngton Post, September 24, 2014. 다음에서 발췌함. http://www.huffng tonpost.com/the-active-times/sitting-is-the-new-smokin_b_5890006.html

7.   Park, A., "Sitting Is Killing You," Time, September 2, 1014. 다음에서 발췌함.   http://time.com/sitting/

8.   MacVean, M., " 'Get Up!' or Lose Hours of Your Life Every Day, Scientist Says," Los Angeles Times, July 31, 2014. 다음에서 발췌함. http://www.latimes. com/science/sciencenow/la-sci-sn-get-up-20140731-story.html

9.   Biswas, A. et al., "Sedentary Time and Its Association with Risk for Disease Incidence, Mortality, and Hospitalization in Adults," Annals of Internal Medicine 162 (2015): 123-132.

10. Warren, T.W., Barry, V., Hooker, S.P., Sui, X., Church, T.S., & Blair, S.N., "Sedentary Behaviors Increase Risk of Cardiovascular Disease Mortality in Men," Medicine & Science in Sports & Exercise 42 (2010): 879-885.

11. Vankim, N.A. & Nelson, T.F., "Vigorous Physical Activity, Mental Health, Perceived Stress, and Socializing among College Students," American Journal of Health Promotion 28 (2013): 7-15.

12. "How Much Physical Activity Do Adults Need?" updated June 4, 2015, Cen-ters for Disease Control and Prevention. 다음에서 발췌함. https://www.cdc .gov/physicalactivity/basics/adults/index.htm

13. Willie Geist, "How to Work on No Sleep: Willie Geist," Bloomberg, April 12, 2012. 다음에서 발췌함. https://www.bloomberg.com/news/articles/2012-04-12/ how-to-work-on-no-sleep-willie-geist

14. Puetz, T.W., Flowers, S.S., & O'Connor, P.J.. "A Randomized Controlled Trial of the Effect of Aerobic Exercise Training on Feelings of Energy and Fatigue in Sedentary Young Adults with Persistent Fatigue," Psychotherapy and Psychosomatics 77 (2008): 167-174.

15. 같은 논문.

16. Williams, L.E. & Bargh, J.A.. "Experiencing Physical Warmth Promotes Interpersonal Warmth," Science 322 (2008): 606-607.

17. Bargh, J.A., Chen, M., & Burrows, L., "Automaticity of Social Behavior: Direct Effects of Trait Construct and Stereotype Activation on Action," Journal of Personality and Social Psychology 71 (1996): 230-244.

18. Youngstedt, S.D. & Kline, C.E., "Epidemiology of Exercise and Sleep," Sleep and Biological Rhythms 4 (2006): 215-221.

19. Babyak, M. et al., "Exercise Treatment for Major Depression: Maintenance of Therapeutic Beneft at 10 Months," Psychosomatic Medicine 62, (2000): 633-638.

20. Klein, S. (2006). How Our Brains Make Us Happy—and What We Can Do to Get Happier. New York: Marlowe & Company, p. 194.

21. Ratey, J.J. (2008). 『운동화 신은 뇌 : 뇌를 젊어지게 하는 놀라운 운동의 비밀(Spark: The Revolutionary New Science of Exercise and the Brain)』 New York: Little, Brown and Company, p. 7.

22. Klein, How Our Brains Make Us Happy—and What We Can Do to Get Happier, 194.

23. Svrluga, S., "Lawsuit Filed against NCAA, University of North Carolina in 'Paper Class' Athletics Scandal," Washington Post, January 22, 2015. 다음에서 발췌함. https://www.washingtonpost.com/news/grade-point/ wp/2015/01/22/lawsuit-filed-against-ncaa-university-of-north-carolina-in-paper-class-athletics-scandal/

24. "Judge Drops Ex-UNC Athletes' Lawsuit Over Sham Classes," February 19, 2016. 다음에서 발췌함. http://www.espn.com/college-football/story/_/id/ 14808985/judge-dismisses-former-north-carolina-athletes-claims-school-academics

25. Deacon, B.J., Abramowitz, J.S., Woods, C.M., & Tolin, D.F., "The Anxiety Sensitivity Index Revised: Psychometric Properties and Factor Structure in Two Nonclinical Samples," Behaviour Research and Therapy 41 (2003): 1427-1449.

26. Broman-Fulks, J. J.,Berman, M. E., Rabian, B., & Webster, M. J., "Effects of Aerobic Exercise on Anxiety Sensitivity," Behaviour Research and Therapy 42 (2004): 125-136.

27. Johnsgard, K. (2004). Conquering Depression & Anxiety Through Exercise. Amherst, NY: Prometheus Books.

28. Katz, M., "I Put in 5 Miles at the Offce," New York Times, September 16, 2008. 다음에서 발췌함. http://www.nytimes.com/2008/09/18/health/nutrition/ 18ftness.html?_r=0

29. Koepp, G.A. et al., "Treadmill Desks: A 1-Year Prospective Trial," Obesity 21 (2013): 705-711.

30. Reiff, C., Marlatt, K., & Dengel, D.R., "Difference in Caloric Expenditure in Sitting versus Standing Desks," Journal of Physical Activity and Health 9 (2012): 1009-1011.

31. Kim, H. et al., "Effects of Oxygen Concentration and Flow Rate on Cogni-tive Ability and Physiological Responses in the Elderly," Neural Regeneration Research 8 (2013): 264-269.

32. Ekkekakis, P., Hall, E.E., VanLanduyt, L.M., & Petruzzello, S.J., 'Walking in (Affective) Circles: Can Short Walks Enhance Affect?" Journal of Behavioral Medicine 23 (2000): 245-275.

33. Stroth, S., Hille, K., Spitzer, M., & Reinhardt, R., "Aerobic Endurance Exercise Benefts Memory and Affect in Young Adults," Neuropsychological Rehabilitation 19 (2009): 223-243.

34. Salas, C.R., Minakata, K., & Kelemen, W.L., "Walking before Study Enhances Free Recall but Not Judgment-of-Learning Magnitude," Journal of Cognitive Psychology 23 (2011): 507-513.

35. Schmidt-Kassow, M. et al., "Physical Exercise during Encoding Improves Vocabulary Learning in Young Female Adults: A Neuroendocrinological Study," PLOS ONE 8 (2013): 1-11. 다음에서 발췌함. http://dx.doi.org/10.1371/ journal.pone.0064172

36. Pontifex, M.B., Hillman, C.H., Fernhall B., Thompson, K.M., & Valentini, T.A., "The Effect of Acute Aerobic and Resistance Exercise on Working Memory," Medicine & Science in Sports & Exercise 41 (2009): 927-934.

37. Ekkekakis, P., Hall, E.E., VanLanduyt, L.M., & Petruzzello, S.J., "Walking in (Affective) Circles: Can Short Walks Enhance Affect?," Journal of Behavioral Medicine 23 (2000): 245-275.

제4장

1. Baltz, J., "Is Sleep Deprivation the New College Norm?" Huffngton Post, April 4, 2016. 다음에서 발췌함.

   http://www.huffngtonpost.com/jacqueline-baltz/sleep-deprivation-the-norm-college_b_9586402.html

2. American College Health Association (2016), American College Health Association-National College Health Assessment II: Reference Group Executive Summary Spring 2016. Hanover, MD: American College Health Association. 다음에서 발췌함. http://www.acha-ncha.org/docs/NCHA-II%20 SPRING%202016%20US%20REFERENCE%20GROUP%20EXECUTIVE %20SUMMARY.pdf

3. Scullin, M.K. & McDaniel, M.A., "Remembering to Execute a Goal: Sleep on It!" Psychological Science 21 (2010): 1028-1035.

4. "Study Shows How Sleep Improves Memory," June 29, 2005. 다음에서 발췌함. http://www.sciencedaily.com/releases/2005/06/050629070337.htm

5. Rasch, B. & Born, J., "Reactivation and Consolidation of Memory during Sleep" Current Directions in Psychological Science 17 (2008): 188-192.

6. Wagner, U., Gais, S., Haider, H., Verleger, R., & Born, J., "Sleep Inspires Insight," Nature 427 (2004): 352-355.

7. 같은 논문, 354쪽.

8. Wrzus, C., Wagner, G.G., & Riediger, M., "Feeling Good When Sleeping In? Day-to-Day

Associations between Sleep Duration and Affective Well-Being Differ from Youth to Old Age, Emotion 14 (2014): 624-628.

9. Gujar, N., McDonald, S.A., Nishida, M., & Walker, M.P., "A Role for REM Sleep in Recalibrating the Sensitivity of the Human Brain to Specifc Emotions," Cerebral Cortex 21 (2011): 115-123.

10. Van Der Helm, E., Yao, J., Dutt, S., Rao, V., Saletin, J.M., & Walker, M.P., "REM Sleep Depotentiates Amygdala Activity to Previous Emotional Expe-riences," Current Biology 21 (2011): 2029-2032

11. National Sleep Foundation, "Annual Sleep in America Poll Exploring Connections with Communications Technology Use and Sleep," press release, March 7, 2001. 다음에서 발췌함. https://sleepfoundation.org/media center/press-release/annual-sleep-america-poll-exploring-connections-communications-technology-use-

12. Geist, "How to Work on No Sleep."

13. Morita, Y., Ogawa, K., & Uchida, S., "The Effect of a Daytime 2-Hour Nap on Complex Motor Skill Learning," Sleep and Biological Rhythms 10 (2012): 302-309.

14. Lavie, P. & Weler, B., Timing of Naps: Effects on Post-Nap Sleepiness Lev-els," Electroencephalography and Clinical Neurophysiology 72 (1989): 218-224.

15. Milner, C.E. & Cote, K.A., "Benefts of Napping in Healthy Adults: Impact of Nap Length, Time of Day, Age, and Experience with Napping," Journal of Sleep Research 18 (2009): 272-281.

16. Tietzel, A.J. & Lack, L.C., "The Short-Term Benefts of Brief and Long Naps Following Nocturnal Restriction," Sleep 24 (2001): 293-300.

17. Dinges, D.F., "Sleep Inertia," in Encyclopedia of Sleep and Dreaming, ed. Carskadon, M.A. (New York: Macmillan, 1993), 553-554.

18. Milner, C.E. & Cote, K.A., "Benefts of Napping in Healthy Adults: Impact of Nap Length, Time of Day, Age, and Experience with Napping," Journal of Sleep Research 18 (2009): 272-281.

19. Hayashi, M., Akiko, M., Hori, T., "The Alerting Effects of Caffeine, Bright Light and Face Washing after a Short Daytime Nap," Clinical Neurophysiology 114 (2003): 2268-2278.

20. Fossum, I.N., Nordnes, L.T., Storemark, S.S., Bjovatn, B., & Pallesen, S., "The Association between Use of Electronic Media in Bed before Going to Sleep and Insomnia Symptoms, Daytime Sleepiness, Morningness, and Chronotype," Behavioral Sleep Medicine 12 (2014): 343-357.

21. Lemola, S., Ledermann, T., & Friedman, E.M., "Variability of Sleep Duration Is Related to Subjective Sleep Quality and Subjective Well-Being: An Actig-raphy Study," PLoS ONE 8 (2013): 1-9. http://dx.doi.org/10.1371/journal .pone.0071292

22. Fuligni, A.J. & Hardway, C., "Daily Variation in Adolescents' Sleep, Activities, and Psychological

Well-Being," Journal of Research on Adolescence 16 (2006): 353-378.

23. Hamilton, N.A., Nelson, C.A., Stevens, N., & Kitzman, H., "Sleep and Psy-chological Well-Being," Social Indicators Research 82 (2007): 147-163.

제5장

1. Wilson, T.D. et al., "Just Think: The Challenges of the Disengaged Mind," Science 345 (2014): 75-77.

2. Lyubomirsky, S., Sheldon, K.M., & Schkade, D., "Pursuing Happiness: The Architecture of Sustainable Change," Review of General Psychology 9 (2005): 111-131.

3. Killingsworth, M.A., & Gilbert, D.T., "A Wandering Mind Is an Unhappy Mind," Science 330 (2010): 932.

4. Parks, M., "It's Now Illegal to Text while Crossing the Street in Honolulu," NPR, July 29, 2017. 다음에서 발췌함.
    http://www.npr.org/sections/thetwo-way/2017/07/29/540140824/its-now-illegal-to- text-while crossing-the-street-in-honolulu

5. Kushlev, K., Proulx, J., & Dunn, E. W., "Silence Your Phones: Smartphone Notifcations Increase Inattention and Hyperactivity Symptoms," CHI '16 Proceedings of the 2016 CHI Conference on Human Factors in Computing Systems (2016): 1011-1020.

6. Ward, A.D., Duke, K., Gneezy, A., & Bos, M. W., "Brain Drain: The Mere Presence of One's Own Smartphone Reduces Available Cognitive Capacity," Journal of the Association for Consumer Research 2 (2017): 140-154.

7. Thích Nhâ t Ha ˙ nh (1990). Present Moment, Wonderful Moment: Mindfulness Verses for Daily Living. Berkeley: Parallax Press.

8. Whippman, R., "Actually, Let's Not Be in the Moment," New York Times, November 26, 2016. 다음에서 발췌함.
    https://www.nytimes.com/2016/11/26/opinion/sunday/actually-lets-not-be-in-the-moment. html?_r=0

9. Desrosiers, A., Vine, V., Klemanski, D.H., & Nolen-Hoeksema, S., "Mindfulness and Emotion Regulation in Depression and Anxiety: Common and Dis-tinct Mechanisms of Action," Depression and Anxiety 30 (2013): 654-661.

10. 같은 논문.

11. Mermelstein, L.C. & Garske, J.P., "A Brief Mindfulness Intervention for College Student Binge Drinkers: A Pilot Study," Psychology of Addictive Behaviors 29 (2015): 259-269.

12. Joaquim, S. et al., "Direct Experience and the Course of Eating Disorders in Patients on Partial Hospitalization: A Pilot Study," European Eating Disorders Review 21 (2013): 399-404.

13. Fairfax, H., Easey, K., Fletcher, S., & Barfeld, J., "Does Mindfulness Help in the Treatment of Obsessive Compulsive Disorder (OCD)? An Audit of Client Experience of an OCD Group," Counselling Psychology Review 29 (2014): 17-27.

14. Bei, B. et al., "Pilot Study of a Mindfulness-Based, Multi-Component, In- School Group Sleep Intervention in Adolescent Girls," Early Intervention in Psychiatry 7 (2013): 213-220; Caldwell, K., Emery, L., Harrison, M., & Greeson, J., "Changes in Mindfulness, Well-Being, and Sleep Quality in College Students through Taijiquan Courses: A Cohort Control Study," The Journal of Alternative and Complementary Medicine 17 (2011): 931-938.

15. Glick, D.M., & Orsillo, S.M., "An Investigation of the Effcacy of Acceptance-Based Behavioral Therapy for Academic Procrastination," Journal of Experimental Psychology 144 (2015): 400-409.

16. Teehan, S., "New SAT paying off for test-prep industry," The Boston Globe, March 5, 2016. 다음에서 발췌함.

https://www.bostonglobe.com/business/2016/03/04/new-sat-paying-off-for-test-prep-industry/blQeQKoSz1yAksN9N9463K/story.html

17. Mrazek, M.D., Franklin, M.S., Phillips, D.P., Baird, B., & Schooler, J.W., "Mindfulness Training Improves Working Memory Capacity and GRE Performance while Reducing Mind Wandering," Psychological Science 24 (2013): 776-781.

18. Williams, M., Teasdale, J, Segal, Z., & Kabat-Zinn, J. (2007). 『우울증을 다스리는 마음챙김 명상(The Mindful Way through Depression: Freeing Yourself from Chronic Unhappiness)』. New York: The Guilford Press, p. 34.

19. 같은 책, 35쪽.

20. Davidson, R.J. et al., "Alterations in Brain and Immune Function Produced by Mindfulness Meditation," Psychosomatic Medicine 65 (2003): 564-570.

제6장

1. Ewalt, D.M., "By the Numbers: Kids' Dream-Job Salaries," Forbes, October 1, 2008. 다음에서 발췌함.

http://www.forbes.com/2008/10/01/kids-dream-jobs-lead-careers-dreamlife08-cx_de_1001salary_slide_11.html

2. Pryor, J. H., Eagan, K., Palucki Blake, L., Hurtado, S., Berdan, J., & Case, M. H. (2012). The

American Freshman: National Norms Fall 2012. Los Angeles: Higher Education Research Institute, UCLA.

3. "Medical School Applicants, Enrollees Reach New Highs," October 22, 2015. 다음에서 발췌함. https://www.aamc.org/newsroom/newsreleases/446400/applicant-and-enrollment-data.html

4. "Estimated Probability of Competing in Professional Athletics," National Collegiate Athletic Association, updated March 10, 2017. 다음에서 발췌함. http://www.ncaa.org/about/resources/ research/estimated-probability-competing-professional-athletics

5. Roy F. Baumeister, Jennifer D. Campbell, Joachim I. Krueger, and Kathleen D. Vohs, "Exploding the Self-Esteem Myth," Scientifc American, January 2005. 다음에서 발췌함. http://cranepsych. edublogs.org/fles/2009/06/Self_esteem myth.pdf

6. Seery, M. D., Holman, E. A., & Silver, R. C.. "Whatever Does Not Kill Us: Cumulative Lifetime Adversity, Vulnerability, and Resilience," Journal of Personality and Social Psychology 99 (2010): 1025-1041.

7. Levin Coburn, K. & Treeger, M. L. (2009). Letting Go: A Parents' Guide to Understanding the College Years. New York: Harper.

8. Krauthammer, C., "Essay: Education: Doing Bad and Feeling Good," Time, February 5, 1990. 다음에서 발췌함.

    http://content.time.com/time/magazine/article/0,9171,969312,00.html

9. "About the Book," September 23, 2017, GenerationMe.com. 다음에서 발췌함. http://www. generationme.org/about-book.html

10. Brown, J.D. & Dutton, K.A., "The Thrill of Victory, the Complexity of Defeat: SE and Emotional Reactions to Success and Failure," Journal of Personality and Social Psychology 68 (1995): 712-722.

11. 같은 논문, 720쪽.

12. J. K. Rowling, "Text of J. K. Rowling's Speech," Harvard Gazette, June 5, 2008. 다음에서 발췌함. http://news.harvard.edu/gazette/story/2008/06/text-of-j-k-rowling-speech/

13. Brown, J.D. & Dutton, K.A., "The Thrill of Victory, the Complexity of Defeat: SE and Emotional Reactions to Success and Failure," Journal of Personality and Social Psychology 68 (1995): 712-722., p. 173

14. Seery, Holman, and Silver, "Whatever Does Not Kill Us," 1025-1041.

15. Seery, Holman, and Silver, "Whatever Does Not Kill Us," 1036.

16. 같은 논문, 1027쪽.

17. Rowling, "Speech."

18. Dweck, C. S. (2006). 『마인드셋 : 스탠퍼드 인간 성장 프로젝트 / 원하는 것을 이루는 태도의 힘 (Mindset: The New Psychology of Success)』. New York: Random House.

19. 같은 책, 21쪽.

20. Lieberman, M.D., "Self-Esteem vs. Esteemable Selves," Psychology Today, March 29, 2012. 다음에 서 발췌함. https://www.psychologytoday.com/blog/social-brain-social-mind/201203/self-esteem-vs-esteemable-selves

제7장

1. Kim, E. "Here's the Real Reason Mark Zuckerberg Wears the Same T-Shirt Every Day," Business Insider, November 6, 2014. 다음에서 발췌함. http:// www.businessinsider.com/mark-zuckerberg-same-t-shirt-2014-11

2. Baumeister, R. F., Bratslavsky, E., Muraven, M., & Tice, D. M., "Ego- Depletion: Is the Active Self a Limited Resource?" Journal of Personality and Social Psychology 74 (1998): 1252-1265.

3. Oaten, M. & Cheng, K., "Longitudinal Gains in Self-Regulation from Regular Physical Exercise," British Journal of Health Psychology 11 (2006): 717-733.

4. 같은 논문, 731쪽.

5. Muraven, M., "Building Self-Control Strength: Practicing Self-Control Leads to Improved Self-Control Performance," Journal of Experimental Social Psychology 46 (2010): 465-468.

6. Muraven, M., Baumeister, R. F., & Tice, D. M., "Longitudinal Improvement of Self-Regulation through Practice: Building Self-Control Strength through Repeated Exercise," Journal of Social Psychology 139 (1999): 446-457.

7. Muraven, M., Gagné, M., & Rosman, H., "Helpful Self-Control: Autonomy Support, Vitality, and Depletion," Journal of Experimental Social Psychology 44 (2008): 573-585.

8. 같은 논문, 584쪽.

9. Schmeichel, B. J. & Vohs, K., "Self-Affrmation and Self-Control: Affrming Core Values Counteracts Ego Depletion," Journal of Personality and Social Psychology 96 (2009): 770-782.

10. Muraven, M. & Slessareva, E., "Mechanisms of Self-Control Failure: Moti-vation and Limited Resources," Personality and Social Psychology Bulletin 29 (2003): 894-906.

11. 같은 논문, 897쪽.

12. Yeager, D.S., Henderson, M.D., Paunesku, D., Walton, G.M., D'Mello, S., Spitzer, B., & Duckworth, A.L., "Boring but Important: A Self-Transcendent Purpose for Learning Fosters Academic Self-Regulation," Journal of Personality and Social Psychology 107 (2014): 559-580.

13. Galla, B. M. & Duckworth, A. L., "More than Resisting Temptation: Benefcial Habits Mediate the Relationship between Self-Control and Positive Life Outcomes," Journal of Personality and Social Psychology 109 (2015): 508-525.

14. William James (1890). 『심리학의 원리 1(The Principles of Psychology vol. I.)』 New York: Henry Holt and Company.

15. Duckworth, A.L., White, R.E., Matteucci, A.J., & Gross, J.J., "A Stitch in Time: Strategic Self-Control in High School and College Students," Journal of Educational Psychology 3 (2016): 329-341.

16. Duckworth, A., "Facebook or Homework? How to Resist Distractions," (H. Kotb & K. L. Gifford, interviewers) [television broadcast], Today, October 7, 2013. 다음에서 발췌함.

    http://www.today.com/video/facebook-or-homework-how-to-resist-distractions-52472387979

17. Oaten, M., & Cheng, K., "Academic Examination Stress Impairs Self-Control," Journal of Social and Clinical Psychology 24 (2005): 254-279.

18. Oaten, M., & Cheng, K., Improved Self-Control: The Benefts of a Regular Pro-gram of Academic Study, Basic and Applied Social Psychology 28 (2006): 1-16.

19. 같은 논문, 7쪽.

20. "Adm. McRaven Urges Graduates to Find Courage to Change the World," UT News, May 16, 2014. 다음에서 발췌함.

    https://news.utexas.edu/2014/05/16/mcraven-urges-graduates-to-fnd-courage-to-change-the-world

21. 같은 기사.

22. Duhigg, C. (2012). 『습관의 힘 : 반복되는 행동이 만드는 극적인 변화(The Power of Habit: Why We Do What We Do in Life and Business)』. New York, NY: Random House., p. 51

23. Gollwitzer, P. M., Sheeran, P., Trötschel, R., & Webb, T., "Self-Regulation of Behavioral Priming Effects," Psychological Science 22 (2011): 901-907.

24. Ibid., 903.

25. Ibid.

26. Harris, P. R. et al., "Combining Self-Affrmation with Implementation Inten-tions to Promote Fruit and Vegetable Consumption," Health Psychology 33 (2014): 729 -736.

27. Sheeran, P., Webb, T. L., & Gollwitzer, P. M., "The Interplay between Goal Intentions and Implementation Intentions," Personality and Social Psychol-ogy Bulletin 31 (2005): 87-98.

28. Ibid., 91.

제8장

1. Kurtz, J.L., "Looking to the Future to Appreciate the Present," Psychological Science 19 (2008): 1238-1241.

2. 같은 논문, 1241쪽.

3. Ariely, D., & Wertenbroch, K., "Procrastination, Deadlines, and Perfor-mance: Self-Control by Precommitment," Psychological Science 13 (2002): 219-224.

4. "State Gift Card Consumer Protection Laws 2013 Update," updated November 2013, ConsumersUnion. 다음에서 발췌함.
http://consumersunion.org/research/state-gift-card-consumer-protection-laws-2013-update/

5. Shu, S.B., & Gneezy, A., "Procrastination of Enjoyable Experiences," Journal of Marketing Research 47 (2010): 933-944.

6. Teitelman, R. & Strauss, L.C., "Unused Gift Cards: Lost but Not Forgotten," Barron's, January 2, 2016. 다음에서 발췌함.
http://www.barrons.com/articles/unused-gift-cards-lost-but-not-forgotten-1451704473

7. Quoidbach, J., Dunn, E. W., Hansenne, M., & Bustin, G., "The Price of Abundance: How a Wealth of Experiences Impoverishes Savoring," Personality & Social Psychology Bulletin 41 (2015): 393-404.

8. 같은 논문, 401쪽.

9. Yerkes, R. M., & Dodson, J. D., "The Relation of Strength of Stimulus to Rapidity of Habit-Formation," Journal of Comparative Neurology and Psychology 18 (1908): 459-482.

10. "Report: Only 20 Minutes until Introverted Man Gets to Leave Party," Onion, March 12, 2014. 다음에서 발췌함.
http://www.theonion.com/article/report-only-20-minutes-until-introverted-man-gets—35507.

11. Little, B. R., "Free Traits and Personal Contexts: Expanding a Social Eco-logical Model of Well-Being," in Person Environment Psychology, 2nd ed., eds. W. B. Walsh, K. H. Craik, and R. Price (New York: Guilford, 2000), P 98. 87-116.

12. Mogilner, C., Chance, Z., & Norton, M.I., "Giving Time Gives You Time," Psychological Science 23 (2012): 1233-1238.

13. 같은 논문, 1237쪽.

14. Newport, F., "Most U.S. Smartphone Owners Check Phone at Least Hourly," Gallup, July 9, 2015. 다음에서 발췌함.
http://www.gallup.com/poll/184046/smartphone-owners-check-phone-least-hourly.aspx

15. Kelleher, D., "Survey: 81% of U.S. Employees Check Their Work Mail outside Work Hours

[INFOGRAPHIC]," TechTalk, May 20, 2013. 다음에서 발췌함. http://www.gfi.com/blog/survey-81-of-u-s-employees-check-their-work-mail-outside-work-hours/

16. Kushlev, K. & Dunn, E.W., "Checking Email Less Frequently Reduces Stress," Computers in Human Behavior 43 (2015): 220-228.

17. Wallis, C., "genM: The Multitasking Generation," Time, March 27, 2006. 다음에서 발췌함. http://content.time.com/time/magazine/article/0,9171,1174696,00.html

18. Garavan, H., "Serial Attention within Working Memory," Memory & Cognition 26 (1998): 263-276.

19. Bowman, L.L., Levine, L.E., Waite, B.M., & Gendron, M., "Can Students Really Multitask? An Experimental Study of Instant Messaging while Reading," Computers & Education, 54 (2010): 927-931.

제9장

1. Anger Room home page, http://www.angerroom.com

2. Van Goozen, S.H. & Frijda, N.H. "Emotion Words Used in Six European Countries," European Journal of Social Psychology 23 (1993): 89-95.

3. Robson, D., "There Really Are 50 Eskimo Words for 'Snow,'" Washington Post, January 14, 2013. 다음에서 발췌함. https://www.washingtonpost.com/national/health-science/there-really-are-50-eskimo-words-for-snow/2013/01/14/e0e3f4e0-59a0-11e2-beee-6e38f5215402_story.html?utm_term=.63bc53f32dd5

4. Averill, J. R., "On the Paucity of Positive Emotions," in Advances in the Study of Communication and Affect vol. 6, eds. K. Blankstein, P. Pliner, & J. Polivy (New York: Plenum, 1980), 745.

5. Baumeister, R.F., Bratslavksy, E., Finkenauer, C., & Vohs, K.D., "Bad Is Stronger than Good," Review of General Psychology 5 (2001): 323-370.

6. Eid, M., & Larsen, R. J. (2007). The Science of Subjective Well-Being. New York: Guilford.

7. Bushman, B.J., "Does Venting Anger Feed or Extinguish the Flame? Catharsis, Rumination, Distraction, Anger, and Aggressive Responding," Personality and Social Psychology Bulletin, 28 (2002): P. 728, 724-731.

8. David McRaney, "Catharsis," You Are Not So Smart, August 11, 2010. 다음에서 발췌함. https://youarenotsosmart.com/2010/08/11/catharsis/

9. Pennebaker, J.W., Kiecolt-Glaser, J.K., & Glaser, R., "Disclosure of Traumas and Immune Function: Health Implications for Psychotherapy," Journal of Consulting and Clinical Psychology 2 (1988):

239-245.

10. Pennebaker, J.W., "Writing about Emotional Experiences as a Therapeutic Process," Psychological Science 8 (1997): 162-166.

11. Niederhoffer, K.G., & Pennebaker, J.W., "Sharing One's Story: On the Ben-efts of Writing or Talking about Emotional Experience," 『긍정심리학 핸드북(Handbook of Positive Psychology)』, C.R. Snyder and S.J. Lopez (New York: Oxford University, 2002), 573-583.

12. Pennebaker, Kiecolt-Glaser, and Glaser, "Disclosure of Traumas and Immune Function," 244.

13. 같은 논문, 578쪽

14. 같은 논문, 576쪽.

15. Rosenberg, H.J., et al., "Expressive Disclosure and Health Outcomes in a Prostate Cancer Population," The International Journal of Psychiatry in Medicine 32 (2002): 37-53.

16. Spera, S. P., Buhrfeind, E. D., & Pennebaker, J. W., "Expressive writing and coping with job loss," Academy of Management Journal 37 (1994): 722-733.

17. Pennebaker, J.W., Colder, M., & Sharp, L.K., "Accelerating the coping pro-cess," Journal of Personality and Social Psychology 58 (1990): 528-537.

18. Slavin-Spenny, O. M., Cohen, J. L., Oberleitner, L. M., & Lumley, M. A., "The Effects of Different Methods of Emotional Disclosure: Differentiating Post-Traumatic Growth from Stress Symptoms," Journal of Clinical Psychology 67 (2011): 993-1007.

19. Lieberman, M.D., Eisenberger, N.I., Crockett, M.J., Tom, S.M., Pfeifer, J.H., & Way, B.M., "Putting Feelings into Words: Affect Labeling Disrupts Amyg-dala Activity in Response to Affective Stimuli," Psychological Science 18 (2007): 421-428.

20. Stuart Wolpert, "Putting Feelings into Words Produces Therapeutic Effects in the Brain; UCLA Neuroimaging Study Supports Ancient Buddhist Teachings," UCLA Newsroom, June 21, 2007. 다음에서 발췌함.

http://newsroom.ucla.edu/releases/Putting-Feelings-Into-Words-Produces-8047

제10장

1. Van Boven, L. & Gilovich, T., "To Do or to Have? That Is the Question," Journal of Personality and Social Psychology 85 (2003): 1193-1202.

2. Kemp, S., C. D. B. Burt, and L. Furneaux., "A Test of the Peak-End Rule with Extended Autobiographical Events," Memory & Cognition 36 (2008): 132-38.

3. 같은 논문, 137쪽.

4. Van Boven, L., Campbell, M.C., & Gilovich, T., "Stigmatizing Materialism: On Stereotypes and

Impressions of Materialistic and Experiential Pursuits," Personality and Social Psychology Bulletin 36 (2010): 551-563.

5. Howell, R.T. & Hill, G., "The Mediators of Experiential Purchases: Determining the Impact of Psychological Needs Satisfaction and Social Comparison," The Journal of Positive Psychology 4 (2009): 511-522.

6. Dunn, E.W., Gilbert, D.T., & Wilson, T.D., "If Money Doesn't Make You Happy, Then You Probably Aren't Spending It Right," Journal of Consumer Psychology 21 (2011): 115-125.

7. 같은 논문, 120쪽.

8. Cohen, S., Frank, E., Doyle, W.J., Skoner, D.P., Rabin, B.S., & Gwaltney, J.M., "Types of Stressors That Increase Susceptibility to the Common Cold in Healthy Adults," Health Psychology 17 (1998): 214-223.

9. Berkman, L.F. & Syme, L., "Social Networks, Host Resistance, and Mortality: A Nine-Year Follow-Up Study of Alameda County Residents," American Journal of Epidemiology 109 (1979): 186-204.

10. Ybarra, O. et al., "Mental Exercising through Simple Socializing: Social Interaction Promotes General Cognitive Functioning," Personality and Social Psychology Bulletin 34 (2008): 248-259.

11. 같은 논문, 257쪽.

12. Ybarra, O., Winkielman, P., Yeh, I., Burnstein, E., & Kavanagh, L., "Friends (and Sometimes Enemies) with Cognitive Benefts: What Types of Social Interactions Boost Executive Functioning?" Social Psychological & Personality Science 2 (2011): 253-261.

13. 같은 논문, 256쪽.

14. Dunn, E.W., Aknin, L.B., Norton, M.I., "Spending Money on Others Promotes Happiness," Science 319 (2008): 1687-1688.

15. Brooks, A.C., (2008). Gross National Happiness. New York: Basic Books.

16. Vinson, T. & Ericson, M., "The Social Dimensions of Happiness and Life Satisfaction of Australians: Evidence from the World Values Survey," International Journal of Social Welfare 23 (2014): 240-253.

17. Paylor, J. "Volunteering and health: evidence of impact and implications for policy and practice," London: Institute for Volunteering Research, 2011

18. Nelson, S.K., Layous, K., Cole., S.W., & Lyubomirsky, S., "Do unto Others or Treat Yourself? The Effects of Prosocial and Self-Focused Behavior on Psychological Flourishing," Emotion 16 (2016): 850-861.

19. 같은 논문, 856쪽.

20. 같은 논문, 859쪽.

21. Sheldon, K. M., Boehm, J. K., & Lyubomirsky, S., "Variety Is the Spice of Happiness: The Hedonic Adaptation Prevention (HAP) Model," in The Oxford Handbook of Happiness, eds. I. Boniwell & S. David (Oxford: Oxford University Press, 2012), 901-914.

22. 같은 책., 911쪽.

23. Hardy, C. L., & Van Vugt, M., "Nice Guys Finish First: The Competitive Altruism Hypothesis," Personality and Social Psychology Bulletin 32 (2006): 1402-1413.

24. 같은 논문, 1412쪽.

25. Aknin, L. B., Dunn, E.W., Sandstrom, G.M., & Norton, M.I., "Does Social Connection Turn Good Deeds into Good Feelings? On the Value of Putting the 'Social' in Prosocial Spending," International Journal of Happiness and Development 1 (2013): 155-171.